Reinhold Miller

Lern-Wanderung

Basiswissen, Reflexionen und Trainingselemente zum Thema Lernen und Lehren

Mit 🗗 Kopiervorlagen

Unter Mitarbeit von
Wolfgang Amler, Willi Hitzler, Lorenz Kachler, Britta Kohler,
Bärbel Rademacher und Alf Thieme

Beltz Verlag · Weinheim und Basel

Gesetzt nach den neuen Rechtschreibregeln
Lektorat: Peter E. Kalb

www.beltz.de
Herstellung: Klaus Kaltenberg
Satz: Media Partner Satz & Repro GmbH, Hemsbach
Druck: Druckhaus Beltz, Hemsbach
Umschlaggestaltung: Federico Luci, Köln
Umschlagfoto: Zeta, Düsseldorf
Zeichnungen: Sandra Miriam Schneider, Berlin
Printed in Germany

ISBN 3-407-62475-1

Inhaltsverzeichnis

Vorwort

Am Ende eines Pädagogischen Tages entschied eine Lehrerin, die Arbeitsergebnisse ihrer Gruppe dem Plenum mündlich mitzuteilen. Befragt, ob sie noch Hilfsmittel dazu brauche, antwortete sie: »Nein; mein Kurzvortrag genügt; den ganzen Medienfirlefanz brauche ich nicht.« – Sie nicht, aber vielleicht die Adressaten zur besseren Aufnahme des nur gehörten Inhalts.

Mir scheint, dass diese Einstellung in der Lehrerschaft immer noch (weit?) verbreitet ist: Hauptsache, der Stoff, der Inhalt wird (verbal!) mitgeteilt (Stichwort: Stoffvermittlung!) – wie er bei den Empfängern ankommt, ist zweitrangig; was bedeutet: Primat des Lehrens vor dem Lernen. Dabei sollte es genau umgekehrt sein: Das Lernen bestimmt das Lehren. Die Empfänger bestimmen die Art und Weise des Sendens. Was nützt es, wenn die Lehrenden ihren Stoff aussenden und einfach nur »abladen«, sich aber keine Gedanken über die Lernenden machen und darüber, ob und wie die Inhalte bei ihnen ankommen.

Der abfragende (Frontal-)Unterricht ist immer noch die dominierende Lehrform – und unterm Strich auch die Form, die – notfalls – am wenigsten Vorbereitung braucht. Er trägt aber nicht den Erkenntnissen Rechnung, dass Lernen ein sehr individueller Vorgang ist; dass wir es in Klassen mit sehr unterschiedlichen Lernern zu tun haben und dass diese verschiedene »Aufnahme- und Eingangskanäle« haben.

Testen Sie zu Beginn eines neuen Schuljahres Ihre Schüler/innen (Klasse X, Fach Y), indem Sie ihnen – ohne Vorbereitung – Aufgaben aus dem Stoff des vergangenen Schuljahres geben (bitte nur Grundlegendes, keine Einzelheiten): Wie viel ist im Zeitraum von 12 bis zwei zurückliegenden Monaten wirklich »hängen geblieben«, also in das Langzeitgedächtnis gerückt? Sisyphusarbeit – ein Fass ohne Boden?

Es liegt vor allem an der Art des Lehrens, ob die Schüler/innen, gemäß ihrer individuellen Lernstruktur, wirkungsvoll und effektiv lernen können. Die Stoffmenge und der Stoffdruck (mit völlig überladenen Stundenplänen) dürfen nicht länger das Leitmotiv der Lehrenden sein!

Wir, die Autor/innen dieses Buches, haben es uns deshalb zur Aufgabe gemacht, die vielen Lehr- und Lernbücher, die es auf dem »Lernmarkt« inzwischen gibt, zu bündeln und auf wesentliche Punkte zu bringen, um den Lehrenden die oft mühsame Informationsbeschaffung abzunehmen, um ihnen die Lese- und Arbeitszeit zu verkürzen und um ihnen ggf. die Weitergabe von Wissensbeständen zum Thema »Lernen und Lehren« (z.B. im Rahmen von schulinterner Lehrerfortbildung u.Ä.) zu erleichtern.

Unser Angebot enthält deshalb u.a.

- Basiswissen (was Lehrende unbedingt wissen sollten),
- Beispiele vielfältigen Lernens und Lehrens (vom Frontalunterricht bis zum Internetsurfen),
- Hinweise zum Lernen auf der Sach- und Beziehungsebene (beide gehören zusammen),
- Tipps, wie Schüler/innen das Lernen lernen (können),
- Vorschläge zur Förderung der Motivation und Konzentration,
- Übungen zur Entspannung und Bewegung,
- Aufgaben zum (Weiter-)Lernen für Lehrer/innen und Schüler/innen.

Wir wollen Lehrer/innen neugierig machen auf vielfältige Möglichkeiten des Lernens und Lehrens; ihnen Mut geben, alte Lehrformen auf ihre Zeitgemäßheit und Wirkung zu hinterfragen und neue – allmählich und in kleinen Schritten – zu übernehmen; sie auffordern, die Lerndispositionen ihrer Schüler/innen stärker im Auge zu behalten; ihnen letztlich offen legen, wie sie ihr eigenes Lernen und Lehren entspannter und gesünder gestalten können.

Reinhold Miller

Reinhold Miller

Das (kleine) 1 × 1 des Lernens und Lehrens

Wissenswertes aus der Lernbiologie

Aus Sicht der Lernbiologie besteht die Lernfähigkeit des Menschen darin, Erfahrungen für künftiges Verhalten zu speichern und zu verwerten, wobei diese Leistung an das Gedächtnis gebunden ist. Um dies zu ermöglichen, werden die Außenreize, also alles, was »auf den Menschen zukommt«, über die Sinne, die die Eingangskanäle bilden, aufgenommen. Was wahrgenommen wird, entsteht im Gehirn, ist dessen Konstruktion und keine Abbildung der Außenwelt im Sinne einer fotografischen Aufnahme. Dies erklärt u.a. die Tatsache, dass beispielsweise dieselben Reize bei Menschen unterschiedliche Reaktionen (= Gehirnleistungen) hervorrufen. Somit besteht die Fähigkeit des Gehirns aus folgenden Aktivitäten:

- Wahrnehmung der Sinnesreize,
- Aufmerksamkeit,
- Einschätzung/Bewertung,
- Speicherung (Gedächtnis),
- Erinnern/Erkennen,
- Abrufen/Handeln.
  (Siehe auch Abschnitt »Lernen: Vom Senden bis zum Speichern«, S. 14).

Anlage und Umwelt beeinflussen sich gegenseitig, d.h., die Gene/Erbinformationen »bewegen« sich in einer bestimmten Umwelt, sind also flexibel und anpassungsfähig. Beispiel: Zwei Sonnenblumen entwickeln sich unterschiedlich, wenn sie verschiedene Standorte haben: viel/wenig Sonne; viel/wenig Regen, lockerer/fester Boden; geschützt/ungeschützt … Für das Wachstum, die Entwicklung gibt es zwar Prognosen, aber keine sicheren Vorhersagen, gibt es Wahrscheinlichkeiten, aber keine Gewissheiten, auf keinen Fall ein »Wenn so …, dann so …!«

Die geistigen Leistungen des Gehirns sind lokalisierbar. So werden beispielsweise visuelle Eindrücke im Hinterkopf, motorische unter dem Scheitel, emotionale hinter der Stirn und akustische hinter den Schläfen gespeichert. Bekannt ist auch die Aufteilung in linke und rechte Hemisphäre des Gehirns (wobei die »Lateralisierung« bei den Lernenden unterschiedlich und nicht gleich ist!)

- Linke Gehirnhälfte: Logik, Analytik, Linearität, Zahl, Zeit, Folge, Sprache …
- Rechte Gehirnhälfte: Bilder, Fantasien, Raum, Rhythmus, Farben, Ganzheit …

Die beiden Hälften arbeiten »simultan korreliert«, d.h., sie sind paarig vorhanden und nicht »streng« getrennt. Es gibt gegenseitige Übertragungen der Inhalte und Verknüpfungen der beiden Hemisphären. Ein Beispiel: Lernen eines geometrischen Sachverhalts: rechts: visuelle Vorstellung – links: Durchführung der Berechnung.

Entscheidend für das Lernen ist die Aktivierung und Verknüpfung möglichst vieler Zentren: Analytik *und* Ganzheit, Linearität *und* Raum, Logik *und* Fantasie, Rationalität *und* Emotionalität …

Besonders wichtig bei Lernprozessen sind die Gefühle. Sie sind schnelle und lebenswichtige Reaktionen auf Umwelteindrücke (schneller als der Verstand – und geschichtlich auch älter!). Deshalb: Lernen mit »Kopf, Herz und Hand, mit Verstand und Gefühl.

➔ *Ein Beispiel:* Wenn Sie sich an Ihre Schulzeit erinnern, in der Sie vielleicht vom Lehrer an der Tafel »vorgeführt« wurden, so haben Sie eben diese für Sie emotional belastete Situation behalten, vermutlich aber kaum die Lehrinhalte, um die es damals ging.

Beispiele für Hemisphären-Verknüpfung	
»links«	»rechts«
753	Rom kroch aus dem Ei
333	bei Issos Keilerei
Zahl Pi: 3,1415926 … (Buchstaben pro Wort)	How I want a drink, alcoholic of course 3 1 4 1 5 9 2 6
Texte	Unterstützung durch Bilder, Farben, Muster …
Begriffe	eine (Fantasie-)Geschichte daraus machen

Aspekte der Lernpsychologie

Es gibt verschiedene Grundformen des Lernens (ausführlich in Edelmann 2000):

- **Das assoziative Lernen**
  Darunter versteht man vor allem das Reiz-Reaktion-Lernen. Das Gehirn sucht sich »Verknüpfungspunkte«, beispielsweise: »Du erinnerst mich an …«; »Wenn ich an eine grüne Wiese denke, so fällt mir ein …«; Ein Hund kommt auf mich zu gelaufen (Auslösung von Freude, Schreck, Angst).
- **Das instrumentelle Lernen**
  Es besteht im Einsatz von Mitteln/Instrumenten. Die wichtigsten sind: Verstärkung (z.B. Lob), Löschung (z.B. Nichtbeachtung), Bestrafung (unangenehme Konsequenzen), wobei die Wirkung von »Instrumenten« nicht vorhersehbar ist; es gibt höchstens Vorhersagen und Wahrscheinlichkeiten.
- **Das Modell-/Imitationslernen**
  Damit ist vor allem die Nachahmung i.w.S. gemeint: Aneignung durch Aufmerksamkeit, Lernen durch Beispiel, Vorbild, Beobachtung und Identifikation: »Ich mache es so wie …«; »Ich möchte so sein wie …« (Vorbild für jemanden wird allerdings nur derjenige, der bereits den eigenen Vorstellungen sehr nahe ist!)
- **Das kognitive Lernen**
  Hier besteht das Lernen aus Informationsaufnahme und Verarbeitung: Kategorisierung, Begriffs- und Hierarchiebildung, Entwicklung von Lern- und Denkstrategien, Wissenserwerb … mit dem Ziel, zu einer klaren, stabilen und geordneten Wissensmenge zu gelangen.
- **Das handelnde Lernen**
  Es besteht aus dem Planen und Problemlösen, aus Versuch und Irrtum, aus Lernen durch Handeln und Erfahrung, aus Erkennen durch Tun.

Lernblockaden können durch so genannte Interferenzen entstehen:

- **Vorwärtshemmung**
  Inhalt 1 verhindert die Aufnahme von Inhalt 2. (Weil 1 interessant, dominant, spannend … war, ist man davon noch »besetzt«.)
- **Rückwärtshemmung**
  Inhalt 1 wird überdeckt von Inhalt 2. (Weil 2 so beeindruckend war, vergisst man rasch 1.)
- **Ähnlichkeitshemmung**
  Moor – Mohr, Meier – Meyer, Stalagmiten – Stalaktiten. (Weil die Wörter so ähnlich sind, fällt es schwer, sie beim Lernen auseinander zu halten.)
- **Gleichheitshemmung**
  Lernen und Lärm. (Das eine kann das andere blockieren.)
- **Affekt-/Gefühlshemmung**
  Lernprozesse werden durch Angst und Stress be-/verhindert.

Es gibt drei verschiedene Gedächtnisarten:

- **Das Ultrakurzzeitgedächtnis**
  Wahrnehmung und Aufnahme von elektrischen Schwingungen von ca. 10–20 Sekunden Dauer.
- **Das Kurzzeitgedächtnis**
  Wahrnehmung und Aufnahme der Schwingungen (bei bestimmter »Unterstützung«) von ca. 20 Minuten.
- **Das Langzeitgedächtnis**
  Behalten als biochemischer Vorgang; Speicherung in Milliarden von Nervenzellen.
  Positive Einflussgrößen auf das LZG sind: Bedeutsamkeit des Inhalts, emotionale Verbindung, Anzahl der Erfolgserlebnisse, Schwierigkeitsgrad, Wahl der Eingangskanäle, Identifikation; instruktives und selbstständiges, intrinsisches und extrinsisches, selbstmotiviertes und fremdmotiviertes, lustvolles und schweißtreibendes Lernen. (Wasser macht nass und durstig; Leistung kostet Anstrengung und bringt Erfolg.)

Didaktische Konsequenzen (I)

Abschied nehmen vom Unterricht nach »Schema Nr. eins«

• *Ein* Lehrer	für 30 verschiedene Personen
• *Ein* Thema	für 30 unterschiedlich Interessierte
• *Ein* Lernziel	für 30 verschiedene Gehirne
• *Eine* Methode	für 30 verschiedene Lerntypen
• *Eine* Zeitvorgabe	für Schnelle und Langsame zugleich
• *Ein* Ergebnis	für 30 Lernwirklichkeiten/ Lernwelten

Über das Lernverhalten der Schüler/innen Bescheid wissen

- Diagnoseverfahren anwenden, um zu eruieren: Was sind die kognitiven, emotionalen, sozialen und soziokulturellen Dispositionen der Schüler/innen, auf die man aufbauen kann?
- Akzeptieren, dass die Gehirne verschieden sind und dass es deshalb unterschiedliche Lernstrukturen der Schüler/innen gibt.
- Individuelle Lernwege der Schüler/innen ermöglichen/zulassen.

Günstige Lernbedingungen schaffen

- Eine freundliche Lernumgebung schaffen (Schulhaus, Räume, Gänge, Schulhof).
- Physiologischen Tatsachen Rechnung tragen (körperfreundliche Stühle und Tische, Helligkeit ...).
- Für genügend Bewegung sorgen (Bewegung als »Gehirnnahrung«).
- Den Stundenplan, den Unterricht, die Lernzeit »hirngerecht« und »biorhythmisch« gestalten.
- Den »Nur-Frontalunterricht« einmotten. (Er ist – für Lehrer und Schüler – belastender als jede andere Unterrichtsform!)

Abwertungen vermeiden

- »Was, du verstehst das nicht? Aber das ist doch ganz leicht.«
- »Stell dich doch nicht so dumm an! Die anderen können es doch auch.«
- »Wenn du von Französisch keine Ahnung hast, dann geh doch in die Hauptschule« usw.

➔ *Hinweis:* Angst schüttet Stresshormone aus, die das Denken/Lernen verhindern. Alle Energie geht in den Bewegungsapparat (Angriff oder Flucht).

Möglichst viele Lernkanäle anbieten

- Methodisch breit gestreut lehren, mehrkanalig senden
- Möglichst viele Sinne ansprechen (»Kopf, Herz und Hand«)
- Bewegungsmöglichkeiten und Entspannungsübungen anbieten
- Innere Bilder entstehen lassen, Assoziationen wecken, Emotionen zulassen
- Zusammenhänge vermitteln, Verbindungen/Verknüpfungen aufzeigen (»Eselsbrücken«)
- Sprachliche Ausführungen durch Mimik, Gestik, Körpersprache ... verstärken
- Skizzen, Zeichnungen, Bilder (= viele Medien) einsetzen
- Das Erleben fördern (Spiel, Theater, Tanz, Exkursionen)
- Praktisches Lernen ermöglichen (Erkennen durch Tun!)

Üben und Wiederholen

- Übungen und Lernmaterialien anbieten, die das Langzeitgedächtnis trainieren
- Verschiedene Übungsmethoden abwechslungsreich durchführen
- Wiederholungsprogramme und genügend Zeit zum Üben und Wiederholen geben
- Sich vom »Stoffdruck-Teufel« befreien

Instruktionen und Konstruktionen

Einen breiten Raum des Lehrens in der Schule nehmen Instruktionen ein: Anweisungen, Anleitungen, Lernsteuerung von außen. Der Lehrer instruiert die Schüler/innen, gibt ihnen Informationen und sagt, was sie tun sollen. Aus kommunikationspsychologischer Sicht gibt es allerdings keine Sicherheit, dass die Instruktionen beim Empfänger (also den Schüler/innen) auch genau so ankommen und aufgenommen werden, wie sie der Sender (also der Lehrer) mitteilt. Deshalb gibt es häufig Fragen an den Lehrer wie z.B.: »Wie geht das?«; »Wie haben Sie das gemeint?«; »Was haben Sie gesagt?« Rückfragen und Dialoge erhöhen die Wahrscheinlichkeit des gegenseitigen Verstehens, bringen aber nicht zwingend »Verstehenssicherheit«. Denn: Die Theorie des Konstruktivismus besagt u.a., dass Menschen die Instruktionen von anderen in eigene Konstruktionen umwandeln, die Wirklichkeit also selbst erfinden und konstruieren. Drei Beispiele:

- In einem Interview erzählt der Dirigent Daniel Barenboim u.a., dass er in einem sehr musikalisch geprägten Elternhaus aufwuchs. Seine Eltern waren beide Klavierlehrer. Alle Menschen, die zu »Besuch« kamen, konnten Klavierspielen. Und so kam er zur Ansicht, dass alle Menschen Klavierspieler seien.

  ➔ Barenboims Welt (Wirklichkeit) bestand nur aus Klavierspielern.

- Zwei Theaterkritiker berichten über ein- und dasselbe Stück:

  A: »Es fasziniert durch seine brillante Sprache, den kühnen Bau, die intelligente, offene und doch stringente Verknüpfung der Schicksale, die flüssige Form, in der die Figuren hochtheoretisch und poetisch in starken Bildern über ihre Situation sprechen.«

  B: »Der Regisseur buchstabiert die konfusen Wendungen der Vorlage nach, und auch seine gelegentlichen Versuche, den dürren Text durch szenische Pointen ein wenig aufzuhelfen, unterstreichen die Schwäche, statt sie zu verdecken. Die Auswahl der Argumente ist völlig beliebig und zeigt ebenfalls eine gewisse Neigung des Autors zu trendbewussten Zeitgeist-Problemen.«

  ➔ Der eine Mensch nimmt so, der andere ganz anders wahr.

- Instruktion der Lehrerin: Malt eine Ferienlandschaft. Ein Erstklässler malt u.a. einen grünen See. Auf die Frage der Lehrerin, warum er ihn denn nicht – wie die anderen – blau malen würde, antwortete er: »Weil, da wo ich in den Ferien war, da war der See ganz grün.«

  ➔ Trotz der Instruktion »blau« wird »grün« konstruiert. Für den einen sieht eben die Wirklichkeit »grün«, für den anderen »blau« aus.

Wahrnehmung und Erkenntnisse sind subjektgebundene und konstruktive Vorgänge und nicht Abbildungen von Vorgefundenem. Die Wahrnehmungen von Menschen entstehen dadurch, dass Sinnesrezeptoren durch entsprechende Vorgänge in der Außenwelt oder im Körper des Menschen gereizt werden und elektrische Impulse in das Gehirn senden (was wir allerdings nicht empfinden). Unsere Gehirne sind also die Konstrukteure unserer Welt. (Und auch dieser Satz ist bereits wieder Konstrukt! = Wir können nicht nicht konstruieren.) Es ist somit Abschied zu nehmen von der Vorstellung (der Illusion, dem Glauben), es gäbe ewige Wahrheiten, endgültige Aussagen, und die Kategorien »richtig« und »falsch« wären *die* Tragpfeiler in Bildung und Erziehung, in Wissenschaft und Forschung. (Die Wahrheiten von heute sind die Irrtümer von morgen.)

Weil wir ähnliche Gehirne, eine gemeinsame Sprache, Kultur, Umfeld … haben, deshalb erhöht sich die Wahrscheinlichkeit gegenseitigen Verstehens. Dies ändert aber nichts grundsätzlich daran, dass wir die Welt subjektiv konstruieren. Deshalb kommt den *Konstruktionen* beim Lernen eine wesentlich bedeutendere Rolle zu als den *Instruktionen*.

Lernen: Vom Senden zum Speichern

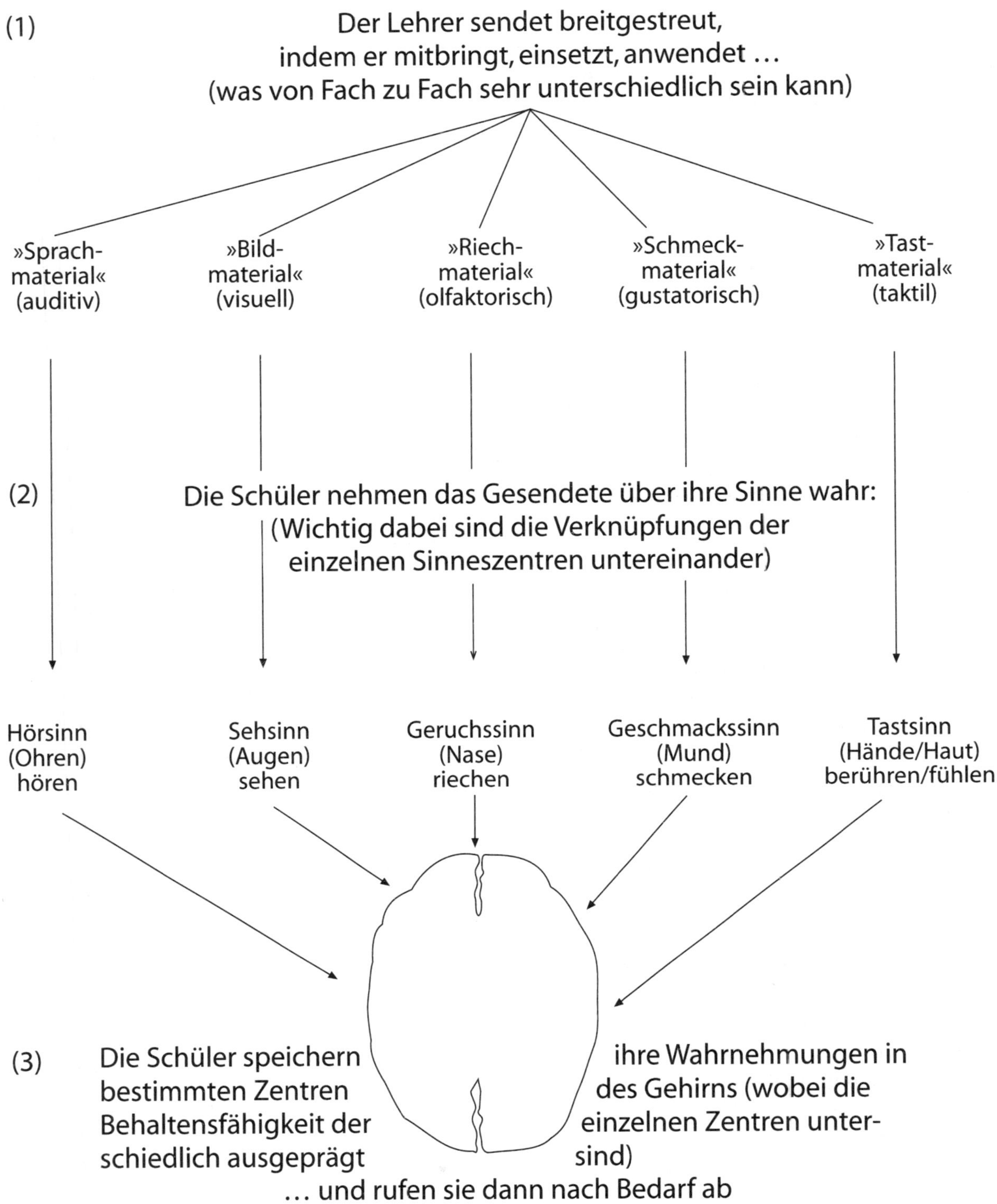

➔ Je breiter gestreut die »Sendeangebote« des Lehrers sind, desto höher ist die Wahrscheinlichkeit, dass die Eingangskanäle der Schüler angesprochen werden und dass sie ihre Wahrnehmungen langfristig speichern können.

➔ Die Speicherungen sind nicht identisch mit den Angeboten des Senders (des Lehrers). Empfangen und Speichern sind subjektive, selektive und konstruktive Vorgänge.

Hirnkonstruktionen und Sichtweisen

Alte oder junge Frau?

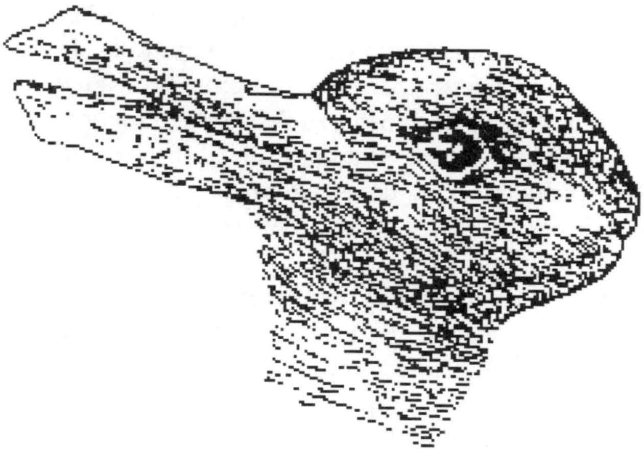

Hasen- oder Entenkopf?

Zwei Gesichter oder ein Kelch?

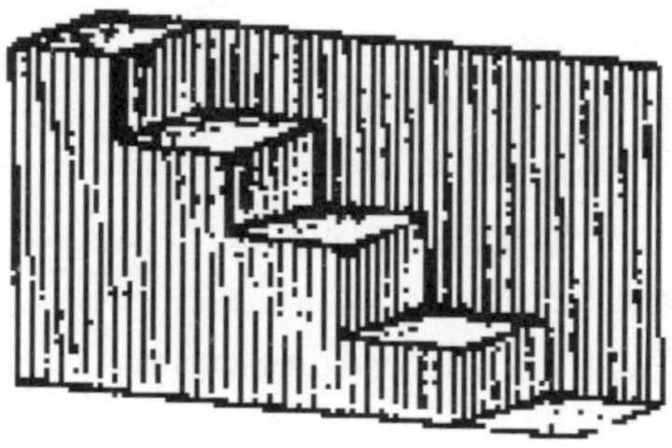

Treppe nach unten oder von unten?

Drei Winkel oder zwei Dreiecke?

Didaktische Konsequenzen (II)

Lernende sind Subjekte ihres Lernens. Sie »modellieren« und konstruieren ihre eigenen Lernwelten (E. Kösel) und gehen die ihnen eigenen (hirn-)gemäßen Lernwege. Sie nehmen unterschiedlich wahr, tauschen ihren Wahrnehmungen aus, kommen zu Vereinbarungen/Absprachen und zu verschiedenen Lösungen. Dieser Freiheitsgewinn führt jedoch nicht zu Beliebigkeit, sondern zu hoher Verantwortung. Bildungs- und Lehrpläne eröffnen Spielräume und deren Grenzen, jedoch keine Grenzenlosigkeit.

Es ist Abschied zu nehmen von einem Unterricht als »Nürnberger Trichter«: Der Lehrer schüttet oben Wissen hinein und unten kommen die stereotypen Antworten heraus. Die »Schöpfer« dieses Unterrichtsstils gehen davon aus, dass die Schüler/innen eine relativ homogene Lerngruppe sind. Dies ist nicht der Fall. Die »Vielwirklichkeit« in den Klassenzimmern erfordert ein prinzipielles und strukturelles Umdenken und eine Veränderung des gesamten Lehr- und Lernverhaltens, was nicht ausschließt, Vereinbarungen, Axiome, vorgegebene Konstruktionen zu vermitteln – allerdings in methodisch angemessenen Formen, die den unterschiedlichen Gehirnen der Schüler/innen gerecht werden.

Offenes Lernen lässt keine sicheren Prognosen zu, kein: »wenn …, dann …«, keine Linearität. Dies hat u.a. Konsequenzen für die Benotung von (Lern-)Leistungen und bedeutet, die bisherige Benotungspraxis zu überdenken/zu ändern. Es ist (inzwischen) bekannt, dass bei der Bewertung anderer Personen eigene, subjektive Anteile »mitmischen« und dass von Objektivität keine Rede sein kann: »Was du über mich sagst, hat mehr mit dir als mit mir zu tun.«

➔ *Beispiel:* Ich habe einen Unterrichtsfilm, Kl. 11 Gymnasium, bisher etwa 400 Lehrer/innen gezeigt, deren Bewertung des unterrichtenden Lehrers von Note 1,5 bis Note 5,0 reicht.

In der Konsequenz heißt das u.a.:

- das individuelle Lernverhalten der Schüler/innen in Erfahrung bringen,
- die individuellen Konstruktionen der Schüler/innen zulassen,
- über die verschiedenen Lernwege und Ergebnisse diskutieren,
- die individuellen Leistungen, die individuellen Entwicklungen einschätzen,
- das Lernverhaltensprofil einer ganzen Klasse ermitteln,
- akzeptieren, dass es keine objektive Bewertung und Benotung gibt,
- zur Subjektivität von Bewertungen und Einschätzungen stehen,
- benoten, was intersubjektiv überprüfbar ist.

Die Lehrerrolle verändert sich durch folgende Akzentverschiebungen:

- vom Belehren zum Lernfördern,
- vom Eingreifen zum Entfalten lassen,
- vom strengen Führen zum lockeren Begleiten,
- vom Korrigieren zum Arrangieren,
- vom Disziplinieren zum sich Orientieren.

Zu beachten ist die Struktur der Lehrenden und der Lernenden (siehe »Unterschiedliche Lernstrukturen«, S. 17). Lernen ist die »Eigengestaltung empfangener Energie«. Der Lernende selbst bestimmt sein Lernen, wobei die Lehrenden sowohl günstige Bedingungen schaffen als auch Fachleute in bestimmten Fächern sind, ihre Erfahrungen und ihr Wissen zur Verfügung stellen und die Lernprozesse der Schüler/innen begleiten.

Unterschiedliche Lernstrukturen

Die Struktur des Lehrers (links: Viereck) hat Einfluss und Wirkung auf die unterschiedlichen Strukturen der Schüler/innen (rechts: vom Viereck bis zum Kreis); dabei ist zu differenzieren:

- Struktur der Lehrperson: Schüler kommen »gut mit«, weil der Lehrer in seiner Person sie anspricht, ihnen sympathisch ist … – bzw. sie kommen nicht gut mit, weil er ihnen »wesensfremd« ist …
- Anwendung der Methoden: Schüler/innen kommen gut mit, weil die Methoden des Lehrers ihrer Lernstruktur entgegenkommen, sie ansprechen bzw. sie kommen nicht gut mit, weil sie ihnen »wesensfremd« sind.

Fazit:

- Flexibilität und Anpassungsfähigkeit des Lehrers bzgl. seiner Person und seiner Methoden
- Flexibilität und Anpassungsfähigkeit der Schüler/innen bzgl. ihrer Person und ihrem Umgang mit den dargebotenen Methoden

➔ Lernen also auf beiden Seiten: Die Beteiligten bewegen sich aufeinander zu; denn das Gehirn, die Lernstrukturen sind plastisch und nicht determiniert.

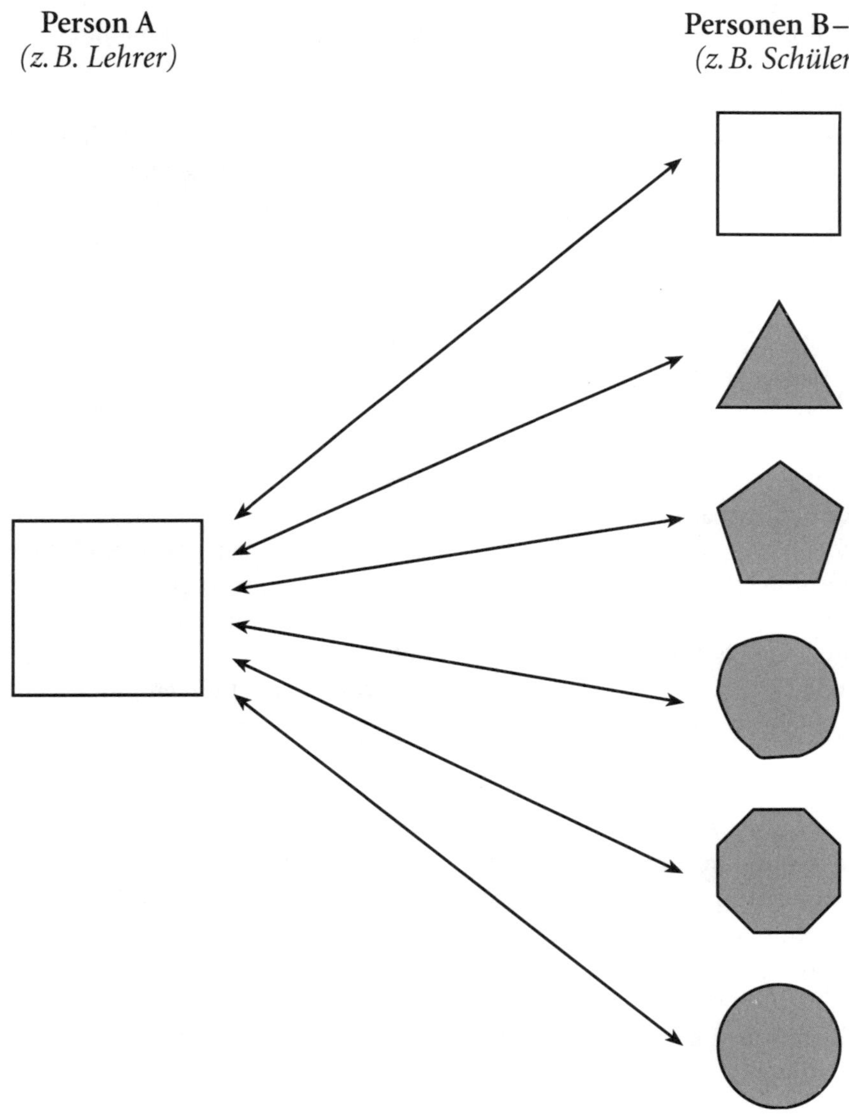

Stundenpläne

Wochenstundenplan einer 8. Klasse (Gymnasium)

	Montag	Dienstag	Mittwoch	Donnerstag	Freitag
07.50–08.35	Physik	Geschichte	Mathe	Englisch	Mathe
08.40–09.25	Englisch	Deutsch	Latein	Latein	Englisch
09.30–10.15	Sport	Mathe	Geschichte	Deutsch	Deutsch
10.35–11.20	Sport	Latein	Physik	Religion	Latein
11.25–12.10	Mathe	Englisch	Deutsch	Bildende Kunst	Informationstechn. Grundkurs
12.15–13.00	Latein	Erdkunde	Erdkunde	Bildende Kunst	
13.15–14.00			Biologie		

Die eine Seite: Hirnforscher, Neurobiologen, Lernpsychologen, Mediziner warnen vor solch »dichtem« und – für beide Seiten – belastendem Lehr- und Lernarrangement (viel Aufwand, wenig Erfolg!). Die andere Seite: Schüler/innen nehmen sich – auf sehr unterschiedliche Weise (Tagträume, Absenzen, Störungen aller Art) ihre »Auszeit«, um dieser Überfrachtung zu entfliehen und die Belastungen zu kompensieren.

Aus Sicht der Lernbiologie und Lernpsychologie sind die menschlichen Gehirne von solch einem Stundenplan überfordert. Beispiel Mittwoch (s.o.):

45 Minuten Mathematik
  5 Minuten Pause – umschalten
45 Minuten Latein
  5 Minuten Pause – umschalten
45 Minuten Geschichte
  20 Minuten Pause – umschalten
45 Minuten Physik
  5 Minuten Pause – umschalten
45 Minuten Deutsch
  5 Minuten Pause – umschalten
45 Minuten Erdkunde
  5 Minuten Pause – umschalten
45 Minuten Biologie

Vielleicht mag es einige wenige »Schülerhirne« geben, die in der Lage sind, so schnell umzuschalten; die meisten jedoch werden dazu nicht in der Lage sein. Unter dem Gesichtspunkt der Interferenzen heißt das: War beispielsweise Mathematik (1. Std.) interessant, dann blockiert dieses Fach mit großer Wahrscheinlichkeit das nächste Fach, Latein. Klappt es in Latein, so ist Mathematik schnell vergessen usw.

Sechs bis sieben Fächer pro Tag und pro Woche 31 Pflichtstunden für 15-Jährige (bei gleichzeitig 24 von erwachsenen Gymnasiallehrer/innen) zeugen vom Pflichterfüllungsdruck der Lehrkräfte, ist aber der Ausverkauf von Lernen und Bildungserwerb.

➔ *Die Konsequenz:* Entweder es werden weniger Stunden (und diese anders arrangiert) unterrichtet oder der Unterricht erstreckt sich über den Vormittag hinaus (Ganztagsschule und andere Rhythmisierung des Lernens)!

Es kann und darf nicht sein, dass die Antwort auf die Kritik an solchen Lehrarrangements lautet (O-Ton eines Oberstudiendirektors): »Es stimmt ja alles, was Sie sagen, aber wegen der Stoffmenge und aus stundenplan- und bustechnischen Gründen geht es nicht anders.«

Es ist jammerschade, wenn ein Lehrer zu einem Schüler sagen muss: »Das ist zwar interessant, was du da sagst, aber ich kann jetzt darauf nicht eingehen, weil wir sonst mit dem Stoff nicht durchkommen.« Es geht nicht um eingetrichterte Stoffmengen, sondern um sinnvolles Lehren und Lernen!

Lernwege

Lernen als Stoffverarbeitung

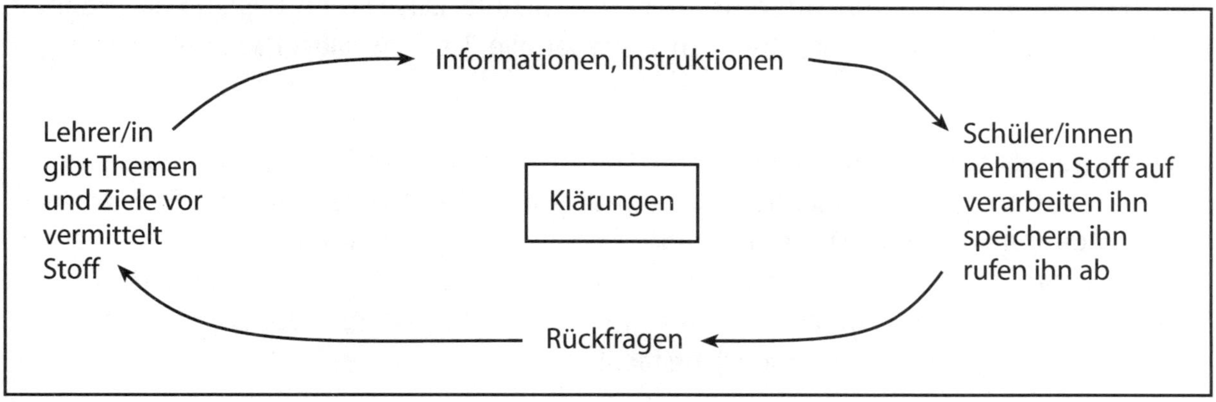

Lernen auf eigenen Wegen

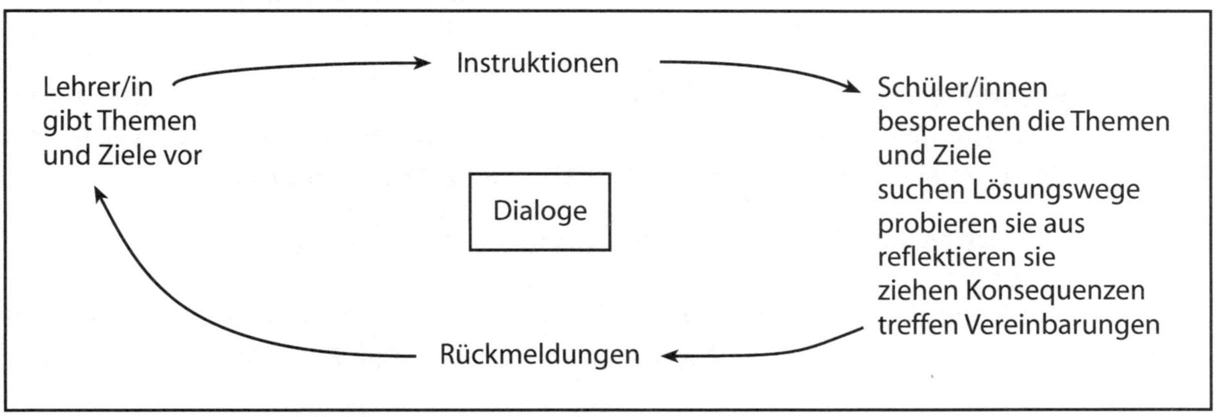

Lernen in viele Richtungen

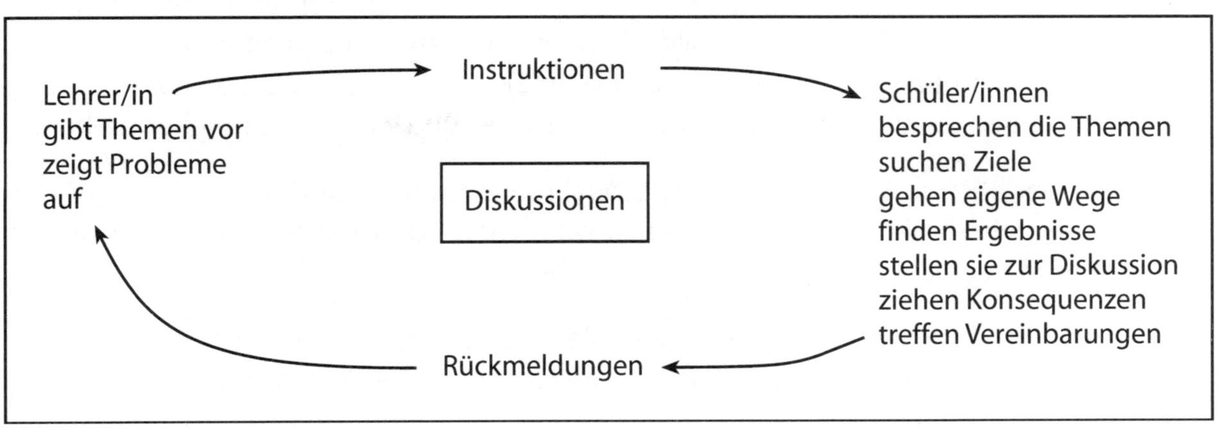

➔ Lernen bedeutet u.a. Anstrengung, ist mühsam, schweißtreibend …, bringt aber auch Erfolge und ist befriedigend, freud- und lustvoll, spannend …

Lernzielfabel – oder: Wer bestimmt die Lernziele?

Es gab einmal eine Zeit, da hatten die Tiere eine Schule. Das Lernen bestand aus Rennen, Klettern, Fliegen, Schwimmen, Kriechen – wobei alle Tiere in allen Fächern unterrichtet wurden.

- Die **Ente** war sehr gut im Schwimmen, besser sogar als der Lehrer. Im Fliegen war sie durchschnittlich, aber im Rennen ein hoffnungsloser Fall. Da sie in diesem Fach schlechte Noten hatte, musste sie nachsitzen – und den Schwimmunterricht ausfallen lassen, um das Rennen zu üben. Das tat sie so lange, bis sie auch im Schwimmen nur noch durchschnittliche Leistungen erbrachte, im Rennen aber immer noch zurückhing. (Leider war Watscheln kein Unterrichtsfach!)
- Der **Adler** wurde als Problemschüler eingestuft und unnachsichtig gemaßregelt, weil er darauf bestand, seine eigenen Methoden anzuwenden. Schließlich war er der Beste im Klettern und erreichte immer als Erster die höchsten Baumwipfel. (Das Kriechen schwänzte er!)
- Das **Kaninchen** war anfänglich im Rennen an der Spitze der Klasse, aber es bekam einen Nervenzusammenbruch wegen der vielen Schwimmüberstunden und musste von der Schule abgehen; ausschlaggebend war dabei seine Weigerung zu fliegen.
- Das **Eichhörnchen** war Spitze im Klettern, aber sein Fluglehrer ließ es die Flugstunden am Boden beginnen –wie es der Lehrplan vorschrieb. Dadurch bekam das Eichhörnchen Wadenkrämpfe – und immer mehr »Dreien« im Klettern und sogar »Fünfen« im Rennen. (Der Arzt verbot ihm das Kriechen, weil es davon eine Bauchfellentzündung bekam.)
- Die **Dachse**, die einen Sinn fürs Praktische hatten, traten in einen Streik, weil die Schulbehörde es ablehnte, »Buddeln« in das Curriculum aufzunehmen.
- Die **Elefanten** schließlich waren völlig demotiviert, weil sie es nicht mehr aushielten, den ganzen Vormittag auf ihren viel zu kleinen Stühlen zu sitzen. Eines Tages erhoben sie sich, gingen durch die Wände des Schulgebäudes und waren nicht mehr gesehen.
- Und da war auch noch ein **Floh**, der nur wahrgenommen wurde, wenn er wie wild in der Gegend herumhüpfte. Wenn er es zu bunt trieb, sperrte man ihn ein. Ansonsten spielte er in der Klassengemeinschaft keine Rolle.
- Am Ende des Schuljahres hielt ein anormaler Aal, der gut schwimmen, etwas rennen und kriechen und kaum fliegen konnte, als Klassenbester die Abschlussansprache.

Und die Moral von der Geschicht …?

(Autor unbekannt)

Zusammenfassung: Zehn wichtige Lehrtipps

① Die Lernvoraussetzungen/Lerndispositionen der Schüler/innen von Zeit zu Zeit feststellen, um über ihr (unterschiedliches) Lernverhalten Bescheid zu wissen

② Günstige Lernbedingungen schaffen: Gestaltung der Räume, der Umgebung, des Umfeldes, der Situationen; Beachtung des Biorhythmus

③ Sich von *Stunden*plänen verabschieden und alternative Lehrarrangements und Lernrhythmen anbieten

④ Das Lernen als »Eigenkonstruktion« der Lernenden akzeptieren und ihnen unterschiedliche Lernwege eröffnen und zugestehen

⑤ Möglichst viele Lernkanäle der Lernenden ansprechen und auf Lernkanal-Verknüpfungen achten; systematisch und kontinuierlich Lern-/Arbeitsmethoden vermitteln

⑥ Im Unterricht unterschiedliche Lehr- und Sozialformen, Methoden und Materialien anwenden

⑦ Die Stoffvermittlung reduzieren und dem Üben und Wiederholen mehr Raum geben, um das Speichern im Langzeitgedächtnis zu ermöglichen

⑧ Bewertungen und Benotungen als subjektives Handeln verstehen und sich von der Meinung verabschieden, Benotungen wären objektiv

⑨ Bei Lehr- und Lernprozessen nicht nur die Sachebene, sondern auch die Beziehungsebene wahrnehmen

⑩ Affekte und Gefühle beachten/zulassen und helfen, dass sie sozial verträglich mitgeteilt werden

Grundlagenliteratur

- **Bönsch, M.: Lerngerüste. Didaktik für die Primarstufe 2000. Hohengehren 1998.**
  Der Autor sieht die Grundschule als Lebens- und Lernraum und versteht unter Lerngerüsten Geländer, an denen man entlanggehen, die man ergreifen und loslassen kann. Sehr hilfreiche Informationen und Lernhilfen für Lehrende in der Grundschule.

- **Edelmann, W.: Lernpsychologie. Weinheim 2000.**
  Diese völlig überarbeitete Neuauflage des didaktisch hervorragend aufbereiteten Standardwerkes ist als Kompendium aus Sicht der Lernpsychologie eine schier unerschöpfliche Fundgrube für diejenigen, die Fachleute des Lehrens und Lernens sind bzw. werden wollen.

- **Gumin, H./Meier, H.: Einführung in den Konstruktivismus. München 1992.**
  Wer ausführlich über das Gedankengut des Konstruktivismus Bescheid wissen will, findet in diesem Taschenbuch Beiträge von Autoren, die zu den bedeutendsten Vertretern des Konstruktivismus gehören, u.a. H. v. Foerster, E. von Glasersfeld und P. Watzlawick.

- **Keller, G.: Lehrer helfen lernen. Donauwörth ^{5}1999.**
  Der Autor informiert anhand sehr anschaulicher Beispiele Lehrende, wie sie Schüler/innen anleiten können, das Lernen zu lernen. Ein vorzüglicher Praxisbegleiter!

- **Keller, G.: Lernen will gelernt sein. Heidelberg ^{6}1998.**
  Ein Lerntraining für Schüler/innen (vorwiegend Sek I), das es ihnen ermöglicht, das Lernen zu lernen: Planung des Lernens, Lerntechniken, Beherrschen von Fertigkeiten; sehr geeignet für das Selbstlernen der Schüler/innen.

- **Keller, G.: Lern-Methodik-Training. Göttingen 1999.**
  Es enthält viele Übungsbausteine zum Lehren und Lernen des Lernens und Verfahren zur Diagnose des Lernverhaltens.

- **Meyer, H.: UnterrichtsMethoden II – Praxisband. Frankfurt a.M. 1990.**
  Der Klassiker unter den Methodikbüchern. Zehn Sektionen mit vielen Informationen, Beispielen und Übungen.

- **Miller, R.: Lehrer lernen. Weinheim 1999 (TB).**
  Ein Lern- und Arbeitsbuch, das vier Teile umfasst: Erziehung und Beziehung – Lehrer und Schüler – Lernen und Lehren – Lehrer und Kollegium. Präzise und übersichtlich geschrieben für diejenigen, die – in Gruppen und Kollegien – weiterlernen wollen.

- **Scheunpflug, A.: Biologische Grundlagen des Lernens. Berlin 2001.**
  Die Autorin stellt die wichtigsten biologischen Grundlagen des Lernens dar, äußerst fundiert und anschaulich zugleich und zieht daraus Konsequenzen für Erziehung und Unterricht, für das Lehren und Lernen.

- **Spitzer, M.: Geist im Netz. Heidelberg 2000.**
  Der Autor stellt Modelle für Lernen, Denken und Handeln aus Sicht der Neurobiologie und Neuropsychologie vor. Das Buch liest sich spannend wie ein Krimi, weil der Autor u.a. der für die Schule so wichtigen Frage nachgeht, was im Gehirn geschieht, wenn gelernt wird. Fachleuten des Lehrens und Lernens sehr zu empfehlen.

- **Vester, F.: Denken, lernen, vergessen. München ^{22}1996.**
  Der Autor erläutert Erkenntnisse der Lernbiologie, macht Vorschläge und gibt Hinweise, Tipps, wie Lehrer/innen diese in ihrem Unterricht entsprechend umsetzen können.

- **Voß, R. (Hrsg.): Die Schule neu erfinden. Neuwied ^{2}1997.**
  Der Untertitel des Sammelbandes weist auf die Absichten von Herausgeber und Autoren hin: »Systemisch-konstruktivistische Annäherungen an Schule und Pädagogik« – und ich füge hinzu: mit bedeutsamen und weit reichenden Konsequenzen für das Lehren und Lernen in der Schule.

Reinhold Miller

Lernen in zwischenmenschlichen Beziehungen

Wissenswertes aus der Beziehungskiste

Erinnern Sie sich bitte an Ihre eigene Schulzeit: Die Beziehung zu Ihrer Lehrerin, Ihrem Lehrer war vermutlich der Schlüssel zu Ihrem Zugang zum Lernen, zu den Fächern, zu dem, was Sie sachlich interessierte:

- Mochten Sie die Lehrerin, den Lehrer, dann gingen Sie gerne in die Schule und lernten eifrig.
- Mochten Sie die Lehrerin, den Lehrer nicht, so hatten Sie auch am Lernen kaum Freude.
- Vielleicht erinnern Sie sich auch an Szenen, die Ihnen Angst gemacht haben: Sie standen an der Tafel und wurden »vorgeführt«. Plötzlicher Blackout. Die Angst vor der Lehrerin, dem Lehrer oder zu versagen, sich zu blamieren verhinderte Ihr Lernen.
- Oder: Freude über ein gutes Zeugnis. Sie erinnern sich noch an die Lehrerin, den Lehrer, haben aber die Aufgaben, um die es ging, längst vergessen.

➔ Beziehungen zu Menschen und die damit verbundenen Gefühle werden stärker behalten als Inhalte und Wissensbestände.

Unsere Emotionen und Motivationen sind im Gehirn im limbischen System angesiedelt, also in dem Teil, der älter ist als der Cortex, in dem die Ratio beheimatet ist. Sie steuern in hohem Maße unsere Vernunft und sind gleichsam der Motor für unsere Handlungen. Wer also das Handeln verstehen will, muss die Gefühle wahrnehmen:

- »Ich mag dich, deshalb möchte ich oft mit dir beisammen sein.«
- »Ich kann dich nicht ausstehen, deshalb gebe ich dir ironische Antworten.«
- »Ich habe Angst vor dir, deshalb meide ich dich.«

Männer und Frauen gehen mit ihren Emotionen in ihren Beziehungen unterschiedlich miteinander um. Zwei Beispiele:

- *Im Theater:* Auf der Bühne liegt, schwer blutend, ein Mann. Seine Freundin sieht ihn und sagt: »O Gott, wie geht es dir? Brauchst du Hilfe?« Sein Freund sagt: »Wer war das?«
- *Im Klassenzimmer:* Eine Schülerin, verzagt und mutlos, weint. Die Lehrerin: »Bist du jetzt sehr enttäuscht?« Der Lehrer: »Mach weiter; Tränen nützen jetzt auch nichts mehr.«

Erst wenn eine Beziehung vorhanden ist, kann auch entsprechend gelehrt werden: Wer keinen Kontakt zu den Lernenden hat, wer nichts über ihre Befindlichkeit weiß, handelt rücksichtslos, autoritär, selbstherrlich. Um es in einem Bild auszudrücken:

➔ Fassen Sie jemanden an der Hand (= Beziehungsaufnahme) und beginnen Sie zu gehen. Nur auf Grund des Spürens der Hand können Sie feststellen, ob die Person mit ihnen oder ganz woandershin gehen will.

Macht und Liebe sind die beiden wichtigsten Komponenten in zwischenmenschlichen Beziehungen und Lernprozessen:

- Macht, positiv, im Sinne des Vermögens, Könnens, Machens: »Ich tue alles mir Mögliche.« Wir können nicht machen, dass der andere macht. (Das muss er schon selbst tun.) Aber wir können günstige Bedingungen schaffen, dass der/die andere das Lernen »machen« kann.
- Macht, negativ: Der Unterdrückte kann nicht lernen, sondern nur gehorchen. Freiheit und Lernen gehören zusammen, denn Entwicklungen sind Vorgänge von innen nach außen, also Eigenbewegungen – und keine Gehorsamsreaktionen.
- Liebe: Darunter verstehe ich Achtung vor der Eigenentwicklung der Lernenden, Wertschätzung ihnen gegenüber und Zuwendung zu ihrer Person und Arbeit.

➔ Regina, 12 Jahre alt, starrt auf ihre Arbeit und ist frustriert über die schlechte Note. Ich setze mich neben sie, sage nichts; sie spürt aber meine innere Anteilnahme. Plötzlich schaut sie mich an und sagt: »Wie gut, dass Sie mich trotzdem mögen.«

Literaturempfehlungen

Milller, R.: Beziehungsdidaktik. Weinheim [3]1999.
Miller, R. (Hrsg): Schule selbst gestalten. Bd I. Beziehungen und Interaktionen. Weinheim [2]1998.

Sach- und Beziehungsebene

Alle Kommunikationen, so auch Lehren und Lernen, finden immer auf zwei Ebenen statt, nämlich

- auf der Sachebene: *Was* wir lehren und lernen (Sachverhalte, Inhalte, Lernstoffe), und
- auf der Beziehungsebene: *Wie* wir miteinander lernen/umgehen (Art der Beziehung).

Beispiele

- Eine Lehrerin bittet mit ruhiger Stimme und freundlichem Gesichtsausdruck (Beziehungsebene) einen Schüler, an der Tafel eine Aufgabe zu lösen (Sachebene).
- Ein Lehrer erklärt einen Sachverhalt. Diejenigen, die ihn verstehen, freuen sich über sich selbst und haben freundliche Blicke für den Lehrer übrig. Diejenigen, die ihn nicht verstehen, sind enttäuscht, ärgern sich über sich selbst und/oder über ihn. (Sachebene: Erklärung eines Sachverhalts – Beziehungsebene: Freude oder Ärger.)
- Jemand sagt zu Ihnen: »Sie haben in diesem Text einige Fehler gemacht.« Ihre Reaktion: Ärger, weil Sie korrigiert worden sind oder Dankbarkeit, weil Sie auf einen Fehler aufmerksam gemacht wurden (Sachebene: Textkorrektur – Beziehungsebene: Ärger oder Dankbarkeit).
- Ein Schulleiter sagt, nachdem in einer Konferenz eine heftige Auseinandersetzung zwischen zwei Parteien ausgebrochen war: »Aber, meine Damen und Herren, wir wollen jetzt doch bitte sachlich bleiben.« (Was sagt der Schulleiter auf der Beziehungsebene aus?)

Wir können generalisieren:

- Es gibt prinzipiell kein Losgelöstsein von Sach- und Beziehungsebene. Beide gehören wie zwei Seiten einer Medaille zusammen. Wir sind – mindestens – immer zweiseitig gepolt und kommunizieren auf beiden Ebenen.
- Diese Zweipoligkeit begleitet uns seit unserer frühesten Kindheit. Sie ist entweder positiv oder negativ besetzt, je nach Lebensgeschichte und Erfahrung. Die jeweilige Sache kann angenehm oder unangenehm erlebt werden (Beispiel: Deutsch oder Latein, Mathematik oder Sport) und ebenso die Art der Beziehung (Lob oder Strafe, Beachtung oder Nichtbeachtung, Wertschätzung oder Abwertung).
- Wenn Menschen Aufgaben ausführen, die ihnen andere aufgeben, so geschieht grundsätzlich Folgendes:

  Bei Erfolg
  Innenbewegung (Selbst): »Ich bin toll, ich hab's geschafft.« Freude, inneres Sich-auf-die-Schulter-Klopfen.
  Außenbewegung (Beziehung): »Der Lehrer ist toll, ich find ihn sympathisch, liegt auch an ihm, dass ich die Aufgabe gekonnt habe.«

  Bei Misserfolg
  Innenbewegung (Selbst): »Ich hab's ja gleich gewusst, ich schaff's ja doch nicht.« Enttäuschung, Resignation.
  Außenbewegung (Beziehung): Ärger, Wut auf den Lehrer: »Liegt ja an ihm, warum erklärt er nicht richtig, ich mag ihn sowieso nicht.«

- Auf der Beziehungsebene erfahren wir Nähe oder Distanz, Bedrohung oder Nichtbedrohung, Sympathie oder Antipathie, wobei wir nie sicher wissen, was wir durch unser Aussenden beim anderen auslösen. (Sozialverträgliche Kritik kann entweder Ärger oder Dankbarkeit bewirken.)

➔ Bei allen Lehr- und Lernprozessen zwischen Lehrenden und Lernenden findet also eine positive und/oder negative Beziehung zu sich selbst und untereinander statt.

➔ Das Wie, die Beziehungsebene hat Vorrang vor dem Was, der Sachebene. Erstere dominiert Letztere (s. auch Abschnitt »Das Eisbergmodell«, S. 26).

Das Eisberg-Modell

In Lernprozessen hat die Beziehungsebene Vorrang vor der Sachebene. (Die »Chemie« muss stimmen!) Fernen spielen die Gefühle der Lernenden eine wichtige Rolle. Sie sind gleichsam der Motor für ihre Handlungen. Das Eisberg-Modell zeigt sehr anschaulich die Dynamik zwischen der Sach- und der Gefühlsebene:

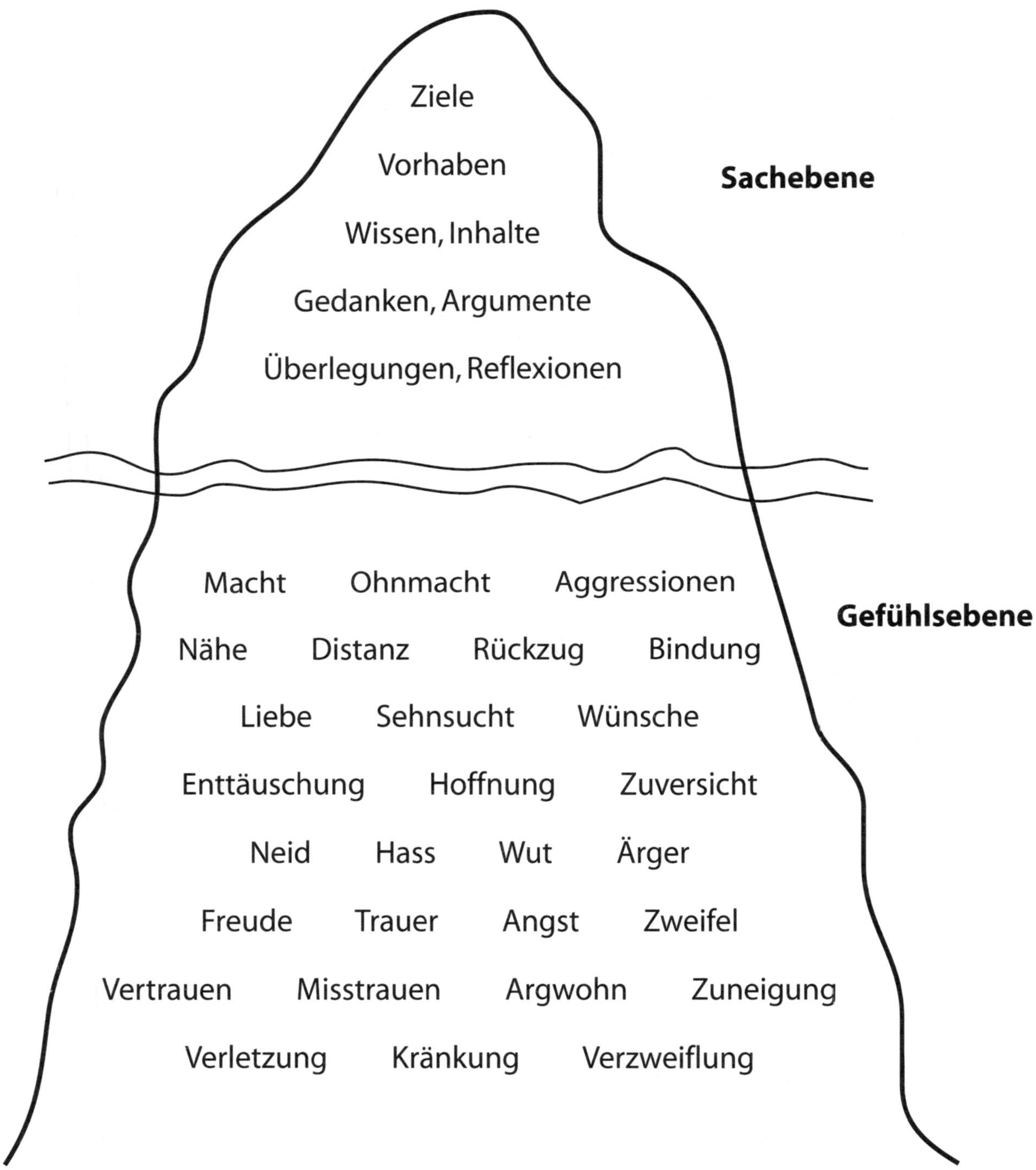

→ Wer die Handlungen von Menschen verstehen will, muss die Gefühlsebene wahrnehmen.

Nichtverstehen und Verstehen

Viele Menschen fragen sich, warum das Nichtverstehen so häufig vorkommt und warum das gegenseitige Verstehen so schwer ist:

In einer Tagungsstätte frage ich im Speisesaal eine Dame, die alleine an einem Tisch sitzt, ob dies der Vegetariertisch sei, worauf ich – in schnippisch-aggressivem Ton – zur Antwort bekomme: »Warum, sehe ich so aus?«	Sender (Sachebene): »Ich will wissen, ob …« Empfängerin (Beziehungsebene): »Was will denn der von mir?«
Zu meiner Tochter (damals 11 Jahr alt) sage ich eines Sonntagnachmittags: »Du, ich gehe jetzt Joggen«, und erhalte als Antwort: »Ich gehe aber nicht mit.«	Vater (Sachebene): »Ich informiere dich …« Tochter (Beziehungsebene): »O je, will er mich mitnehmen?«
Einen Kollegen weise ich darauf hin, dass sein Auto im Halteverbot steht, worauf er zu mir sagt: »Das geht dich doch nichts an.«	Ich (Sachebene): »Ich teile dir mit …« Kollege (Beziehungsebene): »Der meint, ich sei wohl zu blöd und merke das nicht …«

Das Nichtverstehen ist normal, und das Verstehen ist »Arbeit«, weil wir nicht davon ausgehen können, dass unsere Nachricht so ankommt, wie wir sie wirklich meinen. Zu unterschiedlich sind unsere »Hörgewohnheiten«, geprägt durch folgende Variablen:

- Persönlichkeit/Charakter,
- Art der Beziehung,
- Lebensgeschichte,
- Kontext, Situation,
- Erfahrungen,
- Befindlichkeit.

Weil diese Variablen von Person zu Person verschieden sind, »hören« wir auch von Person zu Person verschieden – und entsprechend sind auch unsere Antworten. Dies erklärt die Tatsache, dass eine Nachricht der eine als sachliche Mitteilung, die andere als Kritik oder Vorwurf und wieder jemand anders als hilfreiche Botschaft »entschlüsselt«:

➔ Wir können nie sicher wissen, was unsere Botschaft beim Gegenüber auslöst.
➔ Unser Gegenüber konstruiert aus unserer Nachricht eigene Wirklichkeiten.
➔ Gegenseitiges Verstehen benötigt deshalb Rückfragen, ein »kommunikatives Pingpong« und den Dialog der Gesprächspartner.

Ein Schulleiter sagte zu mir: »Wenn meine Nachricht so ganz anders ankommt, dann getraue ich mir ja gar nichts mehr zu sagen.«
Meine Antwort. »Wenn ich nicht weiß, wie meine Botschaft ankommt, dann kann ich alles (sozial verträglich) sagen – um dann allerdings hinzuhören, wie sie beim Gegenüber angekommen ist.«

➔ »Was ich ›gesagt‹ habe, weiß ich erst, wenn ich die ›Antwort‹ kenne.« (N. Wiener)

➔ Welche Konsequenzen ziehen Sie für Ihre Tätigkeit als »Stoffvermittler«, wenn vieles »so ganz anders« ankommt?

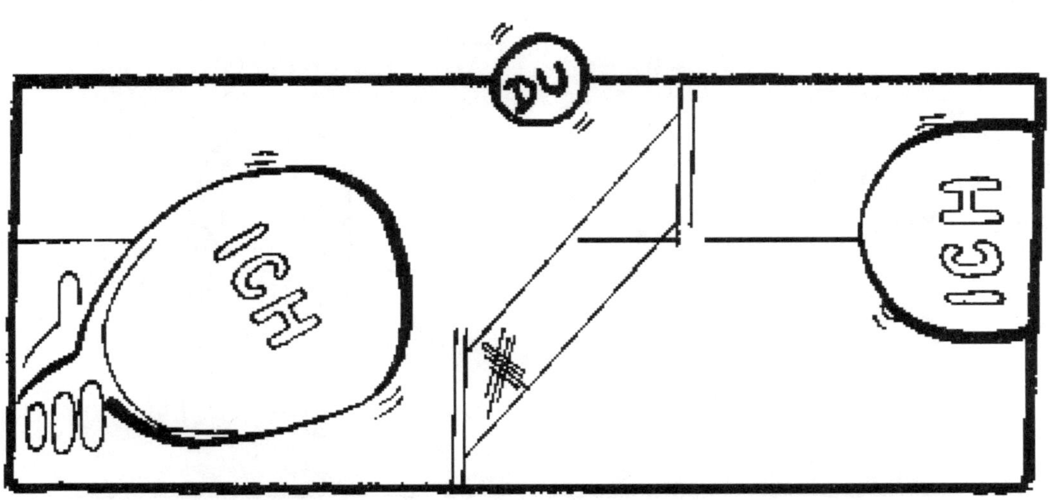

Annäherungen

Ein Viereck und ein Kreis im Gespräch:

ICH sehe es richtig,
DU siehst es falsch.

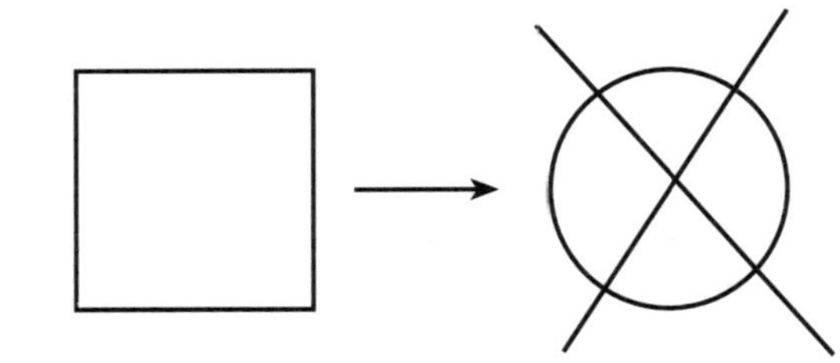

DU siehst es falsch,
ICH sehe es richtig.

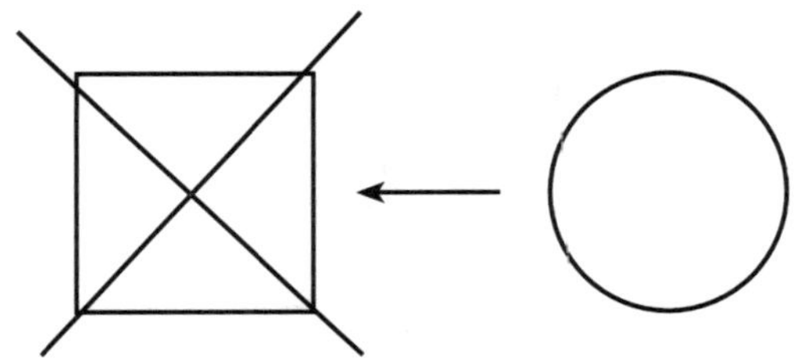

ICH werde DICH
verändern.

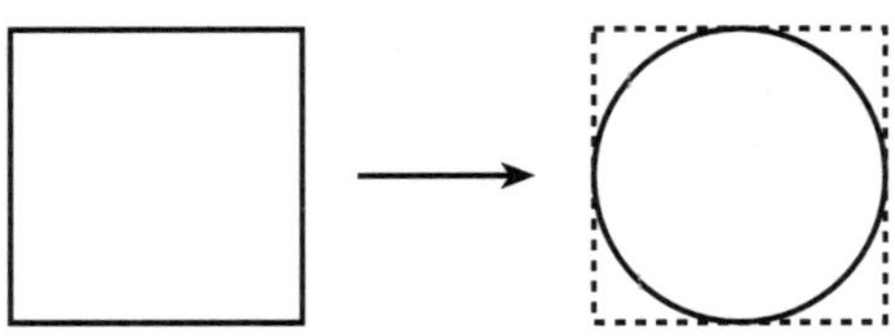

ICH werde DICH
verändern.

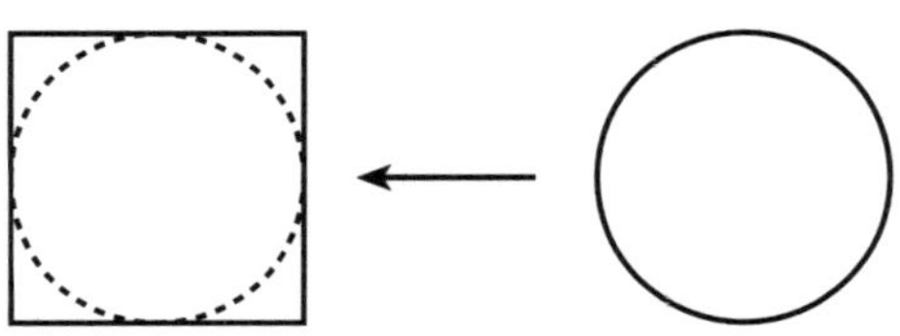

WIR haben einen
Berührungspunkt.

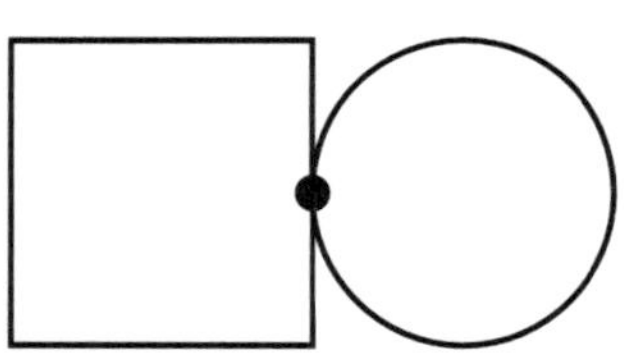

WIR suchen nach
Gemeinsamkeiten.

Übung: Förderliche Antworten

Aufgabe: Geben Sie bitte einfühlsame und verständnisvolle Antworten auf nachfolgende Mitteilungen:

Mitteilungen	Blockierende Antworten	Verständnisvolle Reaktionen
Schülerin hat vergessen, ihre Hausaufgaben zu machen und weint in der Schule.	Lehrer: »Du Heulsuse, hör auf zu weinen! S' rentiert sich nicht.«	
Kollegin: »Ach, freu ich mich auf die Ferien. Endlich mal keine Schüler und Eltern!«	Kollege: »Freu dich nicht zu früh. Wart erst mal die Zeugniskonferenzen ab!«	
Schüler: »Herr X, ich komme ganz prima bei Ihnen im Unterricht mit!«	Lehrer: »Ist schon gut. Streng dich nur weiter so an!«	
Lehrerin: »Ich weiß nicht, ob das gut gehen wird und ob ich das überhaupt schaffe.«	Schulleiter: »Nun sind Sie doch nicht gleich so pessimistisch.«	
Schüler: »Ich kapier's einfach nicht. So ein Mist!«	Lehrer: »Dann musst du halt noch mehr üben.«	
Schülerin: »Frau X, ich komm bei Ihnen prima mit.«	Lehrerin: »Willst dich wohl bei mir einschmeicheln?«	
Kollege: »Jetzt unterrichte ich schon über 20 Jahre hier an der Schule, aber das ist mir noch nie passiert.«	Kollege: »Ja, ja, irgendwann ist immer das erste Mal, dass es einen erwischt.«	
Direktorin: »Sie müssten mal an meiner Stelle sein; dann wüssten Sie, was Verantwortung heißt.«	Lehrerin: »Hab ich mich auf die Stelle beworben oder Sie?«	
Vater: »Mein Sohn muss unbedingt das Abitur schaffen.«	Lehrer/in: »Das hängt einzig und allein von seinen Noten ab.«	
Fachbereichsleiterin: »Was glauben Sie denn, wie ich mich hier als Frau behaupten muss.«	Vorgesetzter: »Dafür sind Sie ja auch eine Gehaltsstufe höher geklettert.«	

Nähe und Distanz

Von klein auf machen wir unterschiedliche Erfahrungen im Umgang mit Menschen: zu den einen fühlen wir uns hingezogen; andere finden wir unsympathisch; von manchen fühlen wir uns bedroht, während wir uns bei anderen geborgen fühlen. Wir befinden uns – je nach Lebensgeschichte, Erfahrungen und momentaner Situation – immer in folgendem Koordinatensystem:

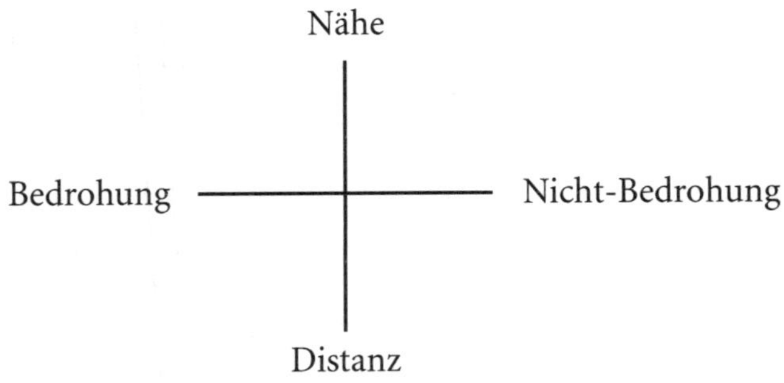

Für das »Lernen in Beziehungen« hat dies weit reichende Konsequenzen:

Als Lehrer/innen können wir nicht einfach bestimmen
- wer mit wem lernen, spielen … soll,
- wer mit wem in einer Gruppe zusammenarbeitet,
- wer neben wem sitzt.

➔ Wie schnell wir doch die »Grenzen« überschreiten: Komm sofort her! Setz dich da hin! Ihr passt schon zusammen! Stell dich nicht so an …!
➔ Deshalb: Achtung vor der »Nähe-Distanz-Befindlichkeit« der Lernenden!

Aufgabe

Sie können durch die folgende Aufgabe Ihre eigene Position im Koordinatensystem überprüfen.

Beispiel:
Im Wartezimmer einer Arztpraxis sind neun Stühle aufgestellt:

[1] [2] [3] [4] [5] [6] [7] [8] [9]

1 = besetzt von einer Person, die ein Buch liest und Sie nicht wahrnimmt
2 = frei
3 und 4 = besetzt von zwei Personen, die sich miteinander unterhalten
5 und 6 = frei
7 = besetzt von einer Person, die Sie freundlich ansieht
8 = frei
9 = besetzt von einer Person, die die Augen geschlossen hat

Sie betreten das Wartezimmer. Auf welchen Platz setzen Sie sich?

Platz ____

Begründen Sie bitte Ihre Entscheidung über die Wahl Ihres Sitzplatzes!

Ich habe mich auf Platz ____ gesetzt, weil

____

____

Meine Wahl war abhängig von

☐ der Situation

☐ meiner Stimmung

☐ der Person

Persönlichkeitsbildung

Psychologen haben herausgefunden, dass die nachfolgenden Eigenschaften sich sehr förderlich in zwischenmenschlichen Beziehungen auswirken.

Eigenschaften		Was gilt für Sie?
Emotionale Stabilität	zufrieden, selbstsicher	
	ruhig entspannt	
	gelassen, kaum aufgeregt	
	gefühlsstark, ausgeglichen	
Extraversion	entgegenkommend, kontaktfreudig	
	risikobereit, wagemutig	
	führungsfähig, entscheidungsfreudig	
	direkt, energiestark	
Verträglichkeit	angenehm, warmherzig	
	mitfühlend, hilfsbereit	
	offen, vermittelnd	
	vertrauensvoll, kooperativ	
Gewissenhaftigkeit	verlässlich, ausdauernd	
	diszipliniert, wohlorganisiert	
	exakt, sorgfältig	
	ordnungsliebend	
Offenheit für Erfahrungen	neugierig, wissbegierig	
	originell, ideenreich	
	flexibel, vielfältig	
	tolerant, großzügig	
→ Was können Sie (noch) verändern?		
→ Was wollen Sie belassen?		

Beziehungsphänomene (I)

Selbst- und Mitbestimmung

Lernen, also Veränderungen, sind Entwicklungen von innen nach außen und somit Eigenbewegungen der Lernenden. Gegen den Willen der Lernenden kann nicht sinnvoll gelehrt werden. Deshalb müssen Selbst- und Mitbestimmung in Lernprozessen »selbstverständlich« sein. Dies schließt sowohl intrinsische als auch extrinsische Motivation mit ein:

- intrinsisch: Interesse, Neigungen, Neugierde, Freude, Vorhaben, Absichten …
- extrinsisch: Empfehlungen, Anregungen, Aufforderungen, Bitten, »Stupser« …

Jan Ullrich, der 1998 die Tour de France gewann, bekam während einer schweren Etappe von einem seiner Mitstreiter den Satz zu hören: »Streng dich an, du faule Sau!« – im Sportlerjargon ein durchaus hilfreicher und nicht verletzend gemeinter »Antreiber«!

Die Änderungen müssen also von den Lernenden selbst gewollt sein. Die Aufgabe der Lehrenden ist es dann, sowohl gute Bedingungen für das Lernen zu schaffen, als auch als Fachleute bestimmte Inhalte anzubieten und für »genügend Stoff« zu sorgen. Dies setzt förderliche Beziehungen zwischen den Lehrenden und Lernenden voraus: Die ausgestreckte »Lehrerhand« wird von den Lernenden nur dann wirklich angenommen, wenn Vertrauen vorhanden ist.

Übertragung und Projektion

Übertragungen sind immer *Irrtum:*
- in der Zeit: Nicht das Heute ist gemeint, sondern das Damals,
- im Ort: Nicht das Hier ist gemeint, sondern das Dort,
- in der Person: Nicht du bist gemeint, sondern jemand ganz anderer.

Beispiele:
- Ein Schüler beschimpft seit längerer Zeit einen Lehrer – und will damit seinen eigenen Vater treffen, mit dem er derzeit große Probleme hat.
- Eine Lehrerin bevorzugt zwei Mädchen ihrer Klasse – zu gerne hätte sie diese als ihre eigenen Kinder.
- Ein Kollege attackiert eine Kollegin – und agiert an ihr seine ungelösten Konflikte mit seiner eigenen Mutter aus.

Nun ist nicht jede Beziehungsstörung gleich ein Übertragungsproblem. Es gibt aber deutliche Anzeichen, die auf solche hinweisen:
- Dauerhaftigkeit: Ein bestimmtes Verhalten ist über einen längeren Zeitraum beobachtbar …
- Heftigkeit: überstarker Ausdruck, heftige Angriffe/Vorwürfe bzw. starke Zuneigung …
- Unangemessenheit: Das Verhalten steht in krassem Gegensatz zum Anlass (Überreaktionen …)

Projektionen sind »Hinausverlagerungen« (unbewusster) eigener Gedanken und Gefühle:
- Ein Lehrer kann einen Jungen, der einen überaus nervösen Eindruck macht, nicht »ausstehen«. Im Laufe der Zeit erkennt er, dass er in dem Jungen seine eigene »Hektik« ablehnt.
- Zwei Lehrerinnen reden sehr abfällig über ein äußerst attraktives Mädchen. Vermutung: Sie verdrängen ihre eigenen sexuellen/erotischen Anteile und agieren sie durch Abwertung und Neid aus.
- Ein Junge, klein von Wuchs, »vergöttert« seinen Freund, weil dieser groß und stark ist. So möchte er auch sein.

➔ Übertragung und Projektion müssen von den Lehrenden erkannt werden, um angemessen mit den Lernenden auf der Beziehungsebene umgehen zu können!

Beziehungsphänomene (II)

Aggression und Entspannung

Die Aggression (lat.: adgredi = herantreten) ist, als vitale Lebensfunktion, wichtig und notwendig. Destruktiv wird sie dann, wenn aus dem Herantreten ein »Hineintreten« wird:

- Einen kräftigen Begrüßungsschlag auf die Schulter empfindet ein anderer als Schmerz.
- Zwei Mädchen streiten verbal – und geraten sich »plötzlich in die Haare«.
- Ein Lehrer ist wegen der Leistungen seiner Schüler »sauer« – und beschimpft sie als »faule Säcke«.

Im Umgang mit Aggressionen ist deshalb folgender »Dreischritt« notwendig:

- das aggressive Verhalten, die Eskalation, stoppen;
- die dahinter liegenden Beweggründe verstehen;
- beim »Umlernen« (= sich angemessen verhalten können) helfen.

> ➔ Je stärker das Ausrasten des Amokläufers, desto größer seine Not, desto wichtiger die Zuwendung zu ihm!

Entspannungs- und Bewegungsangebote – zusätzlich zu den »Umlernhilfen« – sind deshalb in angespannten Unterrichtssituationen und in einer bewegungsarmen Schule besonders notwendig, um Aggressionen abzubauen.

Sinnlichkeit und Sexualität

In der Schule scheint es das Lernen nur »im Kopf« zugeben. Lernen mit »Kopf, Herz und Hand«, mit allen Sinnen, ist eher die Ausnahme. In zwischenmenschlichen Beziehungen kann jedoch die Leiblichkeit und die damit verbundene Sinnlichkeit nicht ausgeklammert werden:

- Wir hören, reden, riechen, schmecken, berühren, fühlen … – aktiv mit allen unseren Sinnen.
- Menschen fallen sich aus Freude um den Hals, schreien sich an aus Wut, klopfen sich vor Begeisterung auf die Schulter, legen tröstend den Arm um die Schulter, tanzen ausgelassen aus Überschwang, hauen »auf den Tisch« vor Zorn …

Sexualität, Erotik, Attraktivität sind Lebensthemen, also auch Themen (in) der Schule, die allerdings sehr behutsam und einfühlsam zu behandeln sind: Es ist ein großer Unterschied, ob dieses Thema die ganze Schulgemeinschaft betrifft (z.B., weil sexueller Missbrauch bekannt geworden ist) oder ein Kollegium (Schulleiter hat ein Verhältnis mit einer Kollegin) oder eine Klasse (Pubertätsprobleme, Freundschaften, Liebesbeziehungen). Menschen, die sich diesem Thema nähern, die sich öffnen und ihre Beziehungen zu anderen klären wollen, brauchen »Räume«, in denen die Intimität gewahrt und Verletzungen vermieden werden.

Unangemessene Reaktionen auf Grund ungeklärter, verdrängter Beziehungen:

- Eine Grundschule mit 24 Frauen leitet ein Mann. »Hintenherum« wird gewitzelt: Weiberverein, Hühnerstall, Hahn im Korb …
- Ein Schulleiter, verheiratet, hat ein Verhältnis mit einer Kollegin. Jeder weiß es, niemand sagt etwas – seit Wochen sind die Beziehungen einiger Lehrer/innen zu ihm äußerst angespannt. Für ihn wird der Zustand immer unerträglicher …
- Eine Schülerin ist schwanger. Die Lehrerschaft geht sehr fürsorglich mit dem Mädchen um. Ein Teil der Elternschaft der Klasse jedoch redet im Geheimen sehr abfällig …

> ➔ Es ist immer wieder im Bereich von Sexualität und Erotik von Fall zu Fall zu klären und zu entscheiden: Was ist, was muss offen und fair thematisiert werden? Was kann und darf gesagt werden? Was muss in der Privatsphäre bleiben und geschützt werden?

Beziehungen als Schlüssel zum Lernen

Die Dispositionen der Lernenden bestimmen die Art und Weise des Lehrens, die Beziehungen der Lernenden und Lehrenden untereinander beeinflussen ihr Lern- und Lehrverhalten. Deshalb sind die zwischenmenschlichen Beziehungen der Schlüssel zum Lernen und Lehren.

10 bedeutsame Aussagen

① Die Beziehungsebene hat Vorrang vor der Sachebene.

② Die Gefühle sind der Motor für das Handeln. Sie steuern die Aufnahme, Verarbeitung und Speicherung von Informationen und Lerninhalten.

③ Beziehungsblockaden verhindern das Lernen, Beziehungsbrücken fördern es.

④ Gegen den Willen der Lernenden kann nicht gelehrt werden.
Deshalb: Selbst- und Mitbestimmung an Stelle von Durchsetzung.

⑤ In zwischenmenschlichen Beziehungen sind die beiden Phänomene Übertragung und Projektion normal und keine Randerscheinungen.

⑥ Angst schüttet Stresshormone aus, die das Lernen verhindern und blockieren. Gegenseitiges Vertrauen jedoch fördert das Lernen.

⑦ Auftretende Aggressionen in den Beziehungen brauchen »Übersetzung« und Lösung durch Verständnis und Entspannungsangebote.

⑧ Sinnlichkeit und Sexualität sind Bestandteil zwischenmenschlicher Beziehungen und dürfen kein Tabu (mehr) sein.

⑨ Nähe und Distanz sind wichtige »Fühler« in der Zusammenarbeit von Lernenden und Lehrenden.

⑩ Letztlich prägen Macht und Liebe die Art und Weise der Beziehungen untereinander.

Willi Hitzler

Das Lernen lehren und lernen

Einleitung

Das Lernen zum Thema des Unterrichts zu machen, resultiert aus der Erfahrung, dass die wenigsten Schüler/innen effektiv lernen können. Frustration bei schlechten Zensuren trotz hohem Lernaufwand ist keine Seltenheit. Lernen als Stress, der bei nicht wenigen Kindern und Jugendlichen zu gesundheitlichen Beeinträchtigungen führt, ist nur zum Teil mit Überforderung und falscher Schulwahl begründet. Wenig sinnvolles Lernen, falsche Lernstrategien, mangelnde Lernorganisation verhindern oft den gewünschten Lernerfolg. Hand in Hand damit gehen Angst und Motivationsverlust.

- Ziel eines Unterrichts, der das Thema »Das Lernen lernen« zum Inhalt hat, ist die Befähigung der Schüler/innen, ihr Lernen so zu organisieren, dass sie mit weniger Stress und mehr Freude zu Lernergebnissen gelangen, die ihren Leistungsmöglichkeiten entsprechen.
- Zwei grundlegende Säulen des Lernens sind Themen jedes Lernmethodik-Trainings, nämlich *Motivation* und *Konzentration* (siehe nächstes Kapitel, S. 49). Ohne ein gewisses Maß an Lernwillen und Konzentrationsfähigkeit lassen sich Lernergebnisse nicht verbessern.

Weitere wichtige Themen sind:

- Reflexion des eigenen Lernverhaltens,
- die Organisation des Lernens,
- Beschaffung, Verarbeitung und Präsentation von Informationen,
- gehirngerechtes Lernen,
- Problemlösen.

Die Inhalte des Themas Lernen müssen mit denen des sozialen Lernens verknüpft werden. Sinnvolles Lernen ist nur zu einem Teil Lernen im stillen Kämmerlein. Lernen mit Partnern, in Gruppen, Teams und im Plenum sind deshalb wesentliche Bestandteile eines Lerntrainings (siehe Kapitel »Lernen in zwischenmenschlichen Beziehungen«, S. 23, und Kapitel »Sozialformen«, S. 61).

Literaturempfehlungen

Arbeitsgemeinschaft Lernmethodik: So macht Lernen Spaß. Praktische Lerntipps für Schüler. Weinheim [16]1996.

Birkenbihl, V. F.: Stroh im Kopf? Gebrauchsanleitung fürs Gehirn. Landsberg 1999.

Hitzler, W./Keller, G.: So lerne ich richtig. Lerntechniken für Grundschüler – Eine Hilfe für den Übertritt. Donauwörth [3]1999.

Keller, G.: Lernen will gelernt sein! Ein Lerntraining für Schüler. Heidelberg [6]1998.

Keller, G.: Lern-Methodik-Training. Ein Übungsmanual für die Klassen 5–10. Göttingen/Bern/Toronto/Seattle 1999.

Klippert, H.: Methodentraining. Übungsbausteine für den Unterricht. Weinheim [10]1999.

Wagner, I.: Aufmerksamkeitsförderung im Unterricht. Frankfurt a.M. 1984.

Themenübersicht

Was für das Lernen wichtig ist:

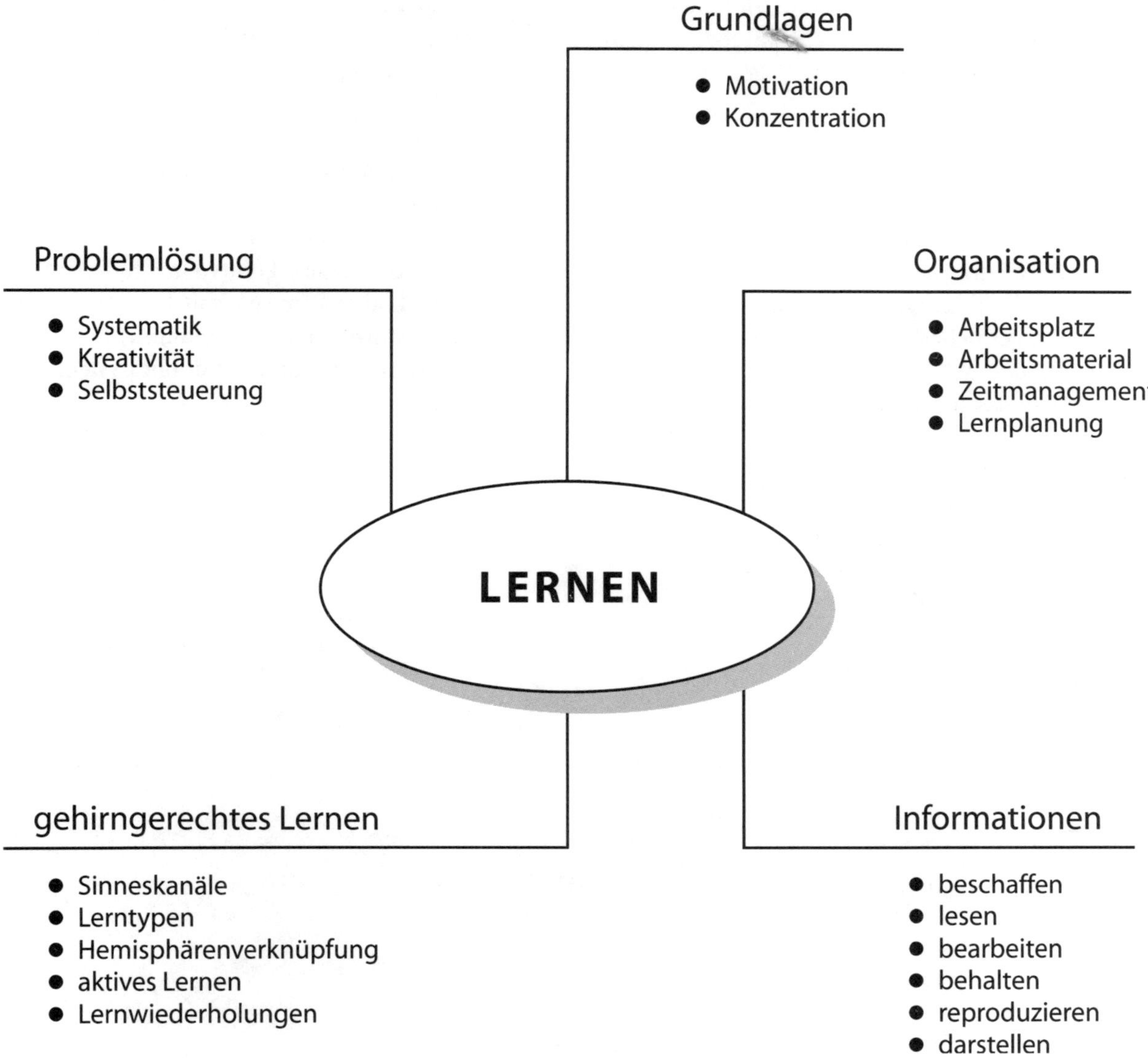

Lernbedingungen

Für Schüler/innen und Lehrer/innen gibt die Reflexion über die häuslichen und schulischen Lernbedingungen wertvolle Hinweise, wo sinnvolle und mögliche Veränderungen das Lernen positiv beeinflussen können. Zur Reflexion bieten sich Gespräche, Fragebogen, Einschätzskalen und Selbstbeobachtungsbogen an.

Von Bedeutung sind:

- **Der Platz, an dem gelernt wird**
  - Schreibtisch/Schultischorganisation
  - Sitzmöbel, Sitzhöhe
  - Lichteinfall (Tageslicht / Kunstlicht)
  - Zustand, Verfügbarkeit benötigter Materialien
  - Ablenkendes
  - Wärme und Sauerstoffzufuhr

- **Die Zeit, in der gelernt wird**
  - Verhältnis Lernzeit – sonstige Zeit
  - Lernzeit und Tagesform (Tagesleistungskurve s. unten) Biorhythmus / Pausen
  - Zeitplanung / Terminplanung
  - Schule und Lernzeit

- **Die Art, wie das Lernen geplant wird**
  - Hausaufgabenheft/Lernaufgabenheft
  - Aufgabeneinteilung (dringende Aufgaben, motivierender Einstieg, Fächerfolge)
  - Einplanen von Wiederholungen
  - Lernstoffmengen aufteilen (Lernen auf Klassenarbeiten

- **Die Art und Weise, wie gelernt wird**
  - Lernmotivation
  - Konzentrationsfähigkeit
  - benütze Lernwege – Lerntyp
  - Lernmethoden (Umgang mit Informationen, Gedächtnisstützen und -hemmungen)
  - Wissensspeicher und Ordnungssysteme (auch Heftführung)

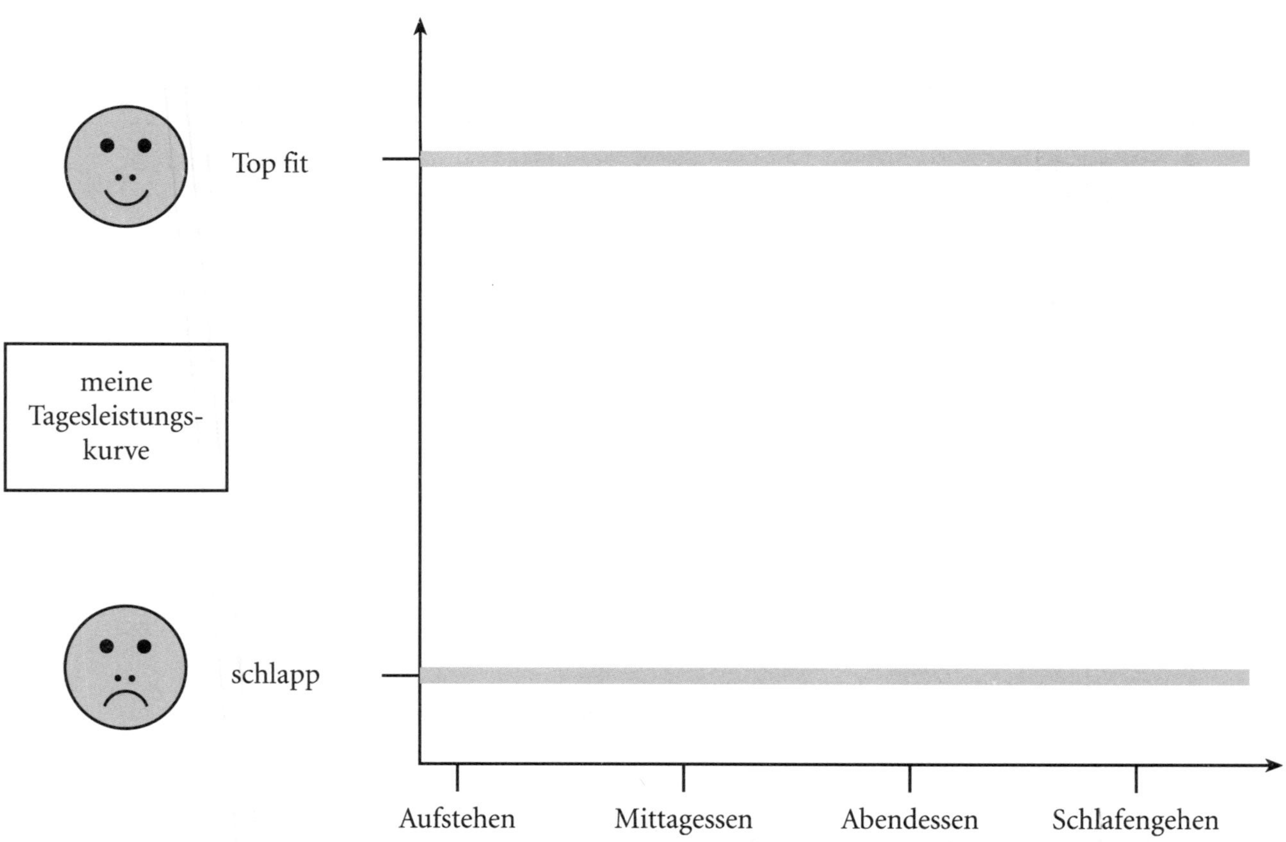

Lerntypen

Aktiver Umgang mit dem Lernstoff (learning by doing) führt zu optimalem Lernerfolg durch sichere Langzeitspeicherung (siehe Kopiervorlage »Behalten und Vergessen«, S. 43). Trotzdem können verschiedene Lerntypen festgestellt werden, die sich durch den Ausprägungsgrad ihrer Wahrnehmungskanäle und der dazugehörenden Gedächtnisbereiche (Kurzzeitgedächtnis) unterscheiden. Lehren und Lernen vollzieht sich nicht immer auf lerntypengerechten Wahrnehmungskanälen.

- Der **auditive Typ:** Das Gehörte ist für ihn die wichtigste Informationsquelle. Die so aufgenommenen Informationen werden gut gespeichert (auditives Kurzzeitgedächtnis) und verarbeitet. Hören ist diesem Typ insgesamt wichtig (Musik, Lyrik, Vogelstimmen), was er auch durch sprachliche Äußerungen zum Ausdruck bringt (»Das klingt gut.« »Da höre ich heraus …« »Der Name sagt mir was.«). Abstrakte Formulierungen stellen für ihn meist kein Problem dar.

- Der **visuelle Typ:** Für ihn sind Bilder, Filme, Grafiken oder wenigstens ein Text die wichtigsten Informationsquellen. Die visuellen Kurzzeitspeicher sind besonders gut ausgeprägt. Fernsehen, Kino, Theater und Bücher gehören zu seinen Freizeitbeschäftigungen. Er gebraucht Sätze wie: »Das leuchtet mir ein.« »Ich sehe darin …« »Ich habe das Gesicht vor mir, aber der Name fällt mir nicht ein.« Abstrakte Formulierungen müssen erst mit einer bildhaften Vorstellung verknüpft werden, bevor sie verstanden werden.

- Der **handlungsorientierte Typ** (auch kinästhetischer Typ, Kinästhesie = Bewegungsempfindung, Muskelgefühl): Diesem Typ prägen sich Informationen durch den handelnden Umgang mit der Materie ein. Experimentieren, Zerlegen und Zusammenbauen; Lernerlebnisse (gefühlsstarke Lernmomente), Lerngänge, Praktika usw. gehören zu seinen effektiven Lernformen. Entsprechend sind bewegungsreiche Freizeitformen bei ihm zu finden und sprachliche Äußerungen, die sich auf Bewegung (auch Gefühlsbewegung) beziehen (»Ich kann dir nicht folgen« »Ich spüre …«). Über eigenes Tun und lebenspraktische Anwendung kann auch Abstraktes erschlossen und verstanden werden.

Gewöhnlich handelt es sich um **Mischtypen**, die je nach Lernsituation, Lerngegenstand und auch Tagesform mehr zum einen oder anderen Typ neigen.

Fazit für Lehrende:
- lerntypengerechte Darbietung sich selbst bewusst machen
- lerntypengerechtes Lernen den Lernenden bewusst machen und erläutern
- vielseitige Darbietungsformen den Lernenden anbieten

Fazit für Lernende:
- seinen bevorzugten Lerntyp kennen lernen
- lerntypengerecht lernen
- lerntypenfremden Unterricht durch lerntypengerechtes Nachlernen ausgleichen

Lerntypentest

Mit dem Lerntypentest kann festgestellt werden, auf welchem Wahrnehmungskanal eine Schülerin/ein Schüler im Augenblick Informationen am besten aufnehmen und kurzzeitig speichern kann. Um eine genauere Aussage über den jeweiligen Lerntyp machen zu können, sind Beobachtungen der Lehrerin/des Lehrers (und evtl. der Eltern) und Selbstbeobachtungen des Schülers erforderlich. Der Lerntypentest eignet sich gut, um mit den Schüler/innen zu diesem Thema ins Gespräch zu kommen und die Grundsätze aufzuzeigen.

Bei jedem Testteil werden zuerst 20 Sekunden lang zehn Begriffe (pro Begriff 2 Sekunden) dargeboten. Danach beschäftigen sich Schüler/innen in Partnerarbeit 30 Sekunden lang mit Kopfrechenaufgaben, die sie sich abwechselnd stellen. Dann sollen sich die Schüler/innen an die Begriffe erinnern und sie notieren. Die Anzahl der richtigen Erinnerungen (die Reihenfolge spielt keine Rolle) wird auf der jeweiligen Achse eingetragen (s.u.). Die Bevorzugung eines Kanals bzw. die Verteilung auf zwei oder drei Kanäle kann am Ergebnisdreieck abgelesen werden.

Hinweis: Zwischen jedem Testteil ca. 10–15 Minuten andere Beschäftigungen den Probanden anbieten, um Interferenzen zu vermeiden.

- **Kurzzeitspeicherung: Lesen**
  Deutlich lesbar folgende Begriffe auf Karten schreiben und die Karten einzeln zeigen:
  Hose – Waschbecken – Messer – Haustüre – Video – Fahrrad – Griff – Sessel – Kette – Herd
  (30 Sekunden rechnen, dann Begriffe notieren)

- **Kurzzeitspeicherung: Hören**
  Folgende Begriffe deutlich, aber nicht unnatürlich aussprechen:
  Fußball – Löffel – Dusche – Tisch – Kalender – Getreide – Bluse – Schlüssel – Fenster – Buch
  (30 Sekunden rechnen, dann Begriffe notieren)

- **Kurzzeitspeicherung: Sehen**
  Reale Gegenstände zeigen:
  Münze – CD – Taschenlampe – Bleistift – Gabel – Tasse – Stein – Handtuch – Schuh – Armbanduhr
  (30 Sekunden rechnen, dann Begriffe notieren – sinngleiche Begriffe gelten)

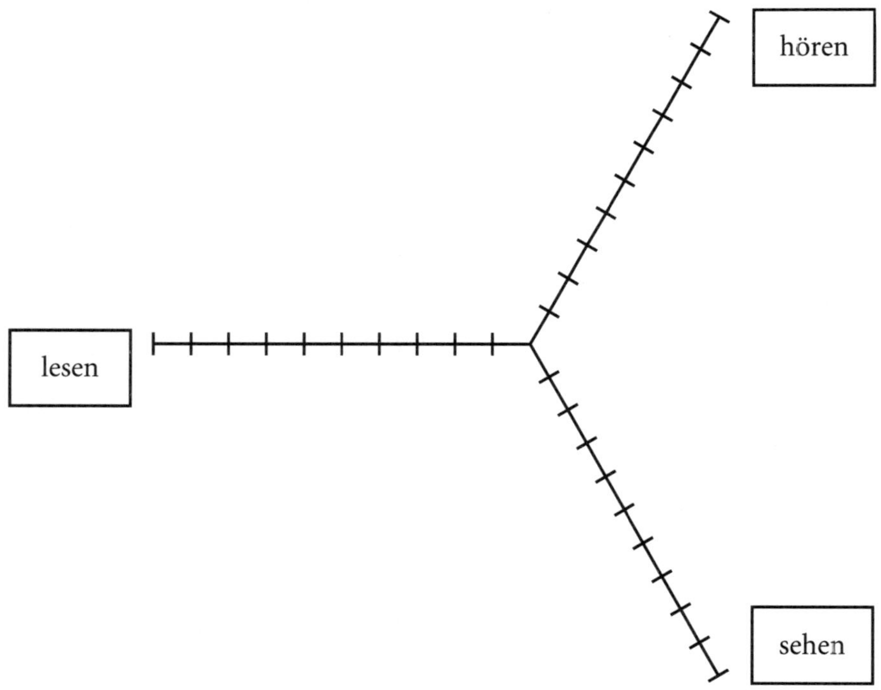

Der Weg ins Langzeitgedächtnis

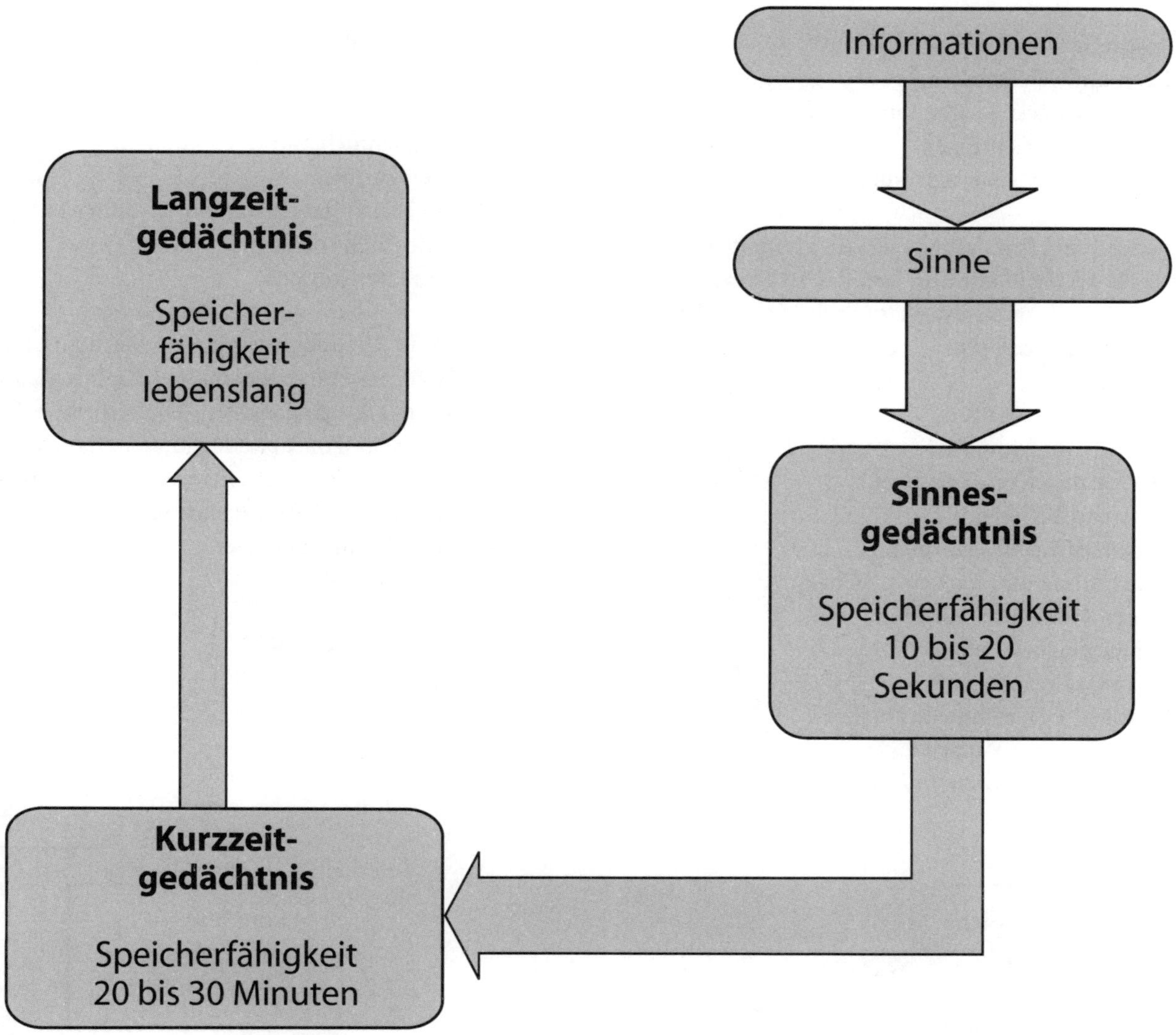

Von den vielen wichtigen und unwichtigen Informationen, die im Laufe eines Lernprozesses über unsere Sinne aufgenommen werden, gelangen nur die durch den Filter des Sinnesgedächtnisses, denen Aufmerksamkeit zuteil wird und die mit bereits Bekanntem verknüpft werden können. Ein mittlerer Bekanntheitsgrad regt das Interesse an, gänzlich Bekanntes oder gänzlich Unbekanntes nicht. Bei schwer zu merkendem Lernstoff sind Gedächtnisstützen notwendig. Aktives Lernen unterstützt den Merkvorgang.

Die durch Interesse und Aufmerksamkeit bewusst wahrgenommenen Informationen sind nun im Kurzzeitgedächtnis zwischengelagert. Verlieren sie innerhalb von 20 bis 30 Minuten an Bedeutung und werden nicht mehr wiederholt, werden sie vergessen. Durch eine optimale Wiederholungsstrategie gelangen die Informationen ins Langzeitgedächtnis.

Verarbeitung von Informationen

Beim Lernen müssen die Lernenden Informationen

- beschaffen,
- lesen und verstehen,
- für ihre Zwecke bearbeiten,
- ins Gedächtnis bringen, speichern,
- in geeigneter Form reproduzieren und darstellen.

Lernende brauchen dafür geeignete Methoden, über die sie sicher verfügen können. Um das zu erreichen, müssen sie diese kennen lernen und einüben. Solche Methoden können z.B. sein:

- Büchereien benützen,
- Informationen im Internet finden,
- Nachschlagewerke benützen,
- systematisch lesen,
- Schlüsselbegriffe erkennen,
- Diagramme und Karten verstehen,
- Informationen reduzieren,
- Hefteinträge gestalten,
- Lernplakate anfertigen,
- Tabellen, Diagramme herstellen,
- Infos in eigene Worte kleiden,
- Referate ausarbeiten und halten.

Für manche Methoden brauchen die Lernenden handwerkliche Grundlagen. Auch diese Grundtechniken bedürfen der Übung. Beispiele dafür sind:

- das Alphabet beherrschen können,
- Dinge übersichtlich anordnen können,
- schraffieren können,
- mit einem Plakatmarker schreiben können,
- laut und deutlich sprechen können,
- Blätter einheften können.

Um eine breite Methodenkompetenz bei den Lernenden zu sichern, ist ein systematischer Trainingsaufbau sinnvoll. Besonders erfolgreich ist, ein vernetztes Lerntraining in ein Schulkonzept einzubinden, das Ziele definiert, Schritte zu den Zielen einzelner Klassenstufen und Fächern zuweist, Lernfortschritte kontrolliert und Kompetenzerweiterung bewertet.

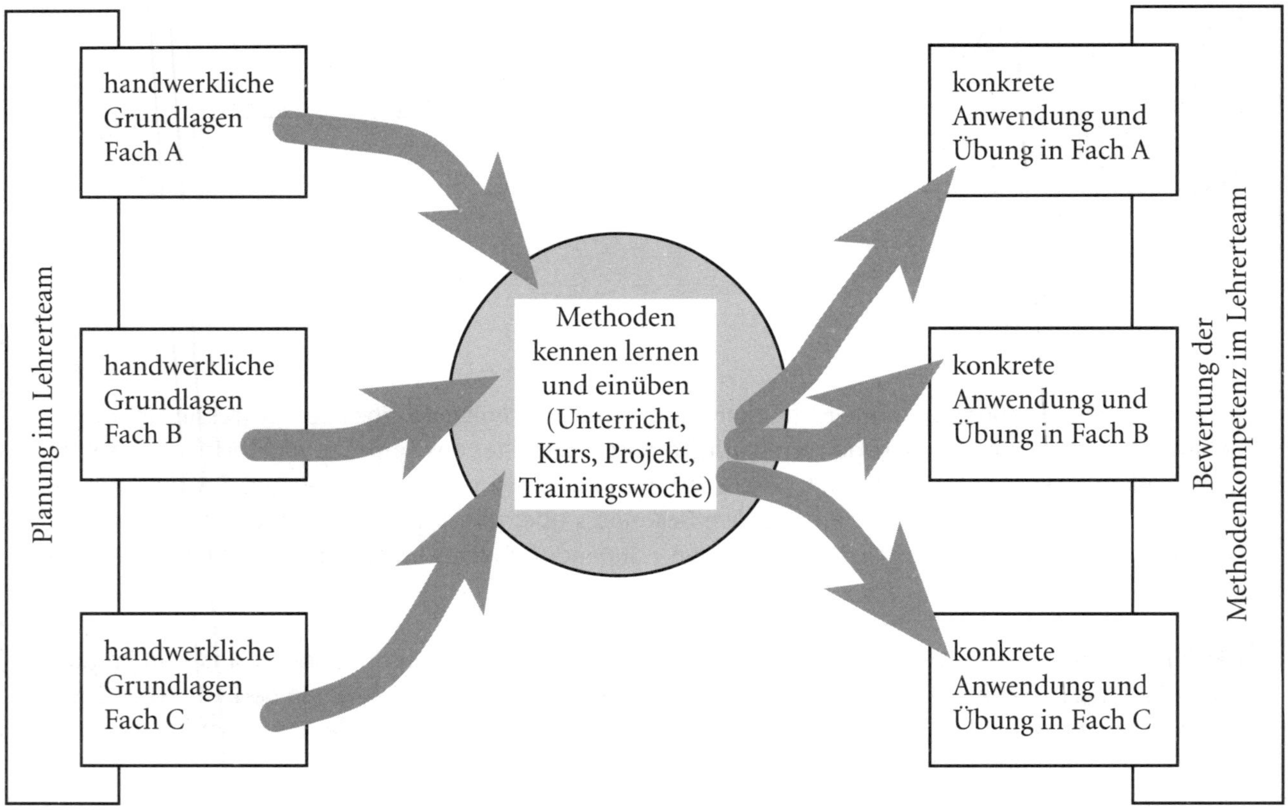

Behalten und Vergessen

Nachhaltiges Lernen ist stets aktives Lernen. Grundsätzlich kann man sagen, dass die Behaltensrate steigt, je mehr Sinneskanäle beim Lernen angesprochen werden und je aktiver der Lernende am Lernprozess beteiligt ist. Dabei ist die Behaltensrate wieder abhängig vom einzelnen Lerntyp. Dennoch gilt im Allgemeinen:

Lesen: 10 % wird behalten

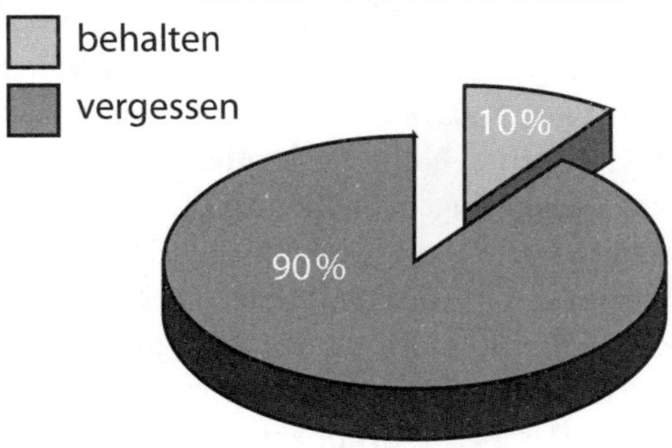

Hören: 20 % wird behalten

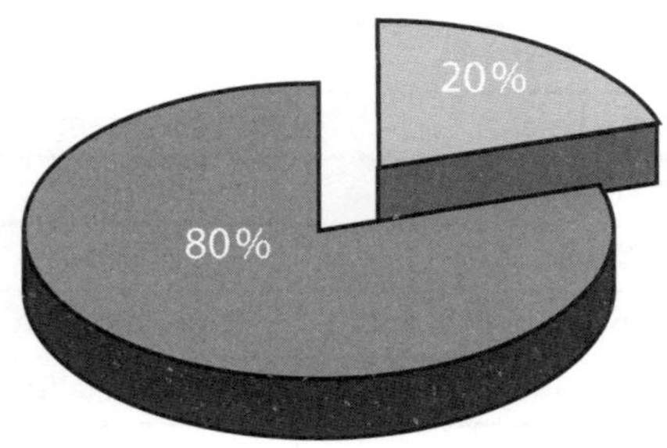

Sehen: 30 % wird behalten

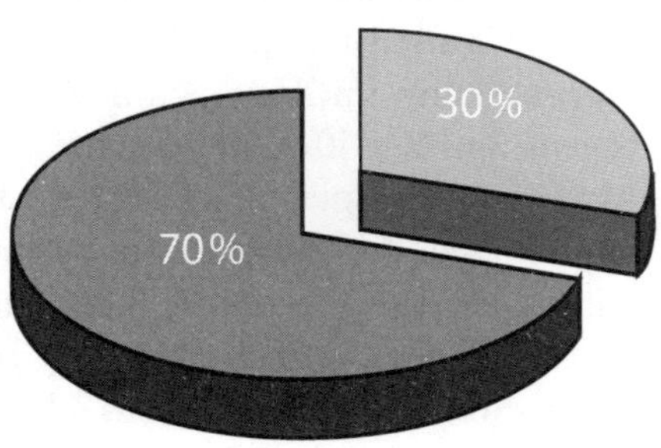

Hören und Sehen: 50 % wird behalten

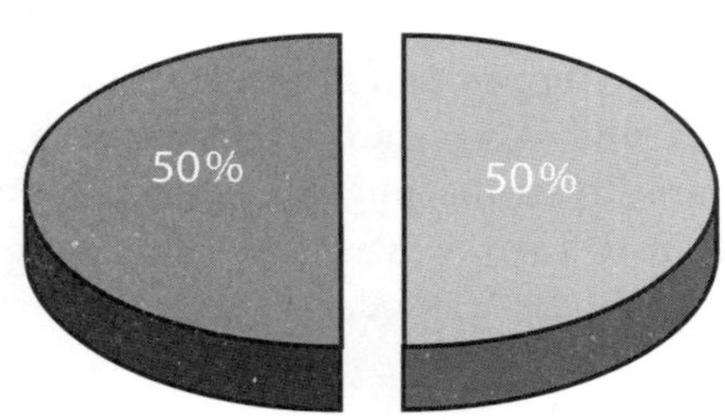

Selbst darüber sprechen:
70 % wird behalten

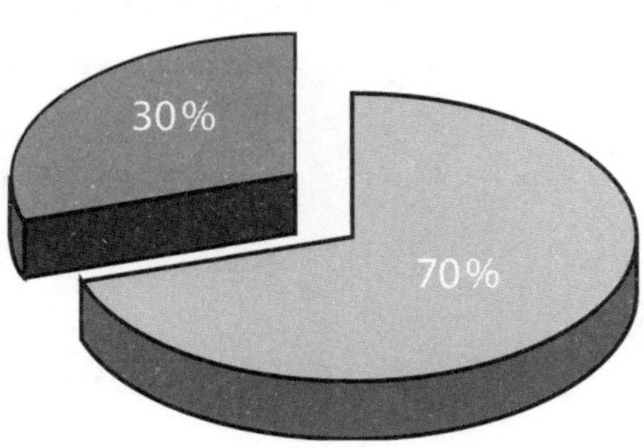

Selbst ausprobieren und ausführen:
90 % wird behalten

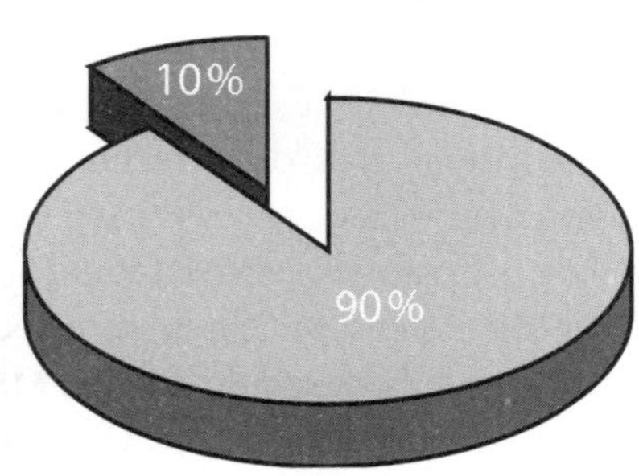

Die in den Grafiken aufgezeigten Behaltens- und Vergessensanteile sind allerdings nur als allgemeiner Richtwert zu verstehen, der die Grundlage für möglichst aktives Lernen bietet. Betrachtet man jedoch einzelne Lerntypen (siehe S. 39), so erhöht sich bei den bevorzugten Sinneskanälen die Behaltensrate beträchtlich. Um im Unterricht alle Lerntypen gleichermaßen anzusprechen, sind vielfältige Lehr- und Lernformen notwendig. Denn: Aktives Lernen durch Methodenvielfalt ist eine glänzende Bedingung, optimale Ergebnisse zu erreichen.

Gedächtnisübung

Anleitung für Schüler/innen

Mit der folgenden Übung kannst du erleben, wie bewusstes, aktives und verknüpfendes Lernen tatsächlich erfolgreich ist. Ziel der Übung ist, dass du innerhalb kurzer Zeit von zwanzig Begriffen möglichst viele behalten sollst. Nimm dir nicht vor, alle zu behalten. Setze dir ein Ziel, das du erreichen kannst (z.B. 15 Begriffe).

1) Gummihandschuh	11) Teppichklopfer
2) Blumenkasten	12) Linienbus
3) Obstschale	13) Finanzamt
4) Lötkolben	14) Kühltruhe
5) Teddybär	15) Markthalle
6) Knoblauchpresse	16) Zwiebelhaut
7) DVD-Player	17) Pferdehalfter
8) Rosenkranz	18) Korkenzieher
9) Gewürznelke	19) Netzwerk
10) Halfpipe	20) Liebestöter

Bildet drei Gruppen und führt die Übung auf verschiedene Art und Weise durch. Sprecht nach der Übung über eure Erfahrung mit der Lernmethode. Was half euch beim Lernen, was war für euch eher hinderlich, wie könnt ihr die Methode verbessern?

- **Gruppe 1:** Teilt die Begriffe untereinander auf. Jedes Gruppenmitglied zeichnet oder malt zu seinen Begriffen ein notizzettelgroßes Bild. Nun klebt ihr nacheinander die Begriffe auf ein Plakat und sprecht dazu. Beispiel: »Ich klebe einen Gummihandschuh in die rechte obere Ecke.« »Ich klebe den Blumenkasten in die Mitte.« »Ich klebe die Ostschale unter den Blumenkasten.« usw. Jeweils nach fünf Begriffen fangt ihr nochmals von vorne an und wiederholt gemeinsam die bereits geklebten: »Im rechten oberen Eck der Gummihandschuh, in der Mitte der Blumenkasten, darunter klebt die Obstschale ...« Am Ende wiederholt ihr nochmals alle Begriffe, einmal mit offenen, dann mit geschlossenen Augen.
- **Gruppe 2:** Ein Gruppenmitglied beginnt mit den ersten beiden Begriffen eine möglichst fantasievolle Geschichte. Beispiel: »Frau Müller legt ihren ekligen gelben Gummihandschuh in den Blumenkasten.« Nun fahren die nächsten Gruppenmitglieder fort. Beispiel: »Unter dem Blumenkasten mit dem ekligen gelben Gummihandschuh steht eine Obstschale.« »Frau Müller möchte sie mit einem Lötkolben reparieren.« Macht so weiter. Nach jeweils fünf Begriffen beginnt ihr gemeinsam die Geschichte von vorne. Am Ende wiederholt ihr gemeinsam die ganze Geschichte, einmal mit offenen, einmal mit geschlossenen Augen. Stellt euch die Geschichte dabei bildlich vor.
- **Gruppe 3:** Ein Gruppenmitglied beginnt, nennt den ersten Begriff und hängt ihn (nur in Gedanken!) an die Tafel: »Ich hänge den Gummihandschuh an die Tafel.« Das zweite Gruppenmitglied nimmt nun den zweiten Begriff und legt, hängt, setzt ihn im Klassenzimmer an einen Platz, der rechts von der Tafel ist (z.B. Kartenständer). Verteilt so die Begriffe im Uhrzeigersinn im Klassenzimmer. Wiederholt nach jeweils fünf Begriffen alle Begriffe mit ihren Plätzen von vorne. (Beispiel: »Der Gummihandschuh hängt an der Tafel, der Blumenkasten steht auf dem Kartenständer, die Obstschale liegt im Waschbecken und unter dem Waschbecken liegt ein Lötkolben.«) Wiederholt am Ende nochmals alles von vorne, einmal mit offenen, einmal mit geschlossenen Augen.

Nehmt jetzt einen Zettel und schreibt die Begriffe auf, die ihr euch gemerkt habt (Plakat umdrehen!). Lobt euch selbst und eure Nachbarn, wenn ihr euer Ziel erreicht habt.

Problemlösen

Beim Problemlösen sind zwei Vorgehensweisen zu unterscheiden: systematisches Problemlösen für Aufgabentypen wie Sachaufgaben oder Aufsätze mit klaren Lösungsstrukturen und kreatives Problemlösen für offenere Aufgabenstellungen. Gemeinsamer grundlegender Faktor des Problemlösens ist eine gute Selbststeuerung mit positiven Selbstinstruktionen:

Problem → systematisch → Lösung ← kreativ ← Problem

schrittweises Vorgehen:

- Aufgabe genau lesen
- Informationen sortieren
- Ziele benennen
- Zwischenschritte festlegen
- Hilfsstrategien anwenden:
  - Skizzen, Verlaufspläne
  - Nachschlagewerke
  - analoge Aufgaben
  - Vereinfachung

- Überprüfungsmechanismen:
  - Vergleich mit Aufgabenstellung
  - Rechenschritte nachrechnen
  - Realitätsvergleich

mehrperspektivisches Vorgehen:

- Ideen sammeln (z.B. Brainstorming)
- umstellen, umdenken
- Überblick verschaffen
- Struktur geben
- im Team arbeiten

- Überprüfungsmechanismen:
  - Vergleich mit Aufgabenstellung
  - Realitätsvergleich

Inneres Sprechen steuert die Handlungen des Problemlösens:

- Was muss ich tun?
- Was weiß ich?
- Wie heißt mein Ziel?
- Welche Wege zum Ziel gibt es?
- Was brauche ich dazu?

* * * * * * * *

- Nun fange ich an
- Was mache ich zuerst, was ist der nächste Schritt?
- evtl.: So geht es nicht, ich muss es anders versuchen.
- evtl.: Fehler machen ist nicht schlimm. Ich kann sie korrigieren.
- Ich bin auf dem richtigen Weg.
- Ich mache kurze Pausen.
- Ist mein Ergebnis richtig?
- Das habe ich gut gemacht!

(Nach Wagner 1984)

Lerntipps für Schüler/innen

Du kannst dein Lernen und deine Lernergebnisse beeinflussen, indem du folgende Tipps so oft wie möglich in die Tat umsetzt.

Tipp Ich muss bewusst lernen wollen. Lernen kann mir niemand abnehmen, ich muss es selbst tun. Wenn ich nicht will, kommt kein Lernstoff in mein Gedächtnis.

Tipp Es gibt verschiedene Lernwege, über die Informationen in mein Gedächtnis gelangen können. Sie unterscheiden sich durch die Menge, die ich dabei behalten kann. Je mehr ich mich aktiv mit dem Lernstoff auseinandersetze, umso mehr bleibt mir im Gedächtnis.

Tipp Verstandener Lernstoff bleibt dann besser in meinem Gedächtnis, wenn ich ihn mit der rechten Gehirnhälfte verknüpfe, wenn ich also eine Information mit einem Bild, Gefühl, Geruch, Reim, Muster, Ort oder einer Geschichte in Verbindung bringe.

Tipp Den Lernstoff will ich nicht nur für kurze Zeit behalten. Also brauche ich eine Strategie, um den Lernstoff dauerhaft ins Langzeitgedächtnis zu bringen. Das ist nur durch Lernwiederholung möglich.

Zeitpunkt X	Ich lerne bewusst und aktiv, verknüpfe den Lernstoff mit Bildern, Reimen usw. und wiederhole nach ca. 20 Minuten.
nach 20 min	
am selben Tag	2. Wiederholung
am Tag danach	3. bis 5. Wiederholung
am zweiten Tag	
am dritten Tag	
nach einer Woche	6. Wiederholung

»Fahrplan« für Lehrer/innen

Wenn Lehrer/innen das Lernen zum Unterrichtsgegenstand machen wollen, ohne dies in einem fächerverbindenden, vernetzten, im Schulkonzept verankerten Kontext zu tun, kann folgender Themenaufbau eine Richtlinie sein.

Analyse des Lernverhaltens der Schüler/innen

Gespräch mit ihnen über den Verbesserungs- und Trainingsbedarf

Erarbeitung eines Trainingsplans mit folgenden möglichen Inhalten

Motivation und Konzentration

Gestaltung des Arbeitsplatzes

Beschaffung und Anwendung des Arbeitsmaterials

Zeitmanagement

Planung des Lernens

lerntypengerechtes Lernen

Wiederholungslernen

ausgewählte Lernmethoden der
Informationsbeschaffung und -verarbeitung
gehirngerechten Aneignung
Präsentation

Problemlösen

Wissensspeicher und Ordnungssysteme

Zwischenfeedback der Schüler/innen über ihr Training, über Erfolge, Schwierigkeiten und Misserfolge

Anwendung des Erarbeiteten hinsichtlich der

Lerninhalte einzelner Fächer
Hausaufgaben
Vorbereitung auf Klassenarbeiten und Prüfungen
Ausarbeitung von Referaten und Jahresarbeiten

Feedback-Runde mit den Schüler/innen über ihre gesamte Trainingseinheit

Analyse des veränderten Lernverhaltens nach drei bis sechs Monaten

Wiederholung und Vertiefung einzelner Trainingsbausteine

Alf Thieme

Motivation und Konzentration

Motivation: Wissenswertes

»Ohne Motivation geht überhaupt nichts!« Diese Behauptung drückt die Bedeutung und Wichtigkeit eines Lernbausteines treffend aus. Motivation zieht sich wie ein roter Faden durch alle Bereiche der Lernmethodik, fließt überall mit ein und lässt sich für die Lehrkräfte trotzdem nur sehr schwer einkreisen oder »packen«. »Lust statt Frust«, diese sicherlich verkürzte und vereinfachte Devise der »Motivation« signalisiert, worum es geht: Lernen soll (wieder) Spaß machen!

Während die Lust auf Schule wohl aus dem angeborenen Interesse am Wissenszuwachs in den ersten Schuljahren meist noch recht ausgeprägt ist, scheint sie im Laufe der Jahre immer mehr nachzulassen. Es stellt sich also die Frage, woran dies liegt und wie die Unlust-Entwicklung zu stoppen und die Lernlust zu fördern ist.

Trotz der enormen Wichtigkeit des Themas muss die Lehrkraft je nach Alter der zu unterrichtenden Schüler entscheiden, ob sie »Motivation« überhaupt eigens thematisieren will. In der Unterstufe ist von einer theoretischen Behandlung unbedingt abzuraten, da den Kindern die Fähigkeit zur Abstraktion ihrer Bedürfnisse noch nicht gelingen kann. Für die Mittelstufe eignen sich erfahrungsgemäß nur »Motivations-Happen«, die in Beziehung zu einzelnen Fächern gesetzt werden müssen, und erst bei älteren Schülern kann ein Zugang über die Reflexion des eigenen Lernverhaltens gefunden werden.

Die Lehrkräfte müssen sich genauso wie die Eltern darüber im Klaren sein, dass Motivation (movere, lat.: bewegen) nicht »gemacht« werden kann: Man kann nicht andere bewegen, das müssen sie schon selbst tun. Man kann aber günstige Bedingungen schaffen und Hilfestellungen geben, damit anderen das »Selbst-Bewegen« besser gelingt.

Wenn Schüler/innen spüren, dass sie auch und gerade in ihrer Unlust ernst genommen werden, fällt es ihnen leichter, die Grundhaltung von Offenheit und Faszination wieder neu zu entdecken, zu beleben und über Erfolgserlebnisse oder zumindest über die Aussicht auf eben solche wieder Freude am Lernen zu erfahren.

Ursachen und Änderungen

- Wenn Schüler/innen kaum noch Erfolge beim Lernen haben, macht sich Frustration breit und die Folge ist allgemeine Unlust, die sich auf alle Bereiche des Schulalltages übertragen kann, ja sogar bis in die so genannten Lieblingsfächer. Das Motto: »Nichts ist so erfolgreich wie der Erfolg!«, lässt erahnen, wo vor allem anzusetzen ist. *Deshalb:* Ermutigungen aussprechen, Zuwendungen geben und Erfolgserlebnisse ermöglichen!
- Häufig liegt die Ursache des Mangels an Lernlust in den Zielen, die von anderen gegeben werden und die weit entfernt sind von den Vorstellungen und Absichten der Schüler/innen. *Deshalb:* Möglichst hohe Selbstbeteiligung der Schüler/innen an der Auswahl der Ziele ermöglichen!
- Viele Inhalte (in) der Schule berühren kaum (mehr) die Lebenswirklichkeit der Schüler/innen. Zudem ist für viele von ihnen der Unterricht langweilig und lebensfremd. *Deshalb:* Den Unterricht lebensnah, methodenreich und praktisch gestalten!
- Schlechte Rahmenbedingungen »töten« das Interesse an der Schule. *Deshalb:* Die Lernumgebung freundlich gestalten; den Stundenplan entzerren; die Schülerzahl in den Klassen reduzieren!

Literaturempfehlungen

Thieme, A.: Lerntrainer Motivation. Weinheim 1999.
Vollmer, H.: Top Training Lernen – Behalten – Anwenden. Stuttgart 1994.

Selbsteinschätzung

Anleitung

Die Schüler/innen kreuzen an, wie sie sich selbst, ihr Verhalten und ihre Tätigkeiten einschätzen und was sie gerne ändern möchten (Einzelarbeit). Im Anschluss daran wird ein Gespräch in der Klasse geführt (Plenum), für die Lehrkraft eine Möglichkeit, Hintergründe von Verhaltensweisen zu erkennen, die Schüler/innen besser zu verstehen, Ansatzpunkte für Hilfestellungen zu finden, und für die Schüler/innen, Hilfen und Anregungen zur Veränderung zu bekommen:

	ja	nein	weiß nicht
Ich bin sportlich			
Ich bin musikalisch			
Ich sehe ganz gut aus			
Ich bin öfter launisch			
Ich komme mit allen gut aus			
Ich bin am liebsten für mich alleine			
Ich gehe überhaupt nicht gerne in die Schule			
Ich habe in der Schule ein Problemfach			
Ich habe ein Lieblingsfach			
Meine Noten sind besser als ich wirklich bin			
Meine Eltern sind ständig hinter meinen Hausaufgaben her			
Meine Eltern sind mit einer 4 in einem Hauptfach noch zufrieden			
Meine Eltern wären über eine 2 richtig begeistert			
Das Schlimmste an einer schlechten Note ist der Ärger daheim			
Das Schlimmste an einer schlechten Note ist die Blamage in der Klasse			
Das Schlimmste an einer schlechten Note ist mein »Versager-Gefühl«			
Ich bin manchmal stolz auf mich			
Ich vergleiche mich gerne mit anderen			
Beim Lernen stecke ich mir die Ziele lieber ein bisschen höher			
Das Mündliche fällt mir schwerer als das Schriftliche			
Manchmal habe ich Angst vor Klassenarbeiten			
…			
…			

Die Schüler/innen selbst können nach dem Ausfüllen in zwei Richtungen arbeiten:

- Sie benutzen den Fragebogen als Verstärker und bestätigen für sie positive Eigenschaften, indem sie zum Beispiel ein Poster mit den entsprechenden Aussagen gestalten, das sie dann gut sichtbar an ihrem Arbeitsplatz aufhängen.
- Die zu ändernden negativen Eigenschaften notieren die Schüler/innen auf einem Blatt und tragen regelmäßig ein, wenn sie erfolgreich etwas zur Behebung oder Änderung unternommen haben.

→ Nach einiger Zeit wird in der Klasse bilanziert.

Motivationsentwicklung

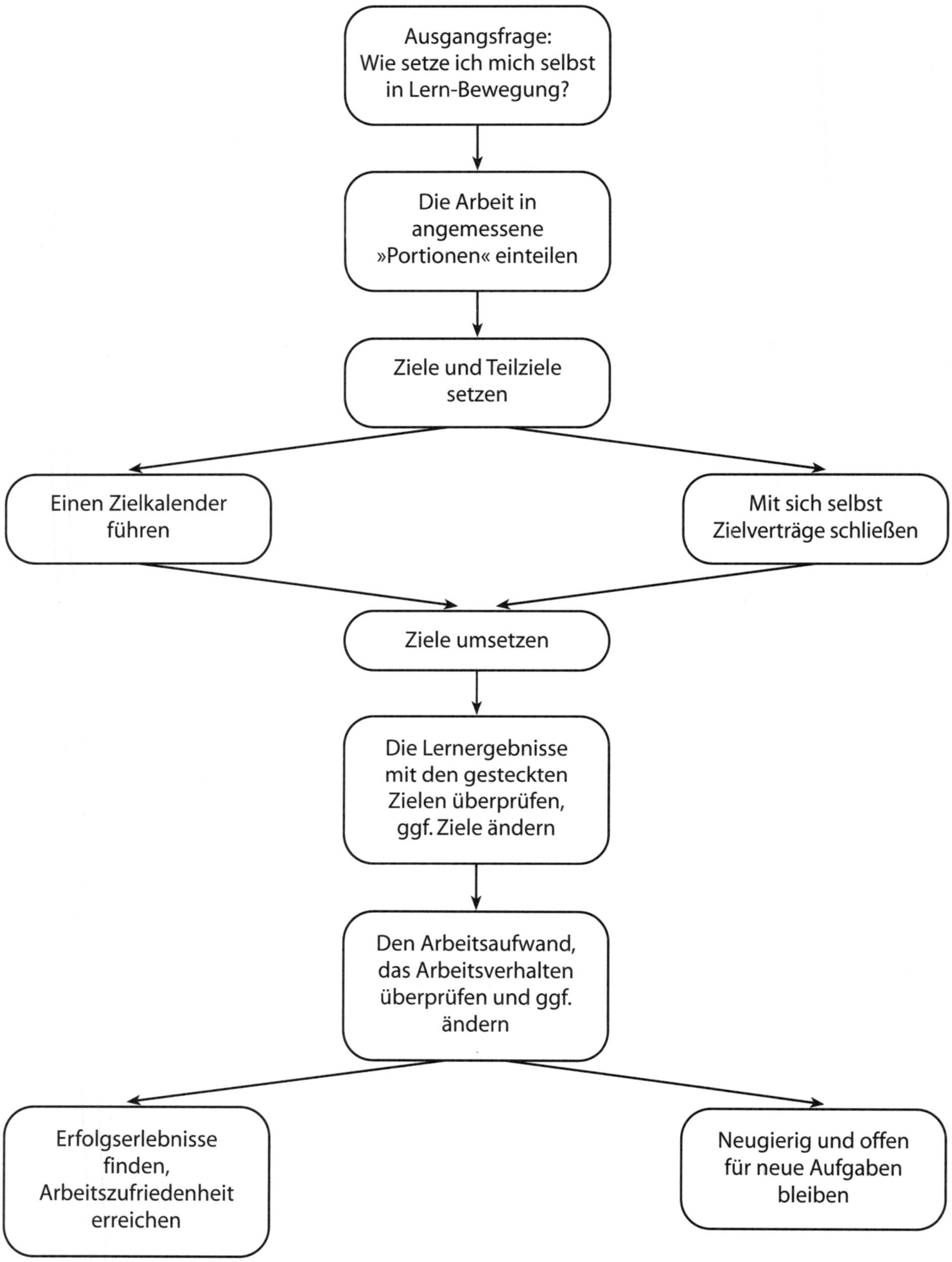

Aufbau einer Motivationshaltung

Zum Erfolg gibt es keinen Aufzug!

Was ich tue:

Ich muss die Treppe selbst gehen.

Ich beginne von unten.

Auch kleine Stufen bringen mich an das Ziel!

Meine nächste Hürde heißt: ______________________________

Ich meistere sie, indem ich ______________________________

Konzentration: Wissenswertes

Im Zeitalter von Reizüberflutung und sich immer schneller vollziehenden Veränderungen in unserer Gesellschaft fallen dem Beobachter vermehrt die Klagen über zwei Phänomene auf: »Die Kinder haben keine Lust mehr, sich anzustrengen, und können sich nicht mehr richtig konzentrieren.« Wohl meist unreflektiert wird den Schüler/innen unterstellt, sie könnten sich kaum über einen längeren Zeitraum hinweg konzentriert mit ihrem Lernstoff beschäftigen.

Sucht man unter dem Stichwort »Konzentration« angesichts dieser anscheinend so hohen Dringlichkeit des Problems nach aktuellen wissenschaftlichen Untersuchungen oder Veröffentlichungen, fällt es nicht leicht, fündig zu werden. Es hat dabei den Anschein, dass man sich von diesem Ausdruck abgewandt und ihn durch »Aufmerksamkeit« ersetzt hat.

Begriffsklärung

Am verständlichsten lässt sich der Begriff Konzentration über sein eigentliches Gegenteil erklären: Ein gemeinsames Kennzeichen bei Aufmerksamkeits- und Konzentrationsproblemen ist darin zu sehen, dass die Betroffenen nicht in der Lage sind, sich ganz in eine notwendige Aktivität hineinzubegeben und sich dabei auf einen Punkt hin auszurichten. Konzentration wird als eine besonders intensive und bestens strukturierte Form der Aufmerksamkeit verstanden. Entscheidend dafür ist, dass menschliche Energie dabei willentlich so gebündelt wird, dass weder innere noch äußere Ablenkungsreize greifen können.

Entwicklung der Konzentration

Jedes gesunde Kind hat von frühester Kindheit an die Anlagen dazu, Konzentration zu entwickeln. Von entscheidender Bedeutung hierfür sind die Maßnahmen durch seine Bezugspersonen, die mittels Ansporn, Über- oder Unterforderung oder Drohung die Entwicklung fördern oder hemmen. Der Eintritt in die Grundschule stellt einen wichtigen Meilenstein dar: In dieser Zeit dominiert noch die so genannte fluktuierende Aufmerksamkeit, bei der die Konzentration stark abschweifen kann. Deshalb müssen sich die Erwartungen an die Aufmerksamkeits- und Konzentrationsleistungen an den altersspezifischen Fähigkeiten und nicht an den Erwachsenenmaßstäben orientieren. Lob, Bestätigung, Stärkung und Anerkennung spielen dabei für die Weiterentwicklung die entscheidende Rolle.

Bereiche, in denen Konzentration gefördert werden kann

- *Verhalten:* Als unkonzentriert erscheinen Kinder entweder, wenn sie motorisch unruhig sind und sich »offensichtlich« anderen Dingen als ihrer Arbeit zuwenden. Schwieriger ist es zu erkennen, ob stille Kinder in sich zurückgezogen sind und ihren Tagträumen folgen oder sich auf das Unterrichtsgeschehen konzentrieren.
- *Wahrnehmung:* Hier geht es um die Fähigkeit, Reize zu selektieren und Störfaktoren auszuschalten.
- *Informationsverarbeitung:* Es handelt sich um die Fähigkeit, Wahrgenommenes kognitiv zu verarbeiten und in das bestehende Schema des Kurz- und Langzeitgedächtnisses einzuordnen.
- *Mentale Energien und Ressourcen:* Kinder stehen »ständig unter Strom«, deshalb müssen ihnen Gelegenheiten gegeben werden, ihre Akkus wieder aufzutanken und zu regenerieren.

Folgerungen

Konzentrationsfördernde Übungen müssen in den Unterricht eingebaut werden und sollten sich dabei möglichst auf drei Ebenen abspielen:

- Intervention im Unterricht,
- Gruppen und spielpädagogische Interventionen,
- mentales Training und Entspannungsverfahren.

Literaturempfehlungen

Affeldt, M. u.a.: KIKO – Kinder konzentrieren sich. Anregungen und Übungen für die Schule, Klasse 1–6. Hannover 1998.

Thieme, A.: Konzentration, Trainingsprogramm 6.–9. Klasse. Weinheim ^{2}1997.

Ortner, A./Ortner, R.: Handbuch Verhaltens und Lernschwierigkeiten. Weinheim ^{5}2000.

Ursachen und Änderungen

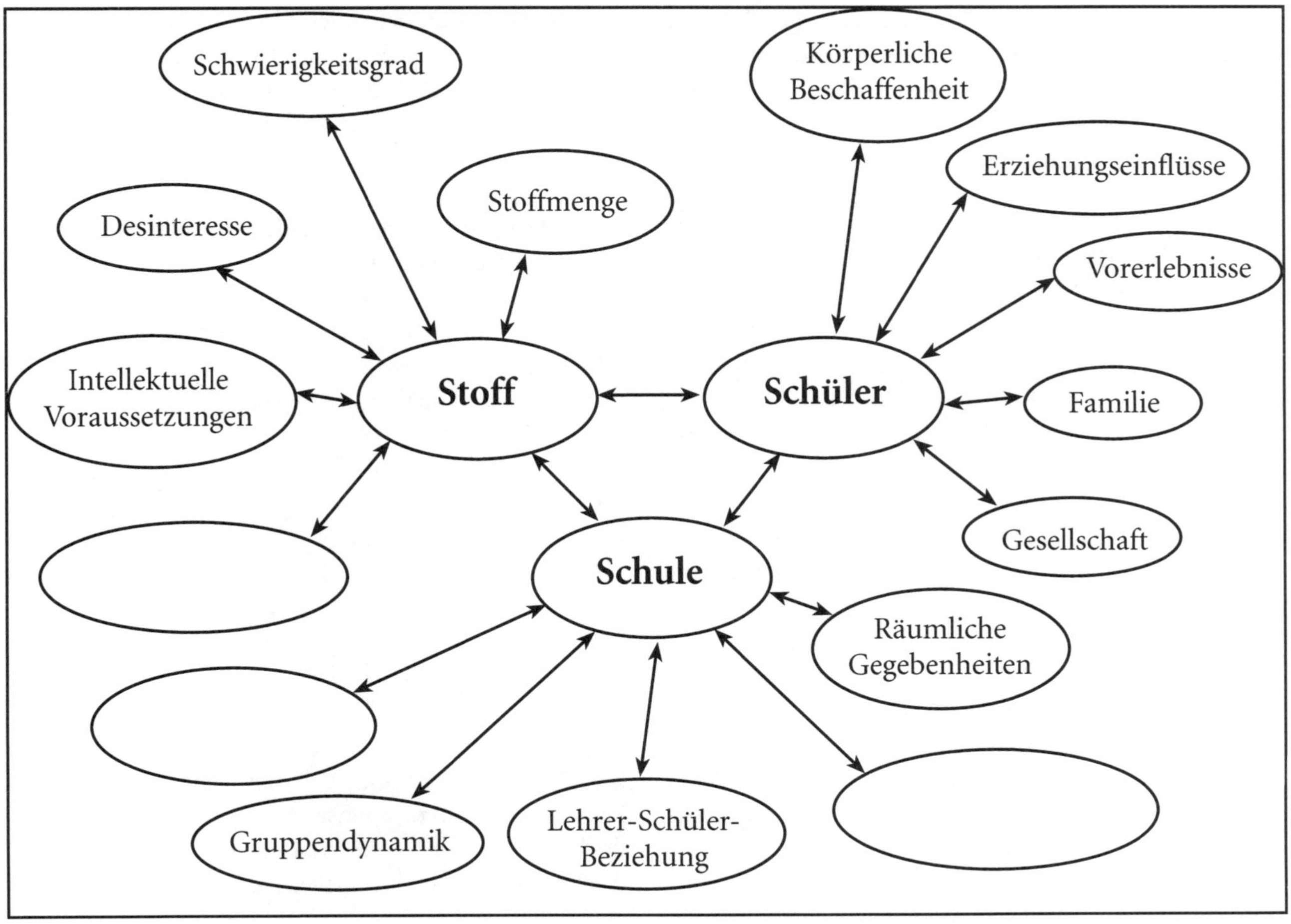

Füllen Sie – wenn Sie wollen – die leeren Felder mit Aussagen!

Vorschläge zur Konzentrationsförderung

Schüler/innen

- Angebot von Bewegungseinheiten (Klatschspiele, Dehn- und Streckübungen, Bewegen der Arme und Beine; Hüpfen und Beugen)
- Angebot akustischer Ausdrucksmöglichkeiten (Schreien, Flüstern, Grunzen, Singen, Schnaufen, Räuspern)
- Konzentrationsübungen (z.B. eine Minute: still sein; den Blick auf einen bestimmten Punkt richten; die Augen geschlossen halten; körperlich starr bleiben; zusammengesunken sein)

Stoff

- Die Stoffmenge und deren Schwierigkeitsgrad auf die Aufnahmefähigkeit des kindlichen Gehirns abstimmen
- Möglichst viele Lernkanäle ansprechen und Methoden anbieten
- Den Unterricht strukturieren und den Lernstoff in kleinen Happen anbieten

Raum

- Für frische Luft und genügend Sauerstoff sorgen (Fenster öffnen)
- Den Einfallswinkel des Lichts beachten (Schatten der Schreibhand)
- Bequeme Stühle und Tische zur Verfügung stellen (eventuell Sitzkissen, Sitzbälle dazu)
- Das Klassenzimmer atmosphärisch angenehm gestalten (Bilder, Poster – jedoch nicht zu viele)
- In den Gängen Rückzugsnischen einrichten (Sessel, Tische, Pflanzen)

➔ Ihrer Fantasie, die Schule *lernfreundlich* zu gestalten – und damit die Konzentration zu fördern –, sind keine Grenzen gesetzt!

Grundsätzliches zur Konzentration

Konzentration ist die Fähigkeit, sich auf eine Mitte hin sammeln zu können, alle geistigen Kräfte wie Wahrnehmung, Vorstellung und Denken auf einen Gegenstand (eine Aufgabe, ein Problem ...) zu richten.

Man unterscheidet zwei Arten von Konzentration:

- Die **unbewusste** Konzentration:
  Sie ist vorhanden und wirkt, ohne dass sie willentlich hervorgerufen oder herbeigezwungen werden muss. Die ist zum Beispiel der Fall, wenn man ein spannendes Buch liest und dabei seine Umgebung vollkommen vergisst. Sie wird durch das Interesse erzeugt, kann jedoch durch ein ständiges Üben ausgebildet und verbessert werden.
- Die **bewusste** Konzentration:
  Es ist die willentlich erzeugte Konzentration. Sie herzustellen und über einen längeren Zeitraum aufrechtzuerhalten fällt manchen Menschen schwer. Man kann dies jedoch üben. Konzentration kann von außen nicht verordnet werden. Sie erfordert die innere Bereitschaft und den eigenen Willen ohne Erfolgszwang. Konzentriert arbeiten und lernen kann nur, wer seine Gedanken ausgeglichen und zuversichtlich auf ein gestecktes Ziel richtet.

Die Konzentrationsfähigkeit ist mit die wichtigste Voraussetzung für erfolgreiches Lernen. Dabei kann dieses Thema nie isoliert behandelt werden, sondern es ist eng verknüpft mit Bereichen wie Motivation, Lernplanung, Lernprobleme u.Ä. Demnach ist es auch sinnvoll, dieses Gebiet während des Unterrichtes immer wieder einfließen zu lassen, denn grundsätzlich gilt:

➔ **Konzentrationsfähigkeit lässt sich durch stetiges Üben steigern!**

Wer sich konzentrieren will, muss erst einmal seine Gedanken von anderen Sachen frei machen können. Er muss sich also zunächst *entspannen* können. Auf Grund der hohen Reizüberflutung im Alltag unserer Schüler/innen sind gerade diejenigen, die Konzentrationsschwierigkeiten haben, oft nicht in der Lage, einmal wirklich »nichts« zu tun. Sie sind vielmehr ständig aktiv. Ein wesentlicher Teil der Konzentrationsförderung muss sich also mit *Entspannungs-*, *Lockerungs-* und *Wahrnehmungsübungen* befassen.

In der Regel haben viele Schüler/innen wie auch Lehrkräfte bei *Konzentrationsspielen* anfangs Vorbehalte. Dabei wird die Wirkung, die bei diesen Spielen gemacht wird, häufig unterschätzt: Viele Spiele sind als Konzentrationsübung einsetzbar – man muss sich jedoch über die fördernde Wirkung bewusst werden und das Spiel dann auf eine festgelegte Zeit begrenzen.

Zur eigenen Übung: Kopieren Sie sich die Vorlage, schneiden Sie die 4 Formen aus, und versuchen Sie, sie zum Buchstaben »T« zusammenzusetzen!

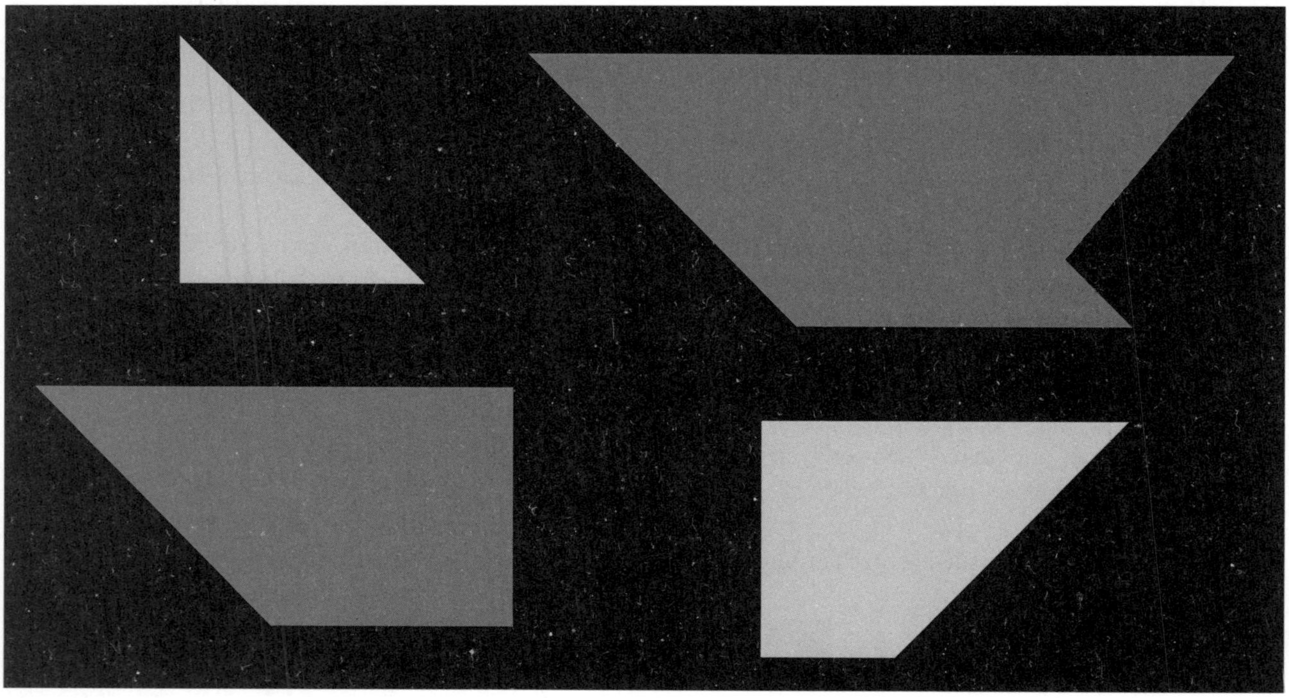

Störfaktoren

Anleitung für Schüler/innen

Du beginnst gerade damit, deine Hausaufgaben zu erledigen. Notiere auf die freien Linien, was dich dabei alles stört!

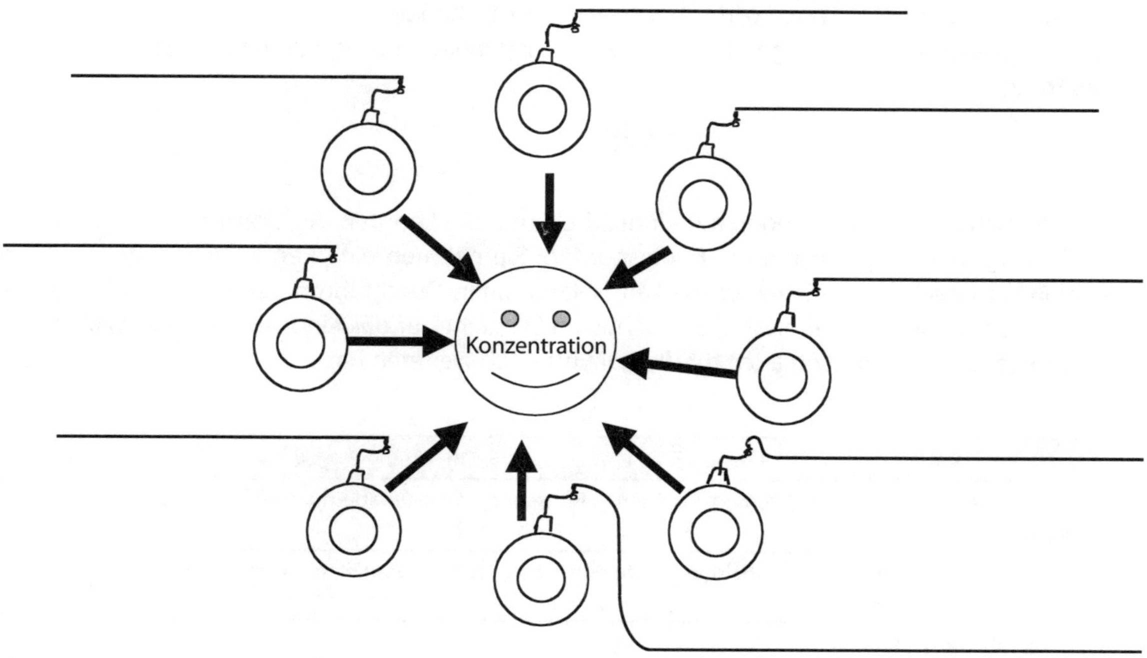

Und nun schreibe auf:

Folgende Störungen kann ich alleine ausschalten

… indem ich

Folgende Störungen sind bei mir ziemlich hartnäckig:

Ich brauche Hilfe:

Ent-Störungen: Tipps

Was sag ich bloß dem Vater / der Mutter in der Sprechstunde?

Eltern neigen dazu, gleich alles auf einmal anders (besser) machen zu wollen. Dabei schießen sie nur zu gerne über das eigentliche Ziel hinaus, »quälen« ihr Kind und geben letztlich wegen Unerreichbarkeit des Zieles schnell auf trotz Hilfsangebote seitens der Lehrschaft. (»Was mir der Lehrer gesagt hat, hat auch nichts genützt, obwohl ich doch wirklich alles ausprobiert habe!«)
Nachfolgende Tipps und Empfehlungen für die Eltern zeigen ihnen günstige Bedingungen der Konzentrationsförderung ihrer Kinder.

Hinweise
Bitte geben Sie nicht alle Empfehlungen auf einmal bekannt (Sie könnten die Eltern »erschlagen«). Die »Salamitaktik« zeigt hier ungleich höhere Erfolgsquoten: Sie nehmen eine Regel heraus, stellen diese zur Disposition, besprechen die Durchführbarkeit, setzen einen Durchführungszeitraum und eine anschließende »Belohnung« fest. Auf diese Weise schützen Sie nicht nur das Kind vor zu hoher Erwartung, sondern haben ganz uneigennützig auch für die Zukunft noch weiteren Rat.

		K	E
1	Nicht mehrere Tätigkeiten gleichzeitig tun (lesen + fernsehen; Hausaufgabe machen + Kassette hören; kochen + zuhören)		
2	Motorische Unruhe verhindern (zappelnde Hände durch behutsames Festhalten – kein unfreundliches Zurechtweisen!)		
3	Den Tagesablauf strukturieren		
4	Nicht unmittelbar vor dem Schlafengehen fernsehen (z.B. fördert Vorlesen die Entspannung)		
5	Auf den Arbeitsplatz nur Dinge legen, die zum Arbeiten gebraucht werden		
6	Den Arbeitsplatz für die Hausaufgaben »störungsfrei« halten		
7	Als Eltern selbst konzentriertes Lernmodell für die Kinder sein		
8	Bei Ermüdung und Abgespanntheit (auch psychisch bedingt) Pause einlegen und bewusst entspannen		
9	Für ausreichend Schlaf sorgen		
10	Auf ausreichende körperliche Bewegung achten		
11	Ein Instrument erlernen lassen		
12	Zuhören, vorlesen, erzählen, selbst zuhören		
13	Zeigen, dass man sich über die Leistung des Kindes freut! (Auch kleine Erfolge sind ein Lob wert!)		
14	Mut machen und manchmal sinnvoll belohnen		
15	Oder:		
16	Oder:		

Arbeitsaufträge
- Welche Regeln sind für Kinder (K), welche für Eltern (E) geeignet?
- Modifizieren Sie diese Empfehlungen für sich selbst als Lehrer/in.
- Erstellen Sie anhand o.g. Empfehlungen – zusammen mit Ihrer Klasse – ein »Konzentrationsposter«.

Spiele zur Konzentrationsförderung

Nussspiel

Das Nussspiel demonstriert auf sehr einfache Weise, wie man sich für etwas – auch für eine Banalität! – begeistern kann, wenn man bereit ist, sich darauf einzulassen. Das Spiel gliedert sich in drei Phasen:

- Die Schüler/innen erhalten von der Lehrkraft eine Nuss. Sie betrachten sie genau und versuchen, irgendwelche besonderen Merkmale ihrer Nuss zu entdecken (Zeit etwa 30–60 Sekunden).
- Im zweiten Abschnitt schließen die Kinder die Augen und versuchen, die Besonderheiten, die sie in der ersten Phase gesehen haben, zu ertasten. (Zwischendrin darf immer wieder mal auf die Nuss geblickt werden.) In dieser Phase soll jedoch hauptsächlich der Tastsinn genutzt werden. Auch hierfür erhalten die Schüler/innen wieder 30–60 Sekunden Zeit.
- In der letzten Phase führen die Schüler/innen ein »Nussgespräch« mit ihrem Nachbarn. Sie unterhalten sich jeweils paarweise über die Merkmale ihrer Nuss.

Im Anschluss daran werden die Nüsse wieder eingesammelt. Nach einer Weile, in der sich die Schüler/innen anderweitig beschäftigt haben, versuchen sie, »ihre« Nuss aus der Gesamtmenge herauszufinden. In der Regel gelingt das den meisten – und das Erfolgserlebnis ermutigt sie zu weiteren Konzentrationsbemühungen.

Lied der Regenwürmer

Das Lied der Regenwürmer ist vielen Kindern bereits aus dem Kindergarten bekannt und eignet sich sehr gut als Konzentrationsübung:

Die Kinder sitzen im Kreis, die Lehrkraft übt kurz folgenden Bewegungsablauf ein:

- mit beiden Händen auf die Oberschenkel klopfen,
- mit beiden Händen auf die Oberschenkel des rechten Nachbarn klopfen,
- wieder auf die eigenen Oberschenkel klopfen,
- mit beiden Händen auf die Oberschenkel des linken Nachbarn klopfen,
- wieder auf die eigenen Oberschenkel klopfen.

Dazu kann man der Einfachheit halber die Worte »Mitte – Rechts – Mitte – Links« sprechen.

Ist dieser Rhythmus gefunden, spricht man zu der Bewegung folgenden Text:

- »Hörst du die Regenwürmer husten«
  (ähä, ähä = zweimal husten)
- »Wenn sie durchs dunkle Erdreich ziehn«
- »Wie sie sich winden und dann verschwinden«
- »Auf nimmer nimmer Wiedersehn, zwei, drei, vier«
  (Jetzt den Text wieder von vorne)

Die Kinder kennen dazu Fortsetzungen, machen andere Bewegungen anstatt zu husten usw. oder Sie lassen sich von der Kreativität ihrer Schüler/innen überraschen und bieten Alternativen an.

Der Charakter eines »Kindergartenspieles« verliert sich meist rasch, wenn die Taktgeschwindigkeit erhöht wird und wenn die Schüler/innen spüren, dass sie Schwierigkeiten bekommen, im Rhythmus zu bleiben. (Dann fühlen sie sich besonders herausgefordert, konzentriert zu bleiben.)

Im Anschluss an dieses Spiel bietet sich häufig ein Gespräch darüber an, welche Strategie die Kinder vorschlagen, um wieder konzentriert in der Gemeinschaft mitklatschen zu können.

Weitere Übungen

- Eine(r) beginnt mit einem Wort; der/die Nächste hängt ein Wort daran. Nach 4, 5, 6 ... Wörtern muss ein Satz entstanden sein
- Sich auf das eigene Atmen konzentrieren mit dem Ziel, ihn immer mehr zu verlangsamen
- Den eigenen Herzschlag/Puls spüren (Finger an die Halsschlagader legen)
- Die Augen schließen: 10, 30, 60 Sekunden
- Mit den Buchstaben eines Wortes neue Wörter bilden, die einen lustigen, komischen ... Satz ergeben; Beispiel Puppe: Peter und Paul pennen ewig.

Entspannungsübungen

Entspannungsübungen sind für die Konzentration eine wichtige Voraussetzung. Sie den Schüler/innen anzubieten und sie mit ihnen durchzuführen bedarf einiger Voraussetzungen seitens der Lehrkraft:

- selbst positiv zu Entspannungsübungen stehen,
- eigene Erfahrungen mit Entspannungsübungen gemacht haben,
- ggf. Kurse besucht haben,
- sensibel mit den Kindern arbeiten,
- keine »Grenzüberschreitungen« vornehmen; z.B. autogenes Training u.a.m.),
- günstige Bedingungen im Klassenzimmer haben (Raum, Ruhe ...).

Eine vorzügliche Förderung der Konzentration ist es, Traumreisen mit den Kindern zu unternehmen, in denen sowohl die Kreativität als auch die Wahrnehmungsfähigkeit und Vorstellungskraft der Kinder gefördert werden – einhergehend mit körperlicher Entspannung. Texte für solche Traum- oder Fantasiereisen finden sich in großer Anzahl in Buchhandlungen (z.B.: E. Müller: »Auf der Silberlichtstraße des Mondes«). Traumreisen sind sehr gut themenbezogen möglich und passen zu fast allen Unterrichtsfächern:

- **Das imaginäre Kügelchen:** Bei dieser Traumreise schlucken die Kinder ein imaginäres Kügelchen, das sie dann durch den gesamten Körper wandern lassen. Im optimalen Fall spüren die Schüler/innen, wie die kleine Kugel durch den Körper wandert – sie sollen allerdings vordergründig ihre einzelnen Körperteile wahrnehmen!
- **Das grüne Männchen:** Man erzählt den Kindern die Geschichte eines lieben, kleinen, grünen Männchens, das auf dem Körper der Schülerin/des Schülers entlanggeht.

Ist für eine Fantasiereise keine oder zu wenig Zeit, so eignen sich zum Beispiel vor Klassenarbeiten auch folgende Kurzübungen:

- Die Schüler/innen stützen den Kopf in beide Hände, schließen die Augen, atmen unhörbar langsam tief ein und lassen die Luft genauso langsam bewusst durch die Nase wieder aus. Diese Übung sollte zweimal durchgeführt werden.
- Um auch eine körperliche Entspannung zu erfahren, falten die Schüler/innen ihre Hände hinter dem Hals und legen den Kopf dann weit nach hinten. Dabei atmen sie tief und langsam ein und gehen beim Ausatmen mit dem gesamten Oberkörper nach vorne. Dabei lockert sich häufig die durch langes Sitzen angespannte Nackenmuskulatur.
- Die Schüler/innen schließen die Augen und stellen sich vor: eine brennende Kerze – eine grüne Wiese – einen blühenden Baum – ein Getreidefeld – einen See ... (Fantasie von beruhigenden Bildern!)

Hinweise

- Alle Entspannungsangebote vorher selbst ausprobieren
- Mit kleinen Übungen und kurzen Zeitspannen beginnen
- Alle Übungen grundsätzlich freiwillig anbieten (Wer nicht mitmacht, sieht störungsfrei zu!)
- Mit den Schüler/innen über ihre Eindrücke, Erfahrungen sprechen
- Wirkungen, Erfolge, aber auch Schwierigkeiten wahrnehmen
- Wenn nötig: Ein Schild vor das Klassenzimmer hängen: Bitte nicht eintreten!
- Kolleg/innen informieren; das Thema »Entspannung« in einer GLK besprechen
- An Elternabenden mit Eltern Entspannungsübungen machen (Selbsterfahrung erhöht die Akzeptanz!)

Reinhold Miller

Sozialformen

Wissenswertes

Unterricht findet immer auf zwei Ebenen statt: Auf der Beziehungsebene und auf der Sachebene. Entsprechend gibt es folgende zwei Unterrichtsformen, nämlich

- die Sozialformen = Lernen in einem bestimmten Sozial-/Beziehungsgefüge,
- die Aktions-/Arbeitsformen = Lernen durch bestimmte Tätigkeiten/Aktionen.

Die hohe Kunst des Unterrichtens besteht somit darin, die Sozialformen mit den Aktionsformen didaktisch sinnvoll zu verknüpfen, damit die Schüler/innen optimal lernen können.

Es gibt vier Hauptformen des sozialen Lernens:
- **Plenum:** Lernen im Klassenverband (häufig: Frontalunterricht)
- **Einzelarbeit:** Lernen für sich alleine (Solo)
- **Partnerarbeit:** Lernen zu zweit (Tandem)
- **Gruppenarbeit:** Lernen mit mehreren zusammen (Gruppe)

Nicht die Sitzordnungen definieren die Sozialformen, sondern die Art der Beziehung und die Tätigkeiten der Schüler/innen – im Kontakt mit den Lehrer/innen. Für den Einsatz der Sozialformen gibt es deshalb zwei didaktische Leitgedanken:

- das soziale Lernen lernen durch Anwendung sozialer Formen (= SF als Ziel),
- Lernen und Arbeiten in bestimmten sozialen Formen (= SF als Mittel).

Der Einsatz der Sozialformen muss also jeweils didaktisch begründet sein und im Zusammenhang mit den Zielen und Inhalten des Unterrichts stehen.

Guter Unterricht beinhaltet alle vier Sozialformen: Auch wenn ihr Einsatz nicht immer in jeder Unterrichtsstunde möglich ist, so sollten sie doch wenigstens an einem Schulvormittag zum Tragen kommen:

Plenum
informieren und instruieren
Erfahrungen austauschen und diskutieren
demonstrieren und Klärung herbeiführen
sich absprechen und Vereinbarungen treffen

Partnerarbeit
experimentieren
üben, vertiefen
nach Lösungen suchen

Gruppenarbeit
kommunizieren
kooperieren
produzieren

Einzelarbeit
individuelles Verarbeiten
Reflexion und Speichern

Sozialformen: Überblick

Arbeit im Plenum	Frontalunterricht Klassenunterricht Klassengespräch }	darbietend rezeptiv interaktionell
	➔ Lehrer als Fachmann, Informator und Moderator	
Alleinarbeit	Stillarbeit Einzelarbeit Hausarbeit }	aktiv kreativ reflektierend
	➔ Lehrer als Beobachter und Helfer	
Partnerarbeit	zu zweit miteinander Tandem }	produktiv kreativ interaktionell
	➔ Lehrer als Beobachter und Helfer	
Gruppenarbeit	Großgruppen Kleingruppen }	produktiv kreativ interaktionell
	➔ Lehrer als Fachmann, Helfer und Begleiter	

➔ Die Sozialformen enthalten Zweiweg- und Mehrweg-Kommunikationen:

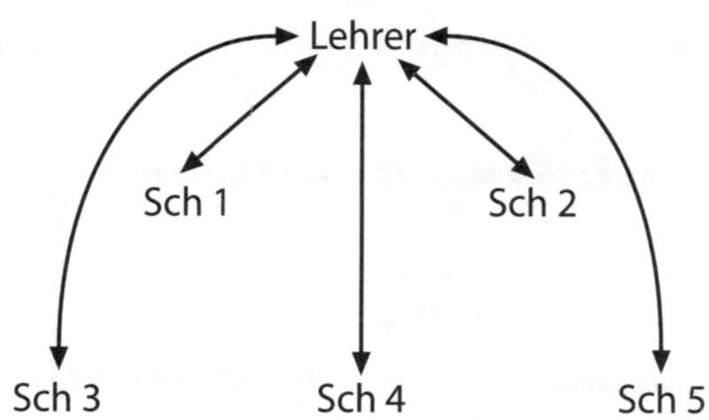

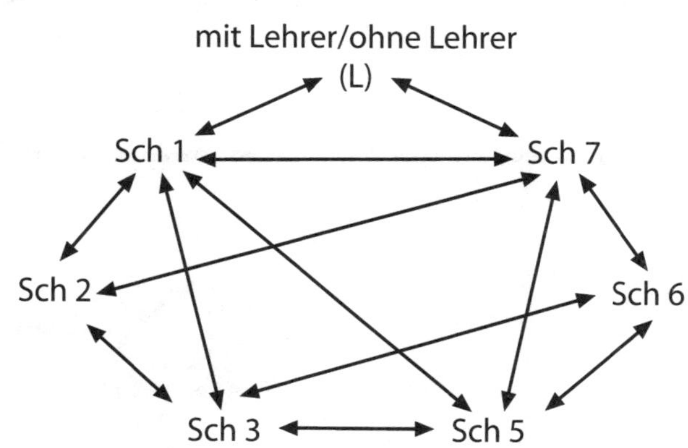

Unterrichtsdirigismus

Er ist hauptsächlich – noch – im Frontalunterricht zu finden:

Lehrer/in	Schüler/innen
1. gibt Thema und Stundenziel bekannt	hören zu, notieren
2. gibt Instruktionen über Aufgaben, Tätigkeiten	hören zu, notieren, stellen Rückfragen
3. gibt Hinweise über den Einsatz von Medien	hören zu, notieren, führen Aufgaben aus
4. trägt vor, erklärt, stellt Fragen, bestätigt, korrigiert	geben Ergebnisse bekannt, melden sich, antworten, stellen Rückfragen
5. fasst zusammen	alternativ: fassen zusammen, notieren
6. gibt Hausaufgaben	notieren

→ Schüler/innen reproduzieren nach vorgegebenem Muster.
→ Es soll herauskommen, was der Lehrer haben will.
→ Es kommt heraus, was der Lehrer bereits weiß.

Ein Beispiel von Unterrichtsdirigismus (Geschichte, Klasse 11 Gymnasium; siehe: Lernende Schule 2000, Heft 11, S. 30–33):

- 40 Minuten Frage-Antwort-Methode
- 125 Lehrerfragen, 82 Schülerantworten
- 4 Minuten Stillarbeit (Lesen eines Textes)
- Lehrersprechzeit insgesamt 23 Minuten
- Schülersprechzeit insgesamt 6 Minuten
- Schülersprechzeit (einzeln) ca. 15–20 Sekunden

Lehrer, die auf diese Weise durchgehend unterrichten,

- nehmen nicht zur Kenntnis, dass Schüler/innen individuelle Lerner/innen sind,
- negieren, dass Erlebnisse und Erfahrungen wesentliche Elemente des Lernens sind,
- benützen Schüler/innen als »Antwortgeber« und Statisten im didaktischen Geschehen,
- machen Schüler/innen zu Objekten und nicht zu Subjekten des Unterrichts,
- meinen, dass durch Beantwortung von Fragen eigenständiges Lernen geschieht,
- sind der Ansicht, dass Verstehen sich durch Reproduktion ereignet,
- missachten den Bio- und Lernrhythmus der Schüler/innen,
- müssen sich nicht wundern, wenn Schüler/innen »Auszeiten« nehmen (stören, abschalten, schwänzen …).

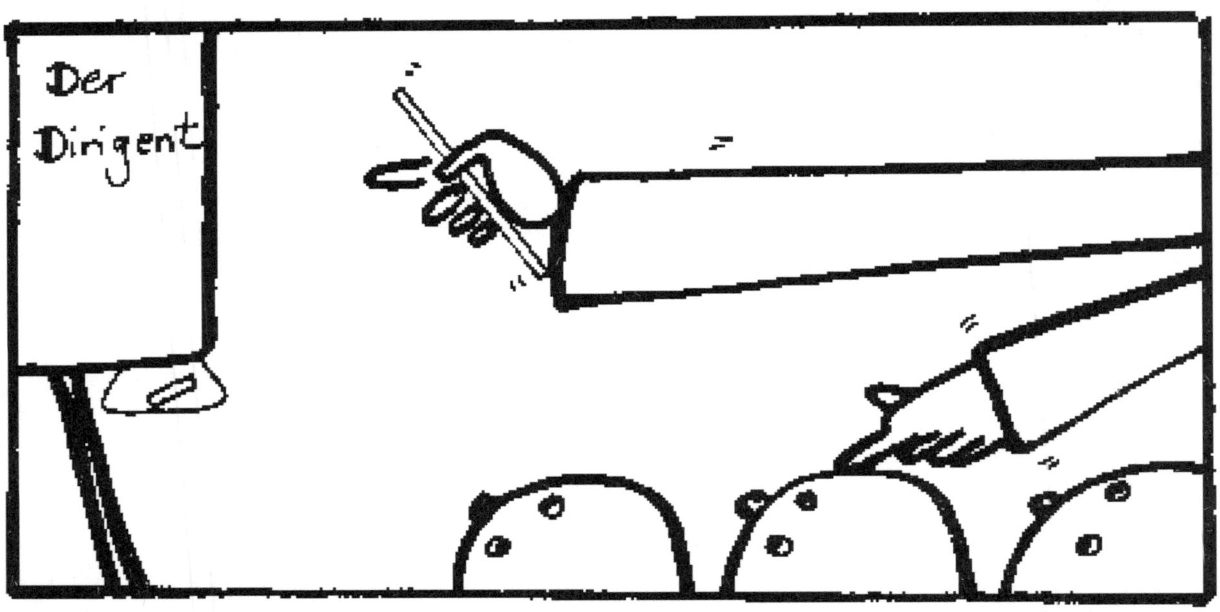

Arbeit im Plenum

Im herkömmlichen Sinne ist bis dato vorwiegend der Frontalunterricht gemeint. Er nimmt – immer noch – den ersten Rang unter den Unterrichtsformen ein. Plenumsunterricht ist allerdings didaktisch nur dann sinnvoll, wenn damit nicht ausschließlich die »Frontalform« gemeint ist (Lehrer/innen als Dozierende und Belehrende stehen frontal zu den Schüler/innen), sondern wenn er interaktionell verstanden und praktiziert wird. Das heißt also:

- Die Aktionen gehen von einer Person aus (Lehrer/in oder Schüler/in).
- Die Aktionen gehen von mehreren Personen aus (Kleingruppe).
- Eine oder mehrere Personen informieren, instruieren, demonstrieren.
- Alle agieren miteinander (Spiele, Aktionen, Wettbewerb).
- Als Zweiwegkommunikation: Eine(r) kommuniziert mit allen (linear).
- Als Mehrwegkommunikation: Alle kommunizieren miteinander (vernetzt).
- Frage-/Impulsunterricht; Informationen werden weitergegeben.
- Erfahrungsaustausch, Diskussionen, Klärungen werden bevorzugt.
- Vielfältige Plenumsmethoden (Aquarium, Pro- und Kontra; Vortragende als »Spieler«, das Plenum als »Publikum«) werden angeboten.

Ein guter Plenumsunterricht zeichnet sich also durch Vielfalt von Aktionen und Interaktionen aus – und besteht eben gerade nicht (als Frontalunterricht pur!) aus Dozieren, Belehren und Abfragen, sondern aus einer Vielfalt von Methoden. Dies erfordert von der Lehrerin/vom Lehrer Moderationsfähigkeit (Umgang mit einer Großgruppe), ein Interaktionsrepertoire (= »Spielefundus«), Flexibilität (= Was ist gerade angemessen/angebracht, didaktisch sinnvoll), fachliche Kompetenz (= Fachfrau, Fachmann für ...) und Methodenkompetenz. Aus einer linearen Struktur wird eine interaktionelle (siehe Überblick S. 74). Ein vielfältiger Plenumsunterricht wird der Vielfalt der Lernenden gerecht: Es gibt keine Normalklassen mehr, in denen die Lernenden eine homogene Gruppe bilden. Dozierende Formen als »Stoffvermittlung für alle auf einmal« werden deshalb nur einen kleinen Teil im Gesamtgefüge von Lernprozessen einnehmen.

Ein »Plenumsunterricht der Vielfalt« ist gleichsam das Dach, unter dem die anderen Sozialformen ihren Platz haben:

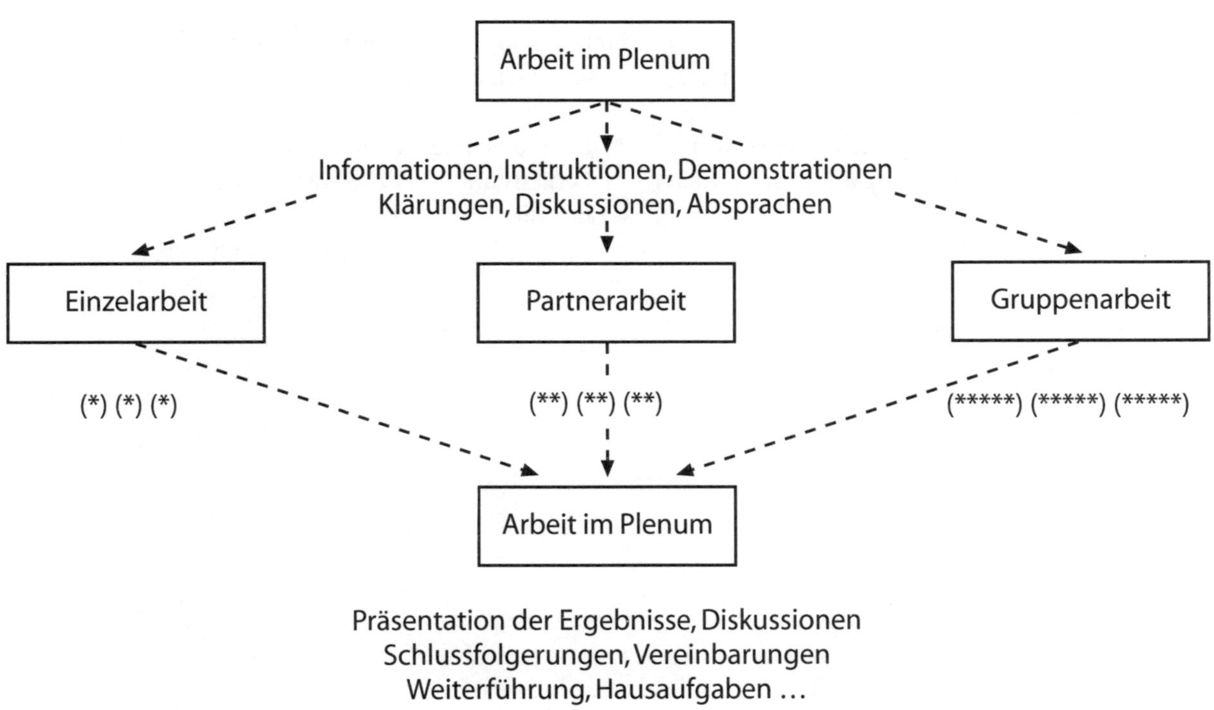

Einzel- und Partnerarbeit

Einzelarbeit

An einem langen Schulvormittag brauchen die Schüler/innen auch Rückzugsmöglichkeiten. Sie können nicht immer interaktionell tätig sein und ihre Aufmerksamkeit nach außen, auf Lehrer/innen und Mitschüler/innen richten. Ihre Gehirne brauchen auch »Selbstbeschäftigung«. Die Alleinarbeit ist hier die ideale Form:

- Aufgabenstellung, die der Individualität der Schüler/innen entgegenkommt,
- selbstständiges Lernen in individuellem Tempo,
- Kommunikations- und Interaktionspause: keine Kommunikation mit anderen,
- Freiräume für Selbstentfaltung und Kreativität,
- Gelegenheit zum Nach-Denken und Reflektieren,
- Erarbeitung verschiedener Präsentationsformen,
- Schwerpunkt: Schülerorientierung und individuelles Arbeiten.

Die Aufträge an die Schüler/innen zur Einzelarbeit sind gekoppelt an die Entscheidung, ob im Anschluss daran eine Präsentation der Ergebnisse und/oder Überprüfung der Schülertätigkeiten stattfindet:

- keine Präsentation und/oder Überprüfung: offenes Lernen;
- Präsentation:
  - verbal: in kleinen Gruppen oder im Klassenverband (Kreisgespräch),
  - visuell: Plakate, Poster, Blätter, Folien, Karten an der Pinnwand – bzw. Darstellung durch Vortrag, Spiel, Sketsch – mit anschließender Besprechung;
- Überprüfung/Bewertung/Benotung: gemeinsam mit der Klasse oder individuell durch die Lehrerin/den Lehrer.

Partnerarbeit

Die Partnerarbeit ist ein gleitender Übergang von der Einzel- zur Gruppenarbeit: Nicht mehr nur alleine (= Konzentration auf einen Partner) und noch nicht in der Gruppe (Konzentration auf nur einen Partner):

- selbstständiges Arbeiten zweier Schüler/innen,
- Partnerwahl nach Sympathie/Neigung, Interesse oder auf Grund von Sach-/Sozialkompetenz ,
- Zweierkommunikation und Kooperation,
- Förderung der Beziehungsfähigkeit, Empathie und Rücksichtnahme,
- Schwerpunkt: Erfahrungsaustausch, Üben, gegenseitige Unterstützung und Lernhilfe.

Die Arbeitsanweisungen sollten so gestellt werden, dass sie auch wirklich »Partnerschaftsaufgaben« sind – und nicht »Einzelarbeiten nebeneinander«. Es muss also didaktisch ein *Aufeinanderangewiesensein* intendiert sein.

Die Aufträge an die Schüler/innen sind ebenfalls – wie in der Einzelarbeit – gekoppelt an die Entscheidung, ob im Anschluss daran eine Präsentation der Ergebnisse und/oder Überprüfung der Schülertätigkeiten stattfindet (siehe oben). Hier sind »Partnerschaftspräsentationen« wie Spiel, Sketsch, Lied, Darstellung durch Bewegung, Frage-Antwort-Spiel geeignete Methoden – ebenso gegenseitige Überprüfung durch die jeweiligen Partner.

Einzel- und Partnerarbeit sind eine willkommene Auflockerung der Arbeit im Plenum:

- für die Schüler/innen: Förderung des individuellen Lernens und Rückzug aus dem Klassenverband,
- für die Lehrer/innen: Abgabe der »Lehrer«-Rolle, Möglichkeit der Beobachtung und Selbst-Reflektion.

Gruppenarbeit

Die Gruppenarbeit ist eine sehr »dichte« Form des Lernens, überschaubarer und beziehungsintensiver als das Arbeiten im Plenum, eine didaktisch hervorragende Gelegenheit zum »Sach- und Beziehungslernen«:

- Zusammensetzung nach Sympathie/Neigung, Interesse oder auf Grund von Sach-/Sozialkompetenz,
- selbstständiges Arbeiten in Kooperation,
- Mehrwegkommunikation,
- arbeitsgleiche und/oder arbeitsteilige Aufgabenstellung,
- Prozess- und Produktorientierung,
- Schwerpunkt: Kreativität, Kooperation, Vielfalt.

Die Gruppenarbeit ist ein Prozess wie sie im Modell der so genannten Themenzentrierten Interaktion (nach R. Cohn) sichtbar wird. Denn: In den Gruppen ergibt sich eine »dynamische Balance« zwischen

- den Bedürfnissen der Einzelnen,
- dem Anliegen der ganzen Gruppe und
- den sachlichen Erfordernissen/Aufgaben (Näheres siehe Miller 1998, S. 98ff.).

Die Gruppenarbeit benötigt eine Vorbereitung und im Anschluss eine Auswertung:

- **Vorbereitung im Plenum**
  - Bekanntgabe des Themas
  - Besprechung und Verteilung der Aufgaben
  - Rückfragen durch die Schüler/innen
  - Einteilung der Gruppen
  - Bereitstellung der Materialien
  - Bestimmung der Arbeitszeit
- **Durchführung der Gruppenarbeit**
  - Wahl des Gruppenleiters
  - Wahl des Protokollanten
  - Bestimmung der Arbeitsschritte
  - Ausführung der Arbeit
  - Anfertigung des Protokolls/der Präsentation
- **Auswertung im Plenum**
  - Präsentation der Gruppenergebnisse
  - Vergleich und Diskussion der Ergebnisse aller Gruppen
  - Vergleich: Aufgabenstellung – Lösungen
  - Einschätzung, Bewertung
  - Ergebnissicherung
  - Transfermöglichkeiten

Die Lehrkraft fungiert hier als Fachmann bei der Vorbereitung, als punktueller Begleiter und Ansprechpartner der Schüler/innen während der Gruppenarbeit und als Moderator bei der Auswertung.

Das Arbeiten in Gruppen muss von den Schüler/innen gelernt werden, und zwar technisch (Übernahme formaler Rollen), kommunikativ (Gesprächsverhalten), interaktionell (Sozialverhalten) und sachlich (Lösung von Aufgaben).

Reflexion für Schüler/innen

Die Schüler/innen kreuzen die sie betreffende Aussage an und begründen ihre Entscheidungen, über die dann in der Gruppe, der Klasse – mit der Lehrerin/dem Lehrer gesprochen wird.

Die Anweisungen des Lehrers habe ich

☐ verstanden ☐ zum Teil verstanden ☐ nicht verstanden

➔ Begründung: weil ____________________

Die Arbeit in der Gruppe fand ich

☐ sehr gut ☐ mittelmäßig ☐ schlecht

➔ Begründung: weil ____________________

Ich fühlte mich in der Gruppe

☐ sehr wohl ☐ einigermaßen gut ☐ gar nicht gut

➔ Begründung: weil ____________________

Ich habe heute

☐ viel gelernt ☐ wenig gelernt ☐ nichts gelernt

➔ Begründung: weil ____________________

Ich habe heute in der Gruppe

☐ sehr gut mitgemacht ☐ einigermaßen mitgemacht ☐ nicht mitgemacht

➔ Begründung: weil ____________________

Ich möchte

☐ in der Gruppe bleiben ☐ die Gruppe wechseln ☐ in keiner Gruppe sein

➔ Begründung: weil ____________________

Was ich sonst noch mitteilen möchte: ____________________

Rollenverteilung in Gruppen

In jeder Gruppe gibt es vier idealtypische Rollen, die alle ihre Stärken und Schwächen aufweisen. Ziel ist eine »dynamische Balance« in Gruppenprozessen, wobei alle Rollen berechtigte Funktionen haben:

	Stärken	**Schwächen**
Trägerrollen	aktiv, den Leiter unterstützend	dominant
	prozess- und produktorientiert	übers Ziel hinausschießend
	dynamisch, (heraus)fordernd	überfordernd
Ausgleichende Rollen	vermittelnd, besänftigend	prozessblockierend
	auf Harmonie bedacht	nivellierend
	integrierend	konfliktscheu
Passive Rollen	zurückhaltend	unterfordernd
	abwartend	bremsend, hemmend
	beobachtend	belastend
Dysfunktionale Rollen	kreativ-unruhig	störend, verwirrend
	polarisierend	entzweiend, zerstörend
	kritisch	verletzend

Spezielle Aufgaben der Gruppenleitung

- Kommunikationsmöglichkeiten herstellen
- Förderliche Bedingungen schaffen
- Abwehrverhalten und Widerstände erkennen
- Störungen thematisieren und bearbeiten
- Übertragungen erkennen und ansprechen
- Einfühlung und Verständnis zeigen
- Lern- und Arbeitsprozesse in Gang bringen
- Impulse, Anregungen und Hinweise geben
- Vermitteln, delegieren, zusammenfassen
- Repräsentieren, Ansprechpartner sein für …

Teamarbeit

Aus einer Gruppe kann ein Team entstehen. Die Aussage »Wir sind ein starkes Team« signalisiert bereits die Richtung: stark, zusammengehörig, verlässlich, zielstrebig, effektiv … Und wenn es keine großen »innerbetrieblichen Störungen« gibt, ist das Arbeiten im Team stabilisierend und förderlich: aufgehoben sein in einem Team.

Das Team ist eine Sonderform der Gruppe:

Gruppe	Team
Sozialform: eine Ansammlung von Menschen: Gruppe als psychosoziales Gebilde	*Sozialform:* eine bewusst zusammengestellte Gruppe von Menschen: Team als Sonderrform einer Gruppe
Gruppenbildung: Groß- und Kleingruppen, zufällig entstanden oder bewusst gebildet (Sympathie, Neigung, Interessen, Thema …)	*Teambildung:* Auswahl und Zusammenstellung unter bestimmten Gesichtspunkten (gemeinsame Ziele, Arbeitsauftrag, Vorhaben, Absichten, Notwendigkeit …)
Gruppenarbeit: Tätigkeit auf Zeit mit bestimmten Aufgaben	*Teamarbeit:* gemeinsames Ziel, gemeinsame Aufgaben, gemeinsames Produkt
Gruppe als System: prozessorientiert (z.B.: Wandergruppe)	*Team als System:* produktorientiert (z.B.: Fußballteam)

→ Während eine Gruppe offener ist, ist ein Team – durch Zeit- und Aufgabenbestimmung – geschlossener: ein Team als »verdichtete Gruppe«!

Aufgabe: Reflexion für Lehrer/innen

Überlegen Sie bitte, welche Sozialformen Sie im Unterricht einsetzen und welchen Schwerpunkt Gruppen- und Teamarbeit dabei haben:

	Häufig	**selten**	**nie**	**weil …**
Alleinarbeit:				
Partnerarbeit:				
Gruppenarbeit:				
Teamarbeit:				
Plenumsarbeit:				

Ihr Fazit

☐ Alles so wie bisher

☐ Ich werde ändern: ______________________________

Zehn Regeln zur Verhinderung der Teamarbeit

① Komme immer zu spät zur Schule und gehe früher nach Hause, damit du keine Kolleg/innen triffst, die dich zur Teamarbeit auffordern könnten.

② Meide das Lehrerzimmer. Es könnte sein, dass dort über Teamarbeit diskutiert wird.

③ Vermeide Kontakte mit der Schulleitung; sie könnte dir Teamaufgaben übertragen.

④ Gehe finsteren Blickes durch das Schulhaus, damit du möglichst von wenigen angesprochen wirst.

⑤ Verschanze dich in deinem Klassenzimmer und erwecke den Eindruck einer total gestressten Lehrkraft.

⑥ Sprich immer abfällig über Teamarbeit und gib zu verstehen, dass Gruppenarbeit völlig überflüssig ist.

⑦ Zeige dich nie im Gespräch mit anderen, damit dein Image als Einzelgänger erhalten bleibt.

⑧ Schreibe anonyme Briefe, in denen steht, dass Teamarbeit nur eine Versammlung von frustrierten Wichtigtuern ist.

⑨ Schreibe an die Schulhauswände: »Gebt Teamern keine Chance!«

⑩ Lasse dich nie dazu überreden, in deinen Klassen Gruppen- und Teamarbeit einzuführen.

Selbstreflexion für Lehrer/innen

Wie gruppen-/teamfähig schätze ich mich selbst ein?

	trifft sehr zu	**trifft zu**	**teils / teils**	**trifft zu**	**trifft sehr zu**	
Einzelgänger						»Betriebsnudel«
kontaktscheu						kontaktfreudig
Alleinarbeit gewohnt						Gruppenarbeit gewohnt
als Schüler/in alleine						als Schüler/in mit anderen
im Studium: Einzelarbeit						im Studium: Gruppenarbeit
kaum Gruppen-erfahrung						viel Gruppen-erfahrung
sachorientiert						beziehungs-orientiert
keine Team-erfahrung						viel Team-erfahrung
kaum im Lehrerzimmer						häufig im Lehrerzimmer
kaum mit Schüler/innen						viel mit Schüler/innen
Ich und meine Bücher						Ich und meine Freund/innen
Teamarbeit: lohnt sich nicht						Teamarbeit: ist Gewinn bringend

Bärbel Rademacher

Methodenvielfalt

Methodenvielfalt: Überblick

Unter Methoden versteht man planvolle Vorgehensweisen, also (Lern-)Wege, die man geht, um (Lern-)Ziele zu erreichen. Bekanntlich führen viele Wege nach Rom: Hauptstraßen, Seitenwege und Gässchen, Umwege und Abkürzungen. Je mehr Wege die Lehrer/innen mit den Schüler/innen gehen, desto mehr lernen diese sie kennen (= das Lernen mit vielen Methoden selbst lernen!), nämlich:

Soziale Methoden (Formen)			
Einzelarbeit	Partnerarbeit	Gruppenarbeit	Arbeit im Plenum (Klassenverband)

Gruppendynamische Methoden		
Interaktionsspiele Planspiele Psychodrama	Rollenspiele Skulpturarbeit Soziogramm	Simulationsspiele Stegreifspiele Themenzentrierte Interaktion

Didaktische Hauptformen		
Demonstrationen Epochenunterricht Exkursionen	Freiarbeit Frontalunterricht Lernen an Stationen	Praktisches Lernen Projektunterricht Wochenplanarbeit

»Lernkanal«-Methoden		
a) verbale	*b) visuelle*	*c) kinästhetische*
Aquarium Brainstorming Diskussion Erzählung Lehrgespräch Moderation Pro- und Kontra Rundgespräch	Bilder Bücher Filme, Folien Grafiken Lernen am PC Lernkartei Metaplan-Technik Mindmapping	Bewegungsformen Bewegungsspiele Entspannungstechniken Fantasiereisen Spiele Sport Tanz Wahrnehmungsübungen

Methoden der Informationsbeschaffung und -verarbeitung	
Anfertigung von Tabellen Arbeit mit und an Texten Arbeit mit dem PC (Internet) Arbeiten mit Büchern	Arbeit mit Nachschlagewerken Gestaltung von Diagrammen Hausaufgabengestaltung Lesetechniken

Einzeltätigkeiten (u.a.)			
a) akustische	*b) verbale*	*c) visuelle*	*d) manuelle*
hören lauschen unterscheiden zuhören	abfragen fragen interviewen moderieren reden/sprechen vortragen	anschauen betrachten sehen unterscheiden	ausschneiden abschreiben gestalten, markieren ordnen schreiben, malen werken

Freiarbeit: Wissenswertes

Seit der Aufklärung bemühen sich Philosophen und Pädagogen, den Begriff »Schule«, der noch im Mittelalter »Lehren von der Kanzel« beinhaltete, neu zu fassen, Von Rousseau über Pestalozzi suchten und suchen sie nach Prinzipien, die das Wesen des Kindes und seine Freude an Selbsttätigkeit und Selbstständigkeit zum Mittelpunkt des schulischen Lernens machen.

Im ersten Drittel unseres Jahrhunderts sind es die Reformpädagogen wie P. Petersen, M. Montessori und C. Freinet und später Lernbiologen und Lernpsychologen, die mit ganz unterschiedlichen Ideen und Ansätzen den Grundstein zu dem gelegt haben, was uns heute in der Freiarbeit begegnet. Allen Pädagogen in dieser langen Reihe geht es darum, dem Kind in der Schule einen Freiraum zum selbsttätigen Lernen in frei gewählter Sozialform zu ermöglichen. In diesen Modellen entscheiden Schüler/innen darüber, *wie sie ihren Freiraum nutzen und mit wem, wie lange, was und in welcher Reihenfolge sie lernen* – unter Beachtung vorher vereinbarter Regeln.

Allen gemeinsam ist, dass der Lernprozess durch pädagogische Maßnahmen *individualisiert* wird. *Binnendifferenzierung, freie Wahlmöglichkeiten der Schüler/innen und eine Selbstkontrolle durch die Lernenden* spielen dabei eine große Rolle. Die Freiheit der Schüler/innen endet allerdings dort, wo sie sich außerhalb des vom Lehrer gesetzten Rahmens begeben.

Wesentliche Arbeitsphasen dieser Unterrichtsform finden in *Kleingruppen* oder *individuellen Lernphasen (Einzelarbeit)* statt, während die inhaltliche Planung und Reflexion meist im Plenum erfolgen.

Die Rolle des Lehrers verändert sich: Er tritt als Wissensvermittler, als Hüter von »richtig oder falsch« zurück und nimmt eine neue Rolle als Lernberater, Organisator, Beobachter und Gesprächsmoderator ein.

Heute können Kinder und Jugendliche viele benötigte Informationen in Sekundenschnelle per Computer abrufen. Deshalb ist es für sie besonders wichtig, mit der Fülle des Wissens sinnvoll, konstruktiv und verantwortungsvoll umgehen zu können. Hierzu benötigen die Schüler/innen vielfältige Arbeitsmethoden/Fähigkeiten und Lehrer/innen didaktische Konzepte, die realitäts- und umfeldbezogen sein müssen, die grundlegende Lern- und Arbeitstechniken beinhalten, die Vernetzung von Wissen und Bildung ermöglichen und die Werte und Normen vermitteln.

Literaturempfehlungen

Jürgens, E.: Erprobte Wochenplan- und Freiarbeitsideen. Heinsberg 1994.

Meis, R./Sennlaub, G.: Feuer und Flamme. Heinsberg 1984.

Rademacher, B: Freiarbeit-Werkbuch. Lichtenau 1998.

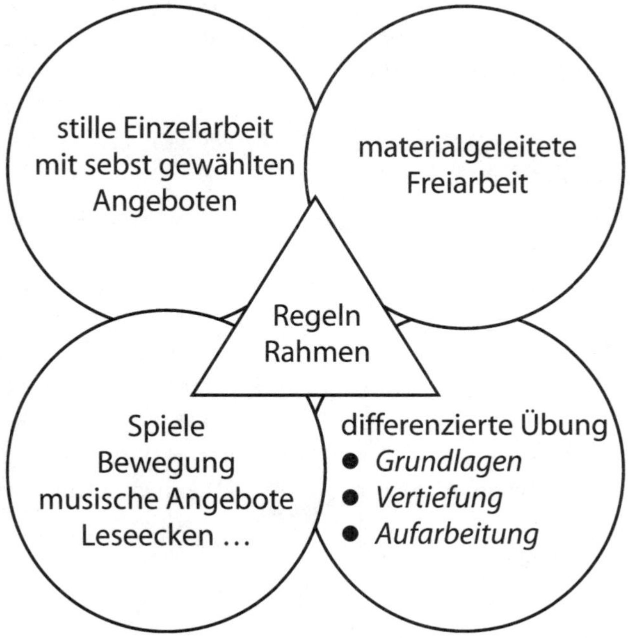

Freiarbeit: Planung, Durchführung, Auswertung

Die Freiarbeit unterliegt keiner Willkür oder Beliebigkeit, sondern bedarf genauso der Vorbereitung/Planung, der strukturierten Durchführung und gezielten Auswertung wie alle anderen didaktischen Formen auch:

Planung

- Kundgabe: Informationen an die Schulleitung, an andere Kolleg/innen (Absprachen, Vereinbarungen, Zusammenarbeit), an die Eltern
- Voraussetzungen bei den Schüler/innen: eine gewisse Selbstständigkeit im Lernen, Beherrschung von Lerntechniken, sozialverträgliches Verhalten
- Räumlichkeiten: genügend Raum, Plätze, »Rückzugsinseln«
- Lerninhalte/Stoff: Eignung, Umfang, Grad der Schwierigkeit
- Ort und Zeit: Wo und von wann bis wann?
- Bereitstellung entsprechender Materialien und Medien
- Ziele/Absichten: Förderung von Selbsttätigkeit, Mitbestimmung, Solidarität und sozialem Verhalten durch Differenzierung und Individualisierung
- Vorbereitung des Lehrers: Sache/Stoff (Experte für …, didaktische Struktur, Einstieg/Impulse)

Durchführung

- Funktionen der Lehrperson: Impulsgeber, Experte und Informator, Ansprechpartner, Begleiter/Helfer, Beobachter, Moderator
- Vorgehensweise:
  - Themenstellung, Impulsgebung, Aufgabenstellung, Sach- und Beziehungsklärung
  - freies Arbeiten (mit leichten Aufgaben und kleinen Schritten beginnen)

Auswertung

- Präsentation, Besprechung, Reflexion
- Selbst- und Fremdkontrolle, Einschätzung, Bewertung, Transfermöglichkeiten
- gemeinsame Bilanzierung, Konsequenzen, Weiterführung …

➔ Freiarbeit ist eine Unterrichtsform, in der die Schüler/innen lernen, selbstständig und selbstverantwortlich zu lernen (= learning by doing und »spiralförmiges Lernen«).

➔ Erfahrungswerte: Die Vorbereitung der Lehrer/innen für die Freiarbeit ist relativ groß; dafür sind deren Aktivitäten während der Freiarbeit geringer, sodass sie auch Freiräume für sich haben. (Eine Fernsehjournalistin filmte Schüler/innen während einer Freiarbeitsphase. Sie waren mit »Leib und Seele« dabei und hatten nur wenig Kontakt zum Lehrer. Dieser arbeitete für sich am PC … Im Nachgespräch sagte die Journalistin, sie habe ihn ja kaum unterrichten sehen. »Doch«, meinte dieser, »ich war ihnen Vorbild, wie konzentriert man am PC arbeiten kann …«)

Reflexion für Lehrer/innen

- »Gretchenfrage«:
  - Haben Sie bereits Freiarbeit in Ihrem Unterricht eingeführt?
  - Sind Sie (noch) Anfänger/in?
- Sie stehen der Freiarbeit eher skeptisch bis ablehnend gegenüber. Was trifft auf Sie zu?
  - Ich habe keine Lust mehr, mich umzustellen.
  - Mit meinem traditionellen Unterricht habe ich auch Erfolg.
  - Die Vorbereitung kostet mich zu viel Zeit und Anstrengung.
  - Oder: ______________________________

Ihr derzeitiges Fazit:

____

____

➔ Kennen Sie den schon: Ein Lehrer fragt einen Kollegen: »Sag mal, wann beginnst du denn mit der Freiarbeit?« – und bekommt zur Antwort: »Wenn es draußen wärmer wird.«

Lernen an Stationen: Wissenswertes

Die ursprünglich aus dem englischsprachigen Raum kommende Arbeitsform wurde als »circuit training« im Sportunterricht entwickelt mit dem Ziel, unterschiedliche Übungsstationen den Sportlern zur Verfügung zu stellen, die sie in freier Wahl durchlaufen können. Daraus haben sich dann später Begriffe wie *Lernzirkel, Lernen an Stationen, Stationenlernen* ergeben. Sie entsprechen den Prinzipien der freien Arbeit im handlungsorientierten Unterricht, in dem die Schüler/innen selbsttätig und selbstständig in verschiedenen Lernarrangements arbeiten.

Die Aufbereitung des Lernstoffs erfolgt in der Regel durch die Lehrperson mit unterschiedlichen Methoden, entsprechend der durch Stoffplan, Lehrauftrag oder Fach vorgegebenen Inhalte und Strukturen. Das darauf aufbauende Lernen an Stationen soll es den Schüler/innen ermöglichen, Lernprozesse zu vertiefen und durch Erfahrung sich Wissen, Fertigkeiten in individuell gestalteten Lernphasen anzueignen.

Das Lernen an Stationen ist vielfältig einsetzbar und nur wenig von äußeren Bedingungen wie Klassenraum oder Zeitrahmen von 45 Minuten abhängig. Die Zeit für die Bearbeitung kann von der Lehrerin/vom Lehrer vorgegeben oder freigestellt werden, je nach Alter, Lernfähigkeit der Schüler/innen und je nach Bedarf, wobei die Lehrperson auf die Gestaltung der einzelnen Arbeitsaufträge Einfluss nehmen kann z.B. durch Empfehlungen, Hinweise, Tipps, Ratschläge und Hilfestellungen.

Durch das »Lernen an Stationen« wird aus einem »didaktischen Hintereinander« ein »didaktisches Nebeneinander«, das den Schüler/innen ein Lernen in eigener Regie gemäß ihrem Lerntyp ermöglicht.

Durchführung des »Stationenlernens«

- Die Schüler/innen werden auf die Arbeit vorbereitet durch
  - ein **einführendes Unterrichtsgespräch,** in dem Thematik und Ziele bekannt gegeben werden,
  - einen **Rundgang,** in dem alle Stationen, an denen verschiedene Aufgaben durchzuführen sind, vorgestellt und kurz erläutert werden.
- Die Lehrerin/der Lehrer gibt (meist schriftlich) Arbeitsanweisungen und stellt bestimmte Arbeitsmaterialien (Kopiervorlagen, Bücher, Gegenstände) zur Verfügung.
- Die Schüler/innen arbeiten selbstständig, in beliebiger Abfolge und in frei gewählter Sozialform, meist also alleine oder in Gruppen (ca. 4–6, je nach Klassengröße) und entsprechend ihrem Lerntempo.
- Für die Arbeit an jeder Station gibt es eine bestimmte Zeit.
- Auf ein Signal hin begibt sich jede(r) bzw. jede Gruppe auf einen anderen, neuen Lernplatz.
- In einer Schlussrunde präsentieren die Schüler/innen ihre Ergebnisse, tauschen untereinander ihre Vorgehensweisen und Erfahrungen aus, stellen Fragen und diskutieren sie.

In der Regel wird das Stationenlernen in einen Pflicht- und einen Wahlteil eingeteilt:

- Im **Pflichtteil** werden die unverzichtbaren Elemente eines Themas auf die einzelnen Stationen verteilt. Deren Inhalte müssen später abfragbar sein und können das Kernstück eines Tests bilden.
- Im **Wahlteil** wählen die Schüler/innen nach Neigung/Interesse, Fähigkeiten, Kenntnissen bestimmte Aufgaben aus. Diese dienen hauptsächlich der Festigung und Anwendung der Lerninhalte.

Kontrollmöglichkeiten

Die Lösungen
- können bei der Lehrerin/beim Lehrer eingesehen werden,
- liegen an einem bestimmten Platz im Klassenzimmer (= Kontrollstation),
- finden sich bei den Aufgaben,
- stehen den Schüler/innen direkt zur Verfügung (z.B. Heft, Buch).

Literaturempfehlungen

Bauer, R.: Lernen an Stationen in der Grundschule. Berlin 1997.

Bauer, R.: Schülergerechtes Arbeiten in der Sekundarstufe I: Lernen an Stationen. Berlin 1997.

Lernen an Stationen: Überblick

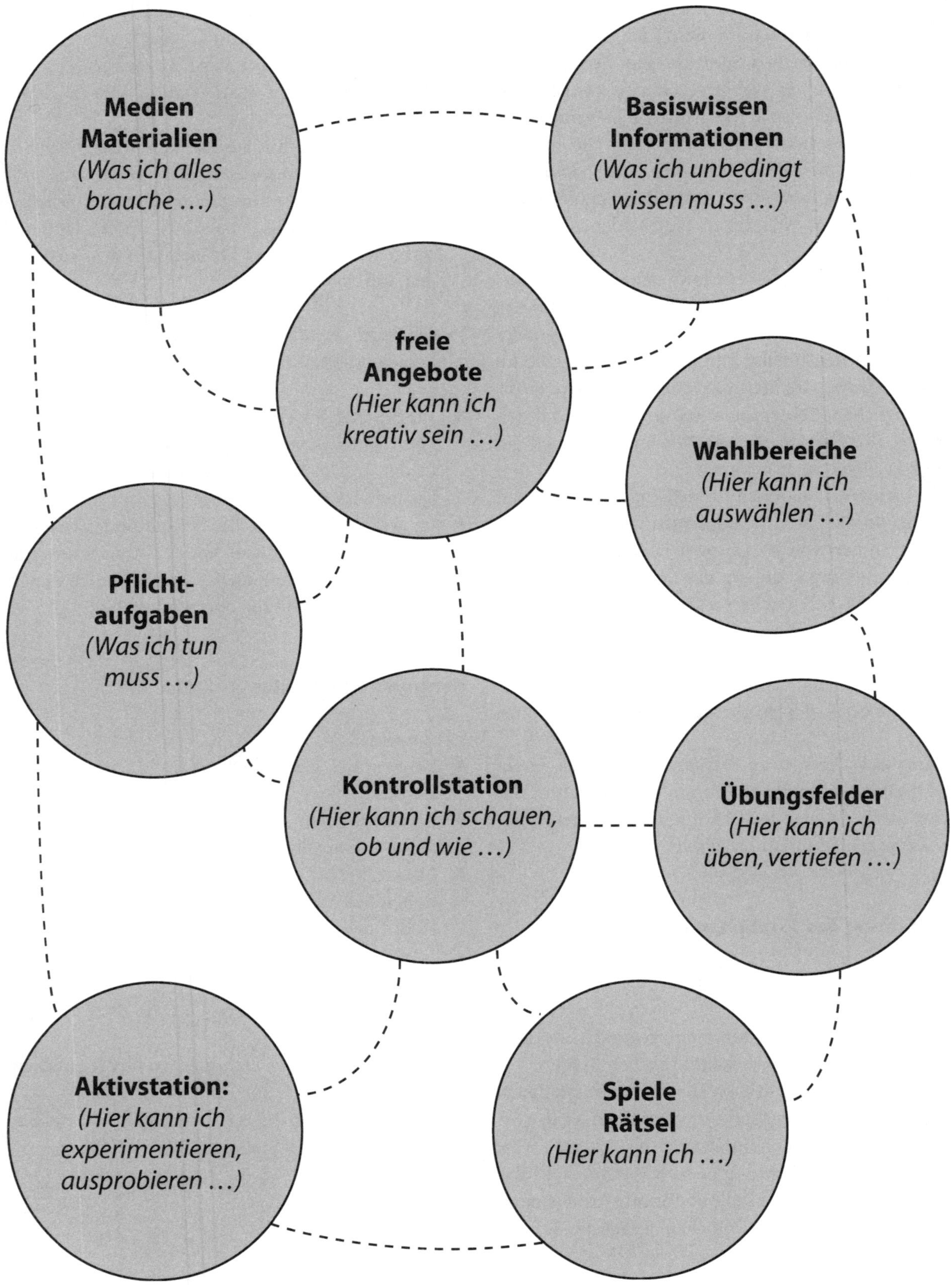

Arbeitsplan

Die Grundidee eines Arbeitsplanes besteht darin, dass Schüler/innen Informationen über Lerninhalte, Lernziele, Lern- und Arbeitsaufgaben sowie Angaben zu den dafür vorgesehenen Rahmenbedingungen (Zeit, Lernorte ...) bekommen, ihre Tätigkeiten planen und sie dann entsprechend ausführen. Neben dem eingeführten Schulbuch stehen weitere Materialien (Arbeitsblätter, Modelle, Spiele, Hinweise zu Methoden, Lexika, Medien etc.) zur Verfügung.

Innerhalb eines vorgesehenen Zeitrahmens und inner- und außerhalb der Unterrichtszeit müssen alle Pflichtaufgaben bearbeitet werden, wobei die Schüler/innen bestimmen, ob sie allein, in Partnerarbeit oder in Kleingruppen arbeiten, wie sie ihre Arbeitszeit einteilen und welche Teile sie in häuslicher Arbeit erledigen wollen. Die Planarbeit wird in einen Wahl, einen Pflicht- und einen Methodenbereich eingeteilt, wobei auch Angaben darüber gemacht werden, wie viele der Wahlaufgaben zusätzlich zu erledigen sind. Im Methodenbereich werden Übungen zu bestimmten Arbeitstechniken angeboten. Ziel ist somit die Förderung der Selbst- und Mitbestimmung, der Selbstverantwortung und Eigenaktivität der Schüler/innen.

Einsatzmöglichkeiten

- Einführung neuer Stoffbereiche
- Erarbeitung von bestimmten Lernbereichen
- Vorbereitung von Übungsphasen
- Vorbereitung auf Arbeiten, Prüfungen

Aufbau eines Arbeitsplans

Er enthält Angaben über
- die Inhalte und Ziele einer Unterrichtseinheit (ein Fach oder mehrere Fächer),
- die zur Verfügung stehenden Arbeits- und Hilfsmittel,
- die gewünschten Aktivitäten (u.a. Experimente, Befragungen, Arbeit mit Texten, Ergebnisse/Produkte, Übungen, Präsentationsformen, Evaluationsmöglichkeiten),
- die Arbeitsmethoden,
- Lösungen (an zentraler Stelle oder in Schülerhand).

Sicherung des Lernerfolgs durch

- Phasen intensiver Betreuung von Schüler/innen mit momentanen Schwierigkeiten
- Rückmeldungen durch Schüler/innen und Lehrer/in
- Rundgespräche, mündliches und schriftliches Abfragen
- Eigenständige Kontrolle durch die Schüler/innen und/oder Kontrolle und Beratung durch Lehrer/innen
- Präsentation der Gruppenergebnisse (Wandplakat, Ausstellung, Markt der Möglichkeiten ...)

Schema: Arbeitsplan für eine Unterrichtseinheit

Name			**Thema/Themen** ____ ____			**Fach/Fächer** ____ ____	
	Aufgaben	Arbeitsmittel	mit wem	wann	erledigt	kontrolliert	Bemerkungen
Pflicht-bereich							
Wahl-bereich							

Wochenplan: Wissenswertes

Sinn des Wochenplans

Er bildet einen Organisationsrahmen und ist Planungshilfe für selbst gesteuertes, eigenverantwortliches Lernen. Er bietet den Schüler/innen in Zeiteinheiten von mehreren Wochenstunden die Möglichkeit, Selbstständig in unterschiedlichen Sozialformen, in individuellem Lerntempo und -vermögen zu arbeiten. Er enthält Aufgaben aus dem Pflicht- und Wahlbereich aus einem oder aus mehreren Fächern, Zusatzaufgaben und Angebote zum Methodentraining. Innere Differenzierung ist somit ein wesentliches Unterrichtsmerkmal der Wochenplanarbeit.

Aufgaben der Schüler/innen

- Sie planen individuelle Lernschritte innerhalb eines mit dem Lehrer abgesprochenen Rahmens (Förderung der Planungskompetenz).
- Sie führen die ausgewählten Lernschritte durch (Förderung der Selbstständigkeit und Lernkompetenz).
- Sie dokumentieren die durchgeführten Lernschritte auf verschiedene Weise (Förderung der Methodenkompetenz).
- Sie führen selbsttätig Kontrollen der erledigten Aufgaben durch (Förderung der Evaluationskompetenz).

Prioritäten des Lehrers

Er stellt als Fachmann und Experte je nach Bedarf – sein Wissen zur Verfügung, ist aber auch (und vor allem) Lernberater/-helfer, Prozessbegleiter/-beobachter. Er rückt als Stoffvermittler aus dem Mittelpunkt des Unterrichts und überlässt den Schüler/innen ein breites Lern- und Betätigungsfeld.

Vorbereitung

Die Arbeit mit dem Wochenplan bedarf einer sorgfältigen Einführung:

- Die Schüler/innen sind bereits in der Lage, selbstständig und in Gruppen zu arbeiten.
- Sie beherrschen grundlegende Lerntechniken und Arbeitsmethoden.
- Die Lehrperson erklärt die Ziele und Absichten und führt (durch viele Einzelschritte) in die Wochenplanarbeit ein.

Die Arbeit mit dem Wochenplan

- Die Schüler/innen einer Klasse erhalten für den Zeitraum von ein bis zwei Wochen eine Zusammenfassung aller Ziele, Themen und Inhalte. Dazu werde (ergänzend) Methoden, Übungen und nachbereitende Hausaufgaben angeboten, um die vorgegebenen Ziele zu erreichen.
- In den dafür vorgesehenen Unterrichtsstunden können die Schüler/innen ihre Tätigkeiten ihrem eigenen Lernstil und ihrem Lerntempo gemäß ausführen, die Sozialformen wählen und die Angebote des Lehrers annehmen, modifizieren oder nach eigenen Vorstellungen arbeiten.
- Sie dokumentieren ihre Lernfortschritte in einem »Kontrollblatt«, einer Übersicht, in der der unterschiedliche Lernstand aller Schüler/innen einer Klasse ersichtlich ist (siehe S. 81).
- Am Ende der Woche erfolgt eine Gesamtreflexion in der Klasse unter folgenden Kriterien:
  - Vergleich: Planung und Ausführung, Erfolg und Misserfolg, Erledigtes und Nichterledigtes,
  - Ursachenforschung, Veränderungsabsichten …

Pädagogische Wirkung

Der Wochenplan ist ein großer Schritt hin zu den Zielen eines offenen Unterrichts, der Schüler/innen einen eigenen Lern- und Arbeitsrhythmus innerhalb eines vorgegebenen Rahmens ermöglicht. Sie sind nicht mehr Objekte des Lehrens, sondern Subjekte des Lernens.

Die Wochenplanarbeit sprengt den Rahmen eines herkömmlichen Unterrichts und übersteigt die Grenzen des Klassenzimmers. Deshalb ist es notwendig, diese Form des Unterrichts auch nach außen transparent zu machen, und zwar gegenüber dem Kollegium (nicht alle »wandern« mit) und der Elternschaft (nicht alle wissen Bescheid und bewerten den Unterricht immer noch nach ihren eigenen, selbst erlebten Erfahrungen vor »Urzeiten«!).

Kontrollblatt und Tipps zum Wochenplan

Jeder Schüler enthält ein **Kontrollblatt**, auf dem er notiert, wann die entsprechende Aufgabe von ihm erledigt wurde. In der Klasse hängt zusätzlich ein großes **Poster**, auf dem jeder sich mit einem Schrägstrich (/) einträgt, wenn er Material aus der Wochenplanmappe bzw. Regalen/Schränken … entnommen hat. Wenn es nicht mehr benötigt wird und aufgeräumt ist, zeigt die Ergänzung durch einen zweiten Schrägstrich [X] an, dass dieses Material wieder für andere zugänglich ist. Durch das Kontrollblatt und das Übersichtsposter erhält die Lehrkraft Informationen über die Lerngewohnheiten, den Leistungsstand der einzelnen Schüler/innen und über deren Benutzung von Materialien, wodurch sie in der Lage ist, weitere Tipps, Hilfen und Beratung zu geben.

Kontrollblatt

Aufgabe	Nr. 1	Nr. 2	Nr. 3	Nr. 4	Nr. 5	Nr. 6	Nr. 7
erledigt	X	X			X		
nicht gekonnt			X				
Lehrer fragen			X	X			
wird erledigt am						6.12.	6.12.

Poster (Übersicht)

Materialien zu den Aufgaben	Nr. 1	Nr. 2	Nr. 3	Nr. 4	Nr. 5	Nr. 6	Nr. 7
Sabine	/						
Klaus	/						
Soner				/			
Susanne		/			X		X
Mario		/		X		/	
Özlen							
Jan				X	/		

Tipps zum Wochenplan*

- Suche dir einen oder mehrere Partner – wenn du möchtest …
- Besprich mit anderen dein Vorgehen (z.B. Lösung von Aufgaben)
- Teile die Aufgaben ein: leicht –schwer – in der Schule – zu Hause
- Überlege dir, welche Arbeitsmittel und wie viel Zeit du brauchst (und wofür du sonst noch Zeit haben willst)
- Erstelle deinen Wochenplan, indem du die Aufgaben möglichst gleichmäßig verteilst
- Arbeite bitte so, dass du selbst und die anderen nicht gestört werden
- Kontrolliere deine Ergebnisse (Wörterbücher, Vokabelblätter, Lexika, Lösungsblätter, Partnerarbeit …)
- Plane auch deine Arbeitspausen ein

---

* Zur Unterscheidung: Der Schüler-ARBEITS-Plan bezieht sich auf eine Unterrichtsphase oder -einheit, der WOCHEN-Plan – im Rahmen der Freiarbeit – auf die Arbeit innerhalb einer oder zwei Wochen.

Wochenplan: Beispiel (I)

Wochenplan vom 4 **bis** 8. 12. **Name:** Susanne Stäbler

	Aufgaben	Materialien	Partner	Zeit	erledigt	kontrolliert von	Bemerkungen
P	D: Puzzle-Brief	Schrank Arb.bl.	Helga	5. 12.	✔	L	☺
F L	Ma: Arb.bl.	siehe Buch	allein	5.12.	✔	L	nur 2 Fehler!
I C	Bio: Gelenke	Lernzirkel: Nr. 1 + Nr. 3	Sven	6. 12.	✔	–	
H T	D: Wörterbuch S. 34	–	Helga + Sven	7. 12.	✔	L (Klasse)	schwer!
W A	D: Kreuzwort-rätsel	Arb.bl.	Denise	8. 12.	✔	–	wow!
H L	Bio: Gelenke	–	Denise	8.12.	✔	–	Sportstunde!

Wochenplan vom 22. 1. **bis** 26. 1. **Name:** Sven Schneider

	Aufgaben	Materialien	Partner	Zeit	erledigt	kontrolliert von	Bemerkungen
P	① Fragen zur	Buch	alleine	Di.	✔	Sören/L	8 richtig von 10
F	② Weimarer Republik						
L	Wissenskarte	→ im Schrank	mit Sören	Do.	✔	ich selbst	
I	③ Verfassungs-	Buch	Sören	Do.	✔	L	2 Std. am
C	vergleich: WR-BRD		Sabine				Nachmittag!
H	④ Bio: Vogel-	Buch, Heft	Özlen	Fr.	✔		super!
T	beobachtung					am 31. 1.	

W	① Interview		Sören	Di.	✔	–	berichtet am 1. 2.
A	② Kreuzworträtsel	Blatt	Mario	Fr.	✔	–	
H	③ Collage:	Zeitschriften	allein		✔	abgeg. 2. 2.	
L	"Goldene 20er"	Internet					

Wochenplan: Beispiel (II)

Wochenplan!

_______________ (Name)

18. - 22.12.00 (Woche)

Fach:	Aufgaben:	Schüler: erledigt:	kontrolliert:	Lehrer:
D	**Pflichtaufgaben:**			
	☆ Wochenplanaufgaben von letzter Woche verbessern.	☐		☐
	☆ Einen Fehler in einem Märchen finden, verbessern und das Märchen zu Ende schreiben. Alles der Klasse vorstellen können. ☺☺☺	☐		☐
	☆ Sprachbuch S. 16, Nr. 1	☐	☐	☐
	⇨ Ein Weihnachtsgedicht abschreiben und ein Bild dazu malen.	☐		☐
	⇨ Sprachbuch S. 18, Nr. 6. Das Märchen nacherzählen.	☐	☐	☐
	Wahlaufgaben:			
	☆ AB zum Weihnachtsstern machen. + LB	☐	☐	☐
	☆ Gedicht „Im Jahr als der Weihnachtsmann streikte" abschreiben und ein Bild dazu malen.	☐		☐
	☆ Märchenlegespiele machen.	☐		☐
BK	**Pflichtaufgaben:**			
	☆ Weihnachten in anderen Ländern. ☺☺☺	☐		☐
	Wahlaufgaben:			
	☆ Ein Teelicht basteln.	☐		☐
	☆ Serviettenringe „Nikolaus" basteln.	☐		☐
	☆ Nikolaus basteln.	☐		☐
EK	**Pflichtaufgaben:**			
	☆ Hefteintrag zu Mannheim machen und die Bilder dazukleben.	☐		☐

Achtung! Achtung! Achtung! Achtung! Achtung! Achtung! Achtung! Achtung!

➔ Am Donnerstag werden alle Hefte eingesammelt!
Diese Hefte musst du abgeben:

- Dein Musikheft.
- Dein Erdkundeheft.
- Alle Deutschhefte (weiß, gelb, orange).
- Beide Englischhefte (hellblau, dunkelblau).
- Deinen Märchenordner.
- G is for Grammar.
- Deine Sammelmappe mit den Kunstbildern.

Stegreif- und Rollenspiel

Ein Unterricht, der kognitives Lernen und Erleben/Erfahren durch Stegreif- und Rollenspiele miteinander verbindet, vollzieht gleichsam eine Bewegung vom »Kopf zum Bauch«. Sie ist wichtig für das eigene persönliche Lernen, das über rein verbal vermittelte Lernstoffe und -inhalte hinausgeht und Bereiche des Verkörperns, der ganzheitlichen Erfahrung und des Nachvollziehens und -erlebens tangiert.

Das *Stegreifspiel* ist eine Methode, durch die – ohne große Vorbereitung – die Schüler/innen kurzfristig in andere Rollen schlüpfen, um durch Personen- und Sichtwechsel in unterschiedlichen Alltagssituationen bestimmte Fertigkeiten und Fähigkeiten zu lernen.

Das *Rollenspiel* ist eine erweiterte Form des Stegreifspiels mit dem Schwerpunkt personenzentrierten Lernens.

Stegreifspiel

Es ist situativ angelegt, spontan und hat Szenen aus dem Alltagsleben (in Vergangenheit, Gegenwart und Zukunft) zum Inhalt; z.B.

- Gegenwart: Verkäufer und Kunden auf dem Marktplatz (Englischunterricht),
- Vergangenheit: Leben auf einer mittelalterlichen Burg (Geschichte),
- Zukunft: Bewerbungsgespräche (Sozialkunde).

Rollenspiel

Es besteht aus
- den Rollenspielern, die imaginäre oder reale Personen verkörpern,
- der Situation/Handlung, die bekannt oder unbekannt, einfach oder komplex ist,
- den Zuschauern, die den Spiel- und Lernprozess begleiten und für die Rückmeldung (Auswertung) eine entscheidende Bedeutung haben.

Alle Beteiligten, Zuschauer wie Akteure, können
- Gefühle wahrnehmen, erleben, ausdrücken,
- Absichten darstellen, Probleme verdeutlichen und aufarbeiten,
- Fühlen, Denken und Handeln als Einheit erfahren,
- Verhaltensweisen darstellen und verändern,
- Mitgefühl und Verständnis in der Gruppe geben und bekommen,
- aktiv in das Geschehen eingreifen, agieren und reagieren, wahrnehmen und beobachten,
- Selbstwahrnehmung (durch Spielen) und Fremdwahrnehmung (durch Rückmeldung) vergleichen,
- die verbale Kommunikation durch spielerische Elemente erweitern.

Vorbereitung
- Definition des Problems, des Darstellungsinhalts, Festlegung von Ort und Zeit
- Benennung der Protagonisten und Kundgabe des »öffentlichen Monologs« (=Fixierung der und Hineinwachsen in die Rolle; z.B.: Ich bin, ich heiße, ich tue das und das …)
- Zusatzfragen der Außenbeteiligten, Klärungen …

Durchführung
- Sie dauert in der Regel etwa 5–10 Minuten und hat meist ein offenes Ende.
- Es werden keine kompletten Szenen gespielt (wie beim Theaterspiel).
- Die Spieler/innen oder der Moderator können selbst das Ende bestimmen.

Auswertung
- Es äußern sich zuerst alle Spieler/innen und dann alle Beobachtenden.
- Inhalt: *Emotionen* (Ich hatte richtig Angst …, eine Wut auf …); *Körpererfahrung* (Ich zitterte mit den Händen, ich ballte die Fäuste …); *Ratio* (Ich überlegte, wie ich die Situation wieder in den Griff bekommen könnte) und *Handlung* (Ich tat dies und das, probierte einfach mal aus …).
- Es wird auf die reale Situation verwiesen und nach dem Lernzuwachs gesucht (Ich habe gelernt …, mir wurde deutlich …, ich habe erfahren …).
- Gegenseitige Rückmeldung, Diskussion, Bilanzierung , Lerngewinn.
- »Ausstieg aus der Rolle« (Ich bin jetzt wieder …).

Visualisierte Moderation

In den letzen Jahren hat eine Akzentverschiebung der Aufgaben eines Lehrers stattgefunden. Er ist nicht mehr nur Wissensvermittler, sondern u.a. auch Lernprozessbegleiter. In dieser Funktion ist er auch als Moderator gefragt. Lernförderlich ist eine Moderation vor allem dann, wenn sie aus einer Mischung aus **verbalen** und **visuellen** Anteilen besteht.

Grundidee

- Schüler/innen und Lehrer/in gestalten den Unterricht gemeinsam.
- Schüler/innen *beteiligen* sich *aktiv* an der Gesamtgestaltung des Unterrichts.
- Spontaneität und Kreativität werden sehr gefördert.
- Der verbale Kommunikationsanteil geht zurück, der visuelle erhöht sich. Die Mitarbeit aller ist möglich, auch in großen Gruppen und Klassen.
- Schüler/innen lösen selbstständig und eigenverantwortlich Probleme und Aufgaben.
- Sie lernen, ihre Ergebnisse zu visualisieren und zu präsentieren.
- Die Lehrkraft stellt als Moderator/in Materialien bereit, sorgt für günstige Rahmenbedingungen, begleitet das Lerngeschehen und fördert die Kommunikation und Kooperation.

Vorgehensweise

Am Anfang des Lernprozesses gibt es Impulse (Aussagen, Thesen, Fragen, Bilder …) zu einem bestimmten Themenbereich. Die Auslöser der Schüler/innen (ihre Erfahrungen, Meinungen, Stellungnahmen …) schreiben sie auf Karten, die an Wandplakaten oder Pinnwänden (anonym oder mit Namen versehen) veröffentlicht und im Plenum besprochen werden. Auf diese Weise können die Schüler/innen sich gleichzeitig mitteilen – und müssen nicht warten, bis sie durch Aufrufen (hintereinander) dran sind.

Die beschrifteten Karten werden dann in thematische Blöcke grafisch unterschiedlich geordnet (z.B. so genannte Clusterbildung). Oder es entsteht ein Themenspeicher, der die wichtigsten Fragestellungen, Meinungen oder Probleme der Klasse spiegelt und so einen längeren Arbeitsprozess einleitet. Mit Hilfe von Klebepunkten können die Schüler/innen selbstverantwortlich ihre Meinungen, Stellungnahmen und Entscheidungen gewichten und differenzieren, sodass ein klares Bild für den weiteren Lernprozess entsteht.

Die bevorzugte Sozialform ist die Gruppenarbeit, bei der sich die Lehrkraft als Moderator/in inhaltlich weitgehend zurückhält.

Literaturempfehlung

Hartmann, M. u.a.: Zielgerichtet moderieren. Weinheim ³2001.

Klebert, K. u.a.: Moderationsmethode. Hamburg ³1987.

Rademacher, B.: Visualisieren. Lichtenau ²2000.

Schnelle-Cölln, T.: Visualisierung. Quickborn 1983.

Visualisierungsprozess: 5 Schritte

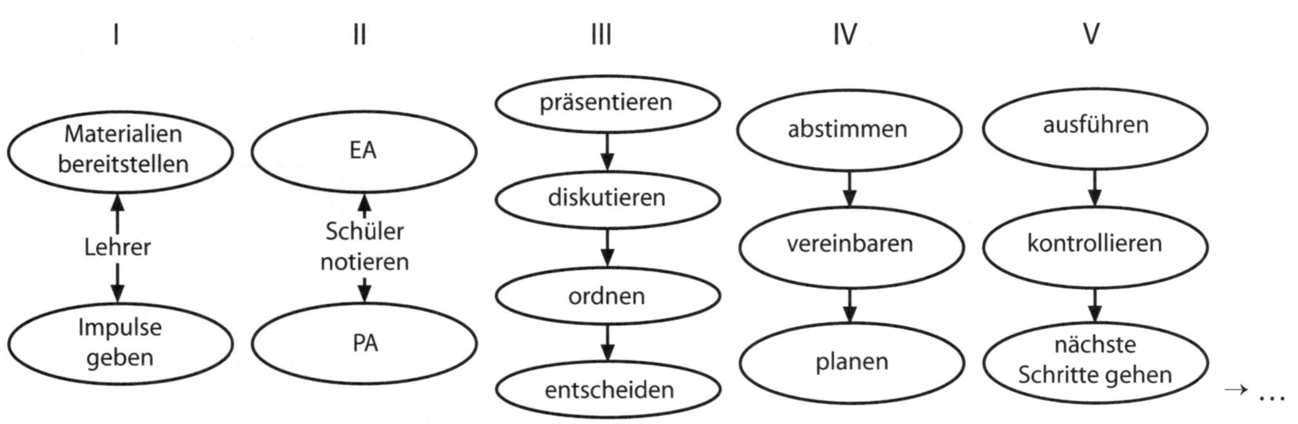

Visualisierungsmöglichkeiten

Materialien, die Sie brauchen

Stellwände bzw. Freiflächen an der Wand

Papierschere, Packpapier, Karteikarten in verschiedenen Größen, Tesakrepp bzw. Klebestreifen, Markierungsnadeln

Karten in den Farben weiß, hellgrün, gelb und orange für Ablage und Text

Kuller in diesen Farben für Teilnehmerzuordnung und Betonung

Ovale in verschiedenen Farben für schriftliche Diskussion

Überschriftenstreifen in den vier Farben

Klebepunkte für Bewertungen

Konfliktpfeile, Markierungspfeile

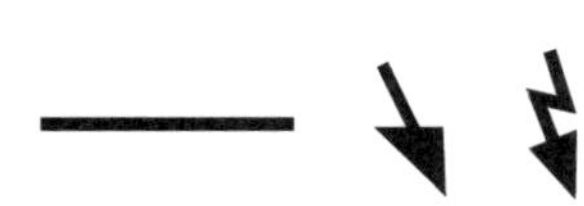

Filzschreiber in den Farben schwarz, blau, rot und grün

Freiflächen; sie gliedern die Visualisierung, symbolisieren den »geistigen« Raum

Visualisierungsmöglichkeiten (I)

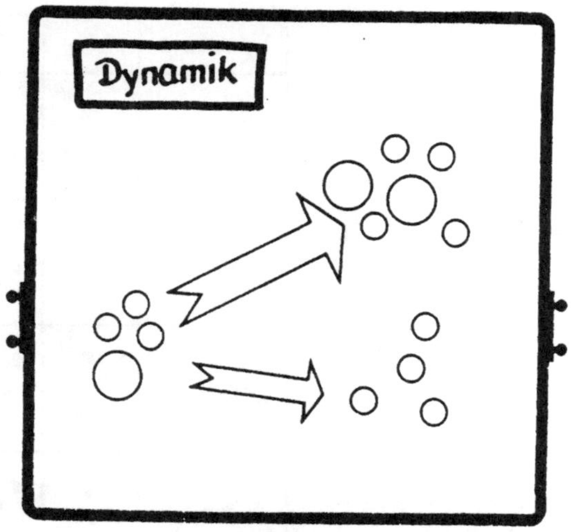

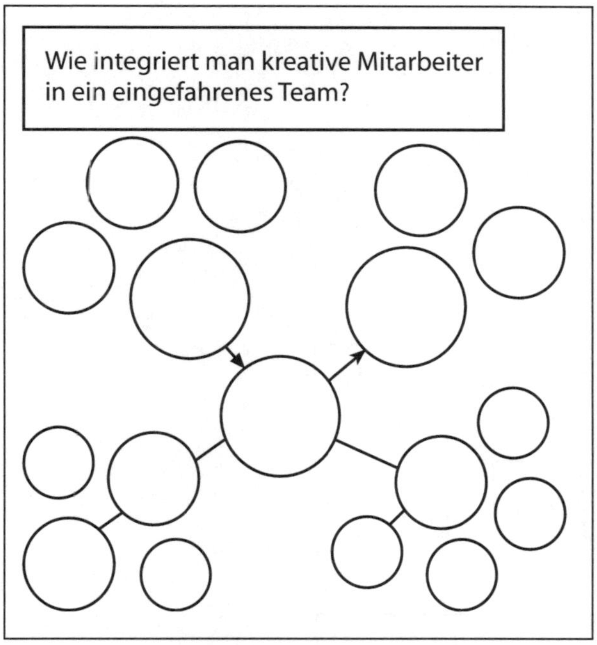

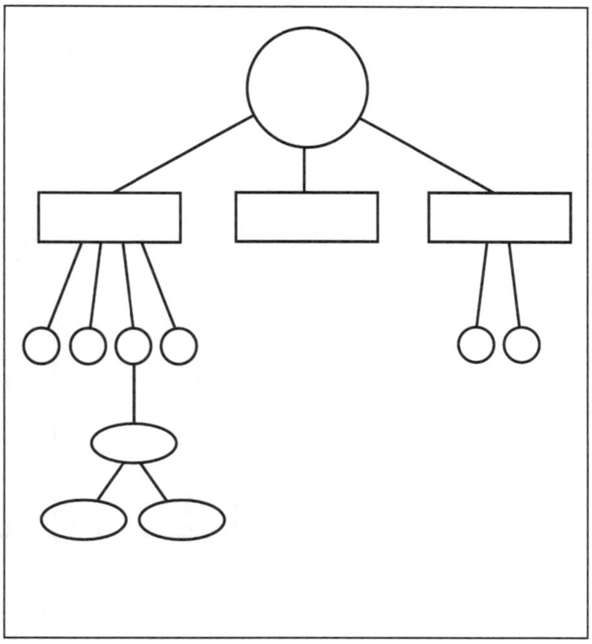

Visualisierungsmöglichkeiten (II)

Stimmungsbarometer:

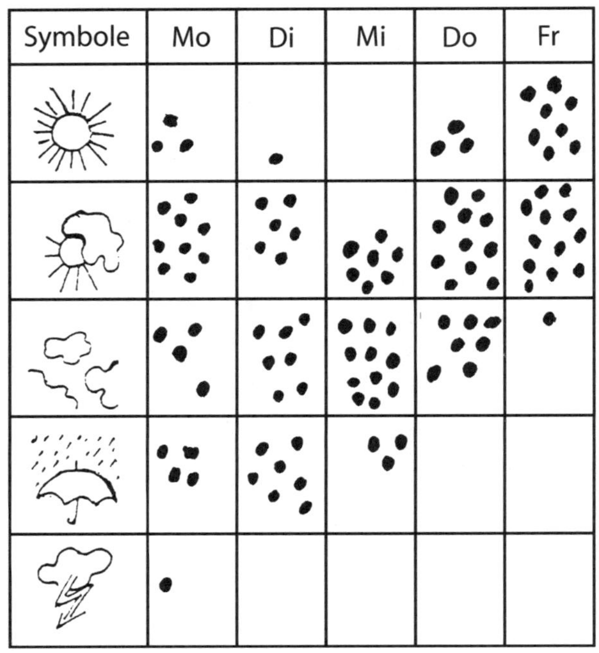

Themenschwerpunkte:

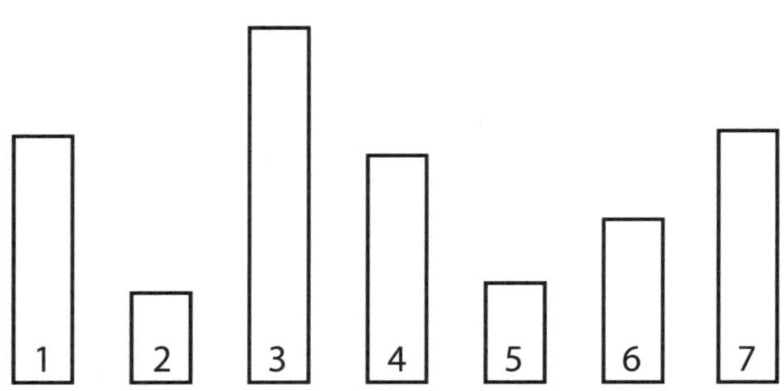

	Thema A	Thema B	Thema C	Thema D
1	×			×
2	×		×	
3	×			
4		×	×	×

Visualisierung: Überblick

Hilfsmittel
- Kärtchen
- dicke Stifte (Wachs/Filz)
- Papierbögen
- Punkte

Lehrer ist zuständig für
- die Aufgabenstellung
- die Rahmenbedingungen
- die Organisation
- die Gesamtmoderation

ist
- Ansprechpartner, Begleiter
- Experte

Phasen
- Vorbereitung ([L])
- Orientierung (L/[S])
- Durchführung ([S])
- Präsentation ([S] + [L])
- Auswertung/Abschluss ([L]/[S])

visualisierte Moderation

Methoden
- Impulse, Brainstorming
- Blitzlicht, Stimmungsbarometer
- Cluster bilden
- Mindmap
- Pro und Kontra
- Feedback

Ablauf
- **EA:**
  - Lerninhalte/Fragen beantworten
  - Ideen, Visionen entwickeln
  - Karten beschriften
- **GA:**
  - Sachinformationen ergänzen
  - Erfahrung austauschen
  - diskutieren, Lösungen finden
  - Zuordnungskriterien entwickeln
  - Wandzeitung/**Plakat entwerfen**
- **Präsentation**
  - Ergebnisse aus den Gruppen visualisieren
  - nachfragen, klären, entscheiden
  - neue Leitfragen entwickeln

Bärbel Rademacher

Projektarbeit und Praktisches Lernen

Projektarbeit: Wissenswertes

In vielen Schulen werden seit Jahren Projekttage oder Projektwochen durchgeführt. Lehrkräfte und Schüler/innen (auch zusammen mit Eltern und/oder anderen Externen) bieten in diesem Rahmen Themen an, die meist klassenübergreifend behandelt werden und deren Inhalte und Methoden bisweilen weit über einen normalen Unterricht hinausführen,

Dieses projektartige Lernen und Arbeiten ist eine wesentliche, wenn nicht unverzichtbare Vorbereitung auf den darauf aufbauenden »klassischen« Projektunterricht im eigentlichen Sinne.

Merkmale »Projekt«

- Komplexes Vorhaben mit definiertem Anfang und Abschluss
- Von anderen abgegrenzte Zielvorgaben unter einmaligen, inhaltlichen, zeitlichen, personellen, finanziellen und organisatorischen Begrenzungen
- Nicht standardisierbares Einzelvorhaben, das fachbereichsübergreifend angegangen wird
- Aufgaben, die interdisziplinär gelöst werden

Projektarbeit in der Schule

In den letzten Jahren hat sie sich als eine eigenständige Form des Unterrichts – zumindest in Ansätzen – etabliert. Sie betont das handelnde Arbeiten und Lernen, sprengt den (Einzel-)Stundenplan und ermöglicht den Schüler/innen Selbstplanung, eigenständige Durchführung und damit in hohem Maße Selbst- und Mitverantwortung. Projektarbeit ist somit und letztlich eine äußert wirksame Lernform für demokratisches Verhalten und Handeln.

Für die Lehrenden bedeutet die Projektarbeit eine Umstellung vom – bisher gewohnten – Fachunterricht zu offenen Formen des Lehrens und Lernens, ein oft mühsamer, aber sich lohnender Weg (für Lehrer/innen und Schüler/innen!).

Klärungsfragen zur Vorbereitung und Durchführung der Projektarbeit

- Wie lauten die Ziele und Aufgaben des Projekts?
- Welche Kompetenzen benötigen die Lehrer/innen?
- Welche Methoden und Arbeitsformen beherrschen die Schüler/innen?
- Welche Arbeits- und/oder Sozialformen müssen sie noch lernen?
- Welchen Freiraum haben die Lernenden?
- Wie sehen die Arbeit und der Anteil der Lehrer/innen aus?
- Welche Zeitressourcen sind vorhanden?
- Welche anderen Fachgebiete sollen mit einbezogen werden?
- Welche Vernetzungen sind notwendig?
- Wie sieht die gemeinsame Planung aus?
- Wie lauten die Arbeitsschritte?
- Wie geschieht die Evaluation?

Literaturempfehlungen

Bastian, J. u.a.: Profile in der Oberstufe. Fächerübergreifender Projektunterricht in der Max-Brauer-Schule Hamburg. Hamburg 2000 (beispielhaft!).

Gudjons, H.: Handlungsorientiert lehren und lernen. Bad Heilbrunn ³1992.

Gugel, G.: Methodenmanual I und II. Weinheim 1998/ ³2000.

Klippert, H. : Methodentraining, Weinheim ¹⁰1999.

Projektarbeit

… gehört normalerweise nicht zu den Routineaufgaben von Lehrer/innen, sondern überschreitet den üblichen Unterrichtsrahmen

… macht aus einem 45-Minuten-Lerntakt ein erweitertes und vernetztes Lernsystem

… verändert das Erfahrungswissen der Schüler/innen

… verbindet die außerschulische Realität mit dem Arbeitsfeld Schule

… verknüpft theoretisches Wissen mit handlungsorientiertem Lernen und praktischem Arbeiten

… ermöglicht es Schüler/innen, selbstständig zu planen und die Projekte selbstverantwortlich durchzuführen

… ist zeitlich/inhaltlich begrenzt und genau definiert

… stellt eine gemeinsame Leistung einer Gruppe oder Klasse unter Begleitung einer oder mehrerer Lehrkräfte dar

… setzt bestimmte Techniken, Fertigkeiten und Beherrschung entsprechender Methoden der Beteiligten voraus

… fördert demokratische Einstellung, soziales Verhalten und eigenständiges Handeln

Projektunterricht: Wissenswertes

Projektunterricht

- Er ist eine Unterrichtsform, bei der Schüler/innen ihre Arbeitsinhalte und Vorgehensweisen selbstständig planen, durchführen und auswerten.
- Das Lernen geschieht dabei selbst organisiert, richtet sich nach den Bedürfnissen der Schüler/innen und ist ziel-, prozess- und ergebnisorientiert.
- Für Lehrer/innen bedeutet der Projektunterricht eine Akzentverschiebung ihres traditionellen Unterrichts. Sie sind in erster Linie nicht mehr Fachleute und Wissensvermittler, sondern vorwiegend Impulsgeber, Ansprechpartner, Moderatoren und Prozessbegleiter.

Zur Durchführung

Projektunterricht beginnt immer mit einer **Projektidee,** die in der Regel ihren Ursprung im erlebten Umfeld der Lernenden hat und durch Fragen, Impulse aus dem Regelunterricht präzisiert wird. Auch Konflikte und Widersprüche, die sich in der Auseinandersetzung mit dem Fachunterricht oder aus Problemstellungen des offenen Unterrichts ergeben, bilden häufig den Einstieg zu einer Projektidee, meist mit Äußerungen wie

- Man müsste mal ...!
- Wir sollten eigentlich mal ...!
- Könnten wir nicht mal ...?
- Es wäre toll, wenn ...!
- Wir schlagen vor ...

Projektunterricht beginnt also immer da, wo Lehrer/innen Impulse geben bzw. Impulse von Schüler/innen aufnehmen und ihnen Raum und Zeit lassen, damit sie ihre Ideen entwickeln und eine realisierbare Projektskizze anfertigen können. Der Weg dorthin fordert die methodischen Möglichkeiten von Lehrer/innen und Schüler/innen heraus. Brainstorming, Arbeiten mit Mindmaps, Metaplan-Technik sind angemessene Methoden für den Einstieg in die Projektarbeit und bilden den didaktischen Boden, auf dem die Lernenden ihre ursprünglichen Ideen mit konkreten, konstruktiven Inhalten und Zielen füllen. Die intrinsische Motivation von allen Beteiligten ist in der Regel in dieser Phase wie auch bei der späteren Planungsphase umso höher, je näher die Projektidee im realistischen Lebensumfeld der Schüler/innen angesiedelt ist.

Fragen bei der Zielfindung

- Was wollen wir eigentlich? Was sind unsere Vorhaben?
- Was sollten wir am Ende der gemeinsamen Arbeit wissen?
- Welche Fertigkeiten brauchen wir dazu?
- Was wollen wir hinzulernen?
- Was müssen wir uns erarbeiten?
- Was müssen wir für eine Schlussbewertung vorbereiten?
- Welche Unterstützung brauchen wir von den Lehrer/innen?

Hinweis

Der Projektunterricht ist eine vorzügliche Methode, durch die Schüler/innen ihre bereits vorhandenen Kompetenzen ausbauen und erweitern können (= Learning by doing). Geklärt werden muss:

- Welche Fähigkeiten/Fertigkeiten bringen die Einzelnen für die Projektarbeit bereits mit?
- Was können sie durch die Projektarbeit an Neuem hinzulernen?

Projektunterricht: Methodenvielfalt

Die Durchführung von Projekten gelingt nur, wenn die Schüler/innen entsprechende Fertigkeiten, ein breites Methodenrepertoire zur Verfügung haben und ein förderliches Sozialverhalten aufweisen. Es empfiehlt sich folgender Einsatz bzw. zu beachten sind:

Bei der Ideensammlung

- Brainstorming
- Symbole
- Karikaturen
- Bilder, Fotos
- Assoziationen
- Zeichnungen

Bei Meinungsbildungsprozessen

- Metaplan-Technik
- Rundgespräch
- Brainstorming
- Blitzlicht
- Stimmungsbarometer
- Zukunftswerkstatt
- Szenario
- Simulationsspiele

Bei der Förderung der Gesprächskultur

- faire Mitteilungen
- aktives Zuhören
- Interviewtechniken
- Empathie
- Wertschätzung
- Feedback

Bei Diskussionen

- Aquarium
- Pro und Kontra
- Kugellager
- Metaplan
- Feedback
- Rollenspiele
- Training

Bei der Informationsverarbeitung

- Nutzung von Nachschlagewerken
- Umgang mit Suchmaschinen im Internet
- Nutzung von Bibliotheken
- Gruppenpuzzle
- Zeitungen, Zeitschriften

Bei der Dokumentation

- Texte
- Grafikprogramme
- Wandzeitungen
- Flyers
- Sammelmappen
- Ordner
- Ausstellung

Projektunterricht: Reflexion

Ein wichtiger Schritt im Projektunterricht ist die Reflexion der gesamten Arbeit. Folgende Leitfragen sind dabei für die Beteiligten von Bedeutung:

- Inwieweit stimmen unsere Ergebnisse mit den Projektzielen überein?
- Gab es Abweichungen, Veränderungen?
- Was waren die Gründe dafür?
- Was haben wir dazugelernt?
  - an Daten, Fakten, Inhalten
  - an Methoden
  - an Sozialkompetenz
  - an Arbeitsfähigkeit innerhalb der Gruppe
  - in unserer Zusammenarbeit mit den Lehrer/innen
  - an Fähigkeiten
  - an Fertigkeiten
- Sind wir mit unserer Arbeit zufrieden?
- Was hätten wir noch gerne gehabt?
- Was ist »schief« gelaufen?
- Wie sieht unsere Gesamtbilanz aus?
- Wie geht es weiter?
- Geht es weiter?

Eine bedeutsame Frage im Rahmen der Projektarbeit lautet:

Sollen Projekte benotet werden?

Nein
- Projektlernen ist vor allem auch soziales Lernen, bei dem sich die Einzelleistungen der Lernenden nur schwer feststellen lassen.
- Projektlernen soll für den Lernenden Freiräume schaffen, in denen ohne Leistungsdruck Lernerfahrungen gemacht werden können.

Ja
- Schüler/innen wollen für die geleistete Arbeit einen Leistungsnachweis und Bestätigung ihrer Arbeit.
- Projektarbeit bietet die Möglichkeit, Schlüsselqualifikationen zu bewerten.

Möglichkeiten der Bewertung und Benotung

- *Fach-/Jahresarbeit:* schriftliche Darstellung der geleisteten Arbeit und/oder von Teilaspekten des Themas (kognitive Leistung)
- *Test/Klassenarbeit:* Überprüfung von Wissensaspekten und Kenntnissen von Teilaspekten des Projekts (kognitive Leistung)
- *Dokumentation:* individuelle Herstellung von Arbeitsunterlagen, Materialien, Plakaten und anderen Dokumentationsformen; z.B. szenische Darstellung (Visualisierungsfähigkeit)
- *Referat mit anschließender Fragerunde:* Kurzvortrag zu Stichworten und/oder Mindmap (kognitive und rhetorische Leistung)
- *Praktisches Arbeiten:* Bild- und Tondokumente, gestalterisches Arbeiten (kreative und gestalterische Leistung)
- *Beobachtungen des Verhaltens:* Auftreten, Selbstdarstellung, Sozialverhalten (persönliche und soziale Kompetenz)

Projektunterricht: Ablauf

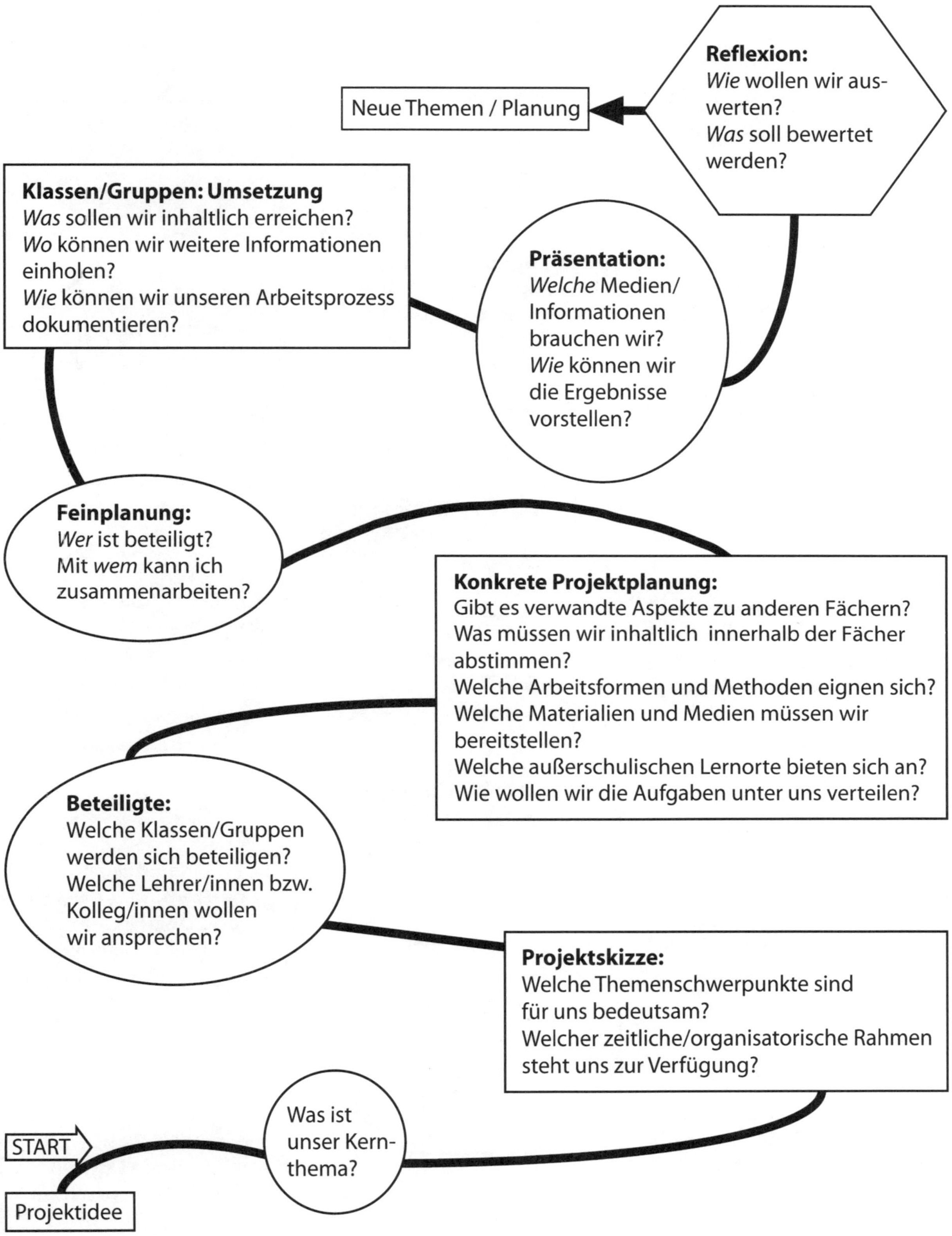

Projektunterricht: Gedankensplitter

… ist ein **Unterrichtsverfahren** mit **offenen Lernformen**

… ermöglicht **es, Anlagen, Begabungen, Erfahrungen** jedes/r einzelnen Schülers/in in die gemeinsame Arbeit einzubringen

… ist ein wichtiger Baustein im **Bereich des sozialen Lernens** und der **Teamfähigkeit**

… führt über eine **Projektskizze** zu einem **Projektplan**, dessen Umsetzung mit einem **Ergebnis** oder einem **Produkt** endet

… stärkt **Kooperationsbereitschaft** und **Konfliktfähigkeit** der Schüler/innen

… stellt die **inhaltliche Auseinandersetzung** mit einem von den **Interessen und Bedürfnissen des Lerners** geprägten Thema in den Mittelpunkt

… wird von Schüler/innen und Lehrer/innen **gemeinsam geplant, durchgeführt und ausgewertet**

… beginnt mit einem **Thema**, das durch Fragestellungen **aufgefächert** und im **Ergebnis** einer Öffentlichkeit **präsentiert** wird

… erlaubt es Schüler/innen und Lehrer/innen **über Fachgrenzen hinauszuschauen**

… ist eine **zeitlich beschränkte ziel-, prozess- und produktorientierte Arbeitsform**

… bietet die Möglichkeit, **personale, soziale, fachliche und methodische Kompetenzen** im Unterricht zu erweitern

… lässt Schüler/innen **Fähigkeiten und Grenzen** bei sich selbst und anderen **erfahren** und **respektieren**

… ermöglicht **eigenständiges Lernen und Üben** in selbst gewähltem Rahmen

… bezieht sich auf die **reale Umwelt** und die **Lebenssituation** der jungen Menschen

Praktisches Lernen: Wissenswertes

Didaktisches Konzept

Das Praktische Lernen, das auf Gedanken der Reformpädagogik (Montessori- und Freinet-Pädagogik, Jenaplan u.a.) zurückgreift, will den Lebensbezug der Schule stärken und betont das Lernen mit »Kopf, Herz und Hand«. Im Mittelpunkt steht das praktische Tun der Schüler/innen: Erweiterung ihrer Erfahrungen und Erkennen durch Selbsttätigkeit, handwerkliches Arbeiten, künstlerisches Gestalten, soziale Hilfeleistungen, Experimentieren, Erkunden, Erforschen, ökologische und ökonomische Aktivitäten, demokratisches Handeln und interkulturelle Verständigung.

Wissensvermittlung und Erfahrungslernen sind also keine Konkurrenten, sondern gehen Hand in Hand. Die Schüler/innen erfahren sich als Subjekte des Lernens und die Schule weitet sich innen (das Klassenzimmer als Wohn- und Arbeitsraum) und öffnet sich nach außen (Welterfahrung). Diese Art des Lernens geht weit über das Buch- und Stofflernen der Schule hinaus und trägt auf diese Weise den Forderungen nach einer lebensnahen Schule eminent Rechnung.

Für die Schüler/innen bedeutet dies:

- sich angenommen/akzeptiert fühlen und gebraucht werden,
- durch Erfahrungen selbstbewusster und selbstsicherer werden,
- durch Gemeinschaftserlebnisse sozialkompetent und kooperativ werden,
- durch Tätigsein Handlungskompetenz bekommen,
- mit entscheiden und Mitverantwortung tragen,
- Werte nicht doziert bekommen, sondern sie selbst erfahren,
- demokratisches Handeln lernen und leben.

Konkretion

Praktisches Lernen wird verwirklicht im Kernunterricht, im Wahlpflichtbereich, in AGs, in Projektwochen, durch fächerübergreifendes Arbeiten. Dabei ist Kooperation der Lehrer/innen untereinander unabdingbar (= Abschied vom Einzelkämpfertum). Praktisches Lernen findet innerhalb und außerhalb des Schulgebäudes statt. Es geht um reale Probleme, um erfahrbare Zusammenhänge und um konkrete Umsetzung.

Damit dies möglich ist, brauchen Lehrer/innen Fähigkeiten, die bisher – in ihrer Aus- und Fortbildung – nicht oder nur wenig entwickelt worden sind, nämlich: »das Organisieren von Projekten, der flexible Umgang mit der Zeit, das Moderieren von Lernprozessen, die Offenheit für Erfahrungen und Lernbedürfnisse der Schüler und die Nutzung eines weiten Methodenrepertoires« (http:/www.uni-jena.de/erzwiss/pl.htm), also eine Mischung aus fachlicher, methodischer und pädagogischer Kompetenz. Die Arbeit der Lehrkraft nimmt dadurch nicht an Quantität zu, jedoch an Qualität. Es ergibt sich eine Akzentverschiebung vom einseitigen Stoffvermittler zum vielseitigen Lernbegleiter. Diese Umstellung ist nicht einfach, erzeugt zunächst manche »Widerstände«, braucht Zeit, ist aber äußerst lernfördernd und entlastet letztlich die Arbeit der Lehrer/innen.

Die Zusammenarbeit mit Eltern und Außenstehenden ist sehr wichtig. Vor allem muss »pädagogische Aufklärung« stattfinden, indem über die Konzeption des Praktischen Lernens und deren Konkretion informiert wird – mit der Intention: Transparenz der Absichten, Abbau von Ressentiments, Vorurteilen und Misstrauen, Einladung zur Mitarbeit und Förderung der Zusammenarbeit.

Praktisches Lernen erfordert eine Offenheit des Lehrplans, ein Lernen in längeren Zeiteinheiten (Abschied vom 45-Minuten-Takt!), integrierte Stoffverteilungspläne, Erstellung von Lern-, Arbeits- und Wochenplänen, flexibel einsetzbare Lehr- und Lernmittel, genügend Zeit und gründliche Vorbereitung. Die Organisation der gesamten Schule verändert sich grundlegend, nämlich von der lehrenden zur lernenden Schule (= Schule als Lernende Organisation).

Literaturempfehlung

Scheufele U. (Hrsg.): Weil sie wirklich lernen wollen. Bericht von einer anderen Schule. Das Altinger Konzept. Weinheim 1996.

Praktisches Lernen: Beispiele

Nachfolgende Beispiele geben den Blick frei in Schulen, die »Praktisches Lernen praktizieren«, und sollen »Neulinge« ermutigen, Praktisches Lernen zu einem festen Bestandteil in ihrer eigenen Schule zu machen. Dabei ist grundsätzlich folgender didaktischer Dreischritt zu vollziehen:

- ausführliche Planung des Vorhabens durch alle Beteiligten,
- Durchführung der Vorhaben (ggf. mit Zwischenberichten),
- Auswertung, Bilanzierung, Lernerfolgseinschätzung, Bewertung, Teilbenotung. Anerkennung der Arbeit.

Innerschulisches PL

- Demokratisierung:
  Es gibt eine eigene Schülerversammlung, in der die Schüler/innen Fragen, bedeutsame Themen und Probleme, die sie selbst betreffen, aufgreifen, diskutieren – und in der sie abstimmen, Antworten suchen, Lösungen finden und Vereinbarungen treffen.
- Streitschlichtermodell:
  Lehrer/innen bilden Schüler/innen zu so genannten Streitschlichtern aus, die in der Lage sind, Alltagsstreitereien unter den Schüler/innen zu schlichten.
- Projekte:
  - Thema Hühnerhaltung: Hühnerhaltung in der Schule – und alles, was man dadurch lernen kann
  - Thema Firmenbildung: Klassen gründen »Firmen«: Produktionsplanung, Produktion und Verkauf bestimmter Gegenstände und Waren, Abrechnung und Wirtschaftlichkeit …
  - Thema Klima in der Schule: umfangreiche Befragungen und Erhebungen, Auswertung, Training, von Verhaltensweisen, Feedback, Erarbeitung von Regeln, Erstellung einer Schulordnung
  - Thema Schulhof-/Schulgartengestaltung: Schüler/innen als Landschaftsarchitekten und Gärtner
  - Thema Theater/Zirkus: Schüler/innen planen, proben und führen Stücke auf (Vernetzung von »Organisationsbüro«, Spielern, Handwerkern, Requisiten, Bühnenbild, Musik, Kleidung, Licht, Regie …)

Außerschulisches PL

- Besuch in Betrieben und Berufspraktika: Kooperation Schule, Wirtschaft, Industrie; Blick in die Arbeitswelt; handwerklich und gestalterisch tätig sein; Dienstleistungen ausführen
- Besuch bei Handwerkern: in Kontakt kommen, beobachten, mitarbeiten, experimentieren, Erfahrungen machen
- DRK (Betreuungsdienste): mit Menschen in Kontakt kommen, mögliche Scheu überwinden, einfühlsam sein, erste Hilfe lernen und leisten …
- Exkursionen (Wald, Heide, Gebirge, Meer): vom Tafelbild (Sekundärerfahrung) zur Begegnung (Selbst- und Primärerfahrung)
- Kooperation mit Behinderten: mögliche Distanz und Scheu überwinden; soziales Verhalten lernen, andere Lebensweisen kennen lernen, Vorurteile abbauen
- Mitarbeit in der Gemeinde: Wald- und Flurbereinigung, Sammelaktionen, Unterstützung karitativer Tätigkeiten
- Kontakte mit dem Seniorenheim: Musik, Spiel, Tanz

Erfahrungen der Schüler/innen

- Wir werden gebraucht und tun etwas für uns Sinnvolles.
- Wir werden selbstsicherer und selbstbewusster.
- Unser Selbstwertgefühl steigt; wir bekommen Anerkennung.

Reflexion

Projektarbeit (PA) und Praktisches Lernen (PL) sind noch lange nicht Alltag in den Schulen. Sie werden in der Lehrerausbildung kaum, in der Lehrerfortbildung noch viel zu wenig zum Thema gemacht und praktiziert. Einer der Gründe ist eine gewisse Distanz zu neuen Lernformen bis hin zum »Widerstand« und zur Ablehnung (»pädagogischer Firlefanz«) seitens der Lehrerschaft.

Versuchen wir, den »Widerstand« aufzulösen!

Selbst-Klärung

Persönliches: Wenn ich an PA und PL denke, dann verspüre ich …

Abneigung/Unlust …, weil ______________________________
Neugierde/Interesse …, weil ______________________________

Sachliches: Aus meiner Sicht haben …

PA und PL Vorteile, weil ______________________________
PA und PL Nachteile, weil ______________________________

Meine Bedenken:

Umstellung: ______________________________
zu wenig Kompetenz: ______________________________
Arbeitsaufwand: ______________________________

Mein Resümee:

- PA und PL kommen für meinen Unterricht nicht in Frage.
- Ich schwanke noch zwischen Unlust und Einsicht in die Notwendigkeit.
- Ich werde mich über PA und PL näher informieren.

Erste Schritte

Ich informiere mich (unverbindlich) bei ______________________________
Ich beschaffe mir selbst Informationen, indem ich ______________________________
Ich hospitiere bei ______________________________
Ich besuche die Schule in ______________ (zusammen mit ______________)
Ich kümmere mich um Fortbildung ______________________________

Gespräche mit Schüler/innen

- Ich stelle ihnen PA und PL vor (Informationsphase).
- Ich spreche mit ihnen darüber (Diskussionsphase).
- Wir kommen zu einem Ergebnis (Entscheidungsphase).
- Wir beginnen (Planungsphase).
- Wir holen uns Experten – und beginnen (Durchführungsphase).

Wolfgang Amler

»Exotisches«

Mindmapping: Wissenswertes

Menschen sind seit der Entwicklung der Sprache daran gewöhnt, Gedanken in Worte und Sätze zu fassen und sie – nach der Entwicklung der Schrift – Zeile für Zeile aufzuschreiben. Ziel dabei ist es, die damit verknüpften Gedanken beim Lesen wieder zu mobilisieren, und Gedankenkonstrukte zu reaktivieren.

Vor der Entwicklung der Schrift mussten sich die Menschen auf andere Möglichkeiten besinnen und stützen. Sie haben seit frühester Zeit mit »schriftfreien« Gedächtnismethoden erreicht, sich große Inhaltsmengen zu merken und diese Inhalte sehr präzise wieder abzurufen. Eine wichtige Strategie war dabei die Verknüpfung von Sprache und Bildern oder Symbolen (Mnemotechniken). Kulturen mit weniger ausgeprägten Schriftsystemen verwenden diese Art der Informationsaufnahme und Übermittlung bis in die jüngste Zeit.

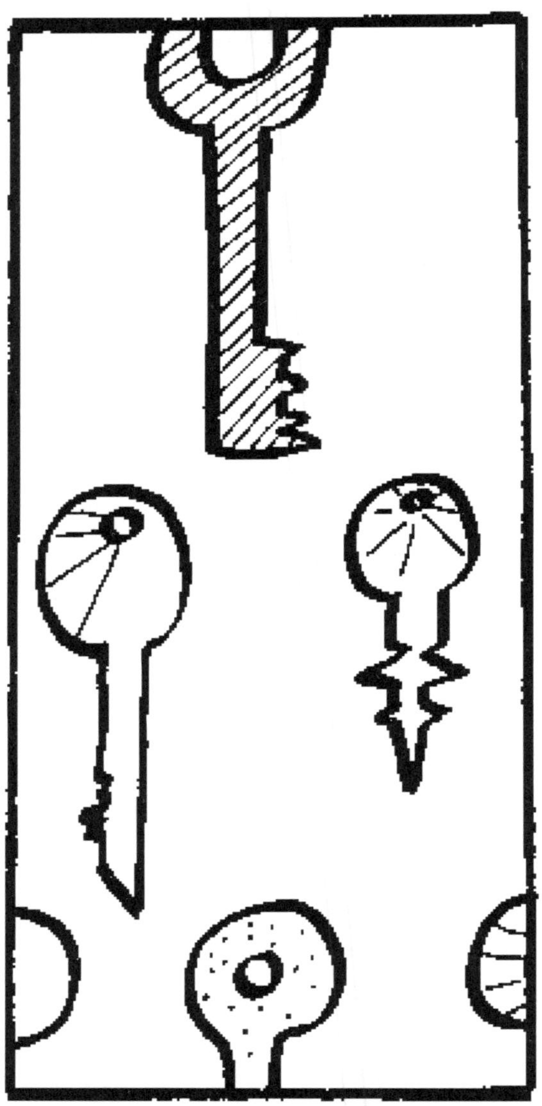

(Vergleiche z.B. Lozanovs Beobachtungen im asiatischen Raum: Phänomen der Hypermnese.)

Mindmaps können als zu Papier gebrachte Mnemotechniken verstanden werden, mit denen es gelingen kann, große Wissensmengen auf wenige sprachliche Begriffe zu reduzieren und dieses Wissen beliebig oft und sehr genau zu reproduzieren. Grundlage sind neuere Erkenntnisse der Gehirnforschung.

Die Mindmapping-Methode, in den 70er-Jahren von Tony Buzan konzipiert, gibt jedem Menschen die Möglichkeit, eine Gedächtnislandkarte so zu erstellen, wie es seinen individuellen Vorstellungen entspricht.

Mindmaps lassen sich im Bereich des Lernens sehr gut einsetzen

Das Grundprinzip des Entstehens einer Lern-Mindmap liegt darin, Schlüsselwörter zu finden. Diese sind Wörter, die man aus einem Text herausfiltern kann und zu dessen Strukturierung braucht. Mit etwas Übung lassen sich auf diese Art und Weise größere Textmengen auf einem Blatt in einer gut nachvollziehbaren Ordnungsstruktur zusammenfassen. Am Ende der Aufbereitung eines Lernstoffes erhält man nicht nur einen guten Überblick über den Stoff, sondern zudem auch noch die Möglichkeit, einen exakten Lernplan mit Zeitstruktur zu erstellen. Im Laufe des Lernprozesses reduzieren sich die weißen Wissensflecken ganz sichtbar, indem immer mehr Teile der Mindmap als erledigt gekennzeichnet werden können. Vorteilhaft ist auch die Speicherkapazität unseres Gehirns für Bilder. Mit etwas Übung lassen sich komplette Mindmaps im Gedächtnis speichern und wieder abrufen.

Aufgaben

- Suchen Sie sich einen Text und setzen Sie ihn in eine Mindmap um (Beispiel siehe S. 106).
- Benennen Sie ein Thema, und erarbeiten Sie eine Gliederung, mittels derer Sie den Inhalt mit der Mindmap lernen und überprüfen können (Mindmap als Lernhilfe!).

Literaturempfehlungen

Buzan, T.: Kopftraining. München 1984.
Kirckhoff, M.: Mindmapping. Berlin 1988.
Svantesson I.: Mindmapping und Gedächtnistraining. Bremen 1993.

Aufbau von Mindmaps

- Im Mittelpunkt des Mindmaps steht immer das Thema, das mit einem Kreis umschlossen wird.
- Von diesem Kreis gehen Verzweigungen ab, die das Thema in seine einzelnen Bereiche gliedern und auffächern. Die Gedanken werden nicht ausformuliert, sondern lediglich skizziert.
- Von den Hauptästen gehen Zweige und Nebenzweige ab, die eine weitere Differenzierung der Gedanken darstellen.
- Zur optischen Verdeutlichung lassen sich Thema, Hauptäste, Zweige und Nebenzweige auch farblich unterscheiden. Hierbei ist es sinnvoll, immer mit den gleichen Farben zu arbeiten.

Mindmaps

- erleichtern den Überblick über komplexe und umfassende Themen
- erhöhen das Konzentrationsvermögen
- fördern das Entstehen einer Systematik
- unterstützen individuelle Ordnungsstrukturen
- werden der assoziativen Arbeitsweise des menschlichen Denkens gerecht
- unterstützen Brainstorming-Verfahren zur kreativen Problemlösung
- lassen sich sehr gut zur Planung und Strukturierung von Lernprozessen einsetzen

Beispiel für eine Mindmap-Vorlage

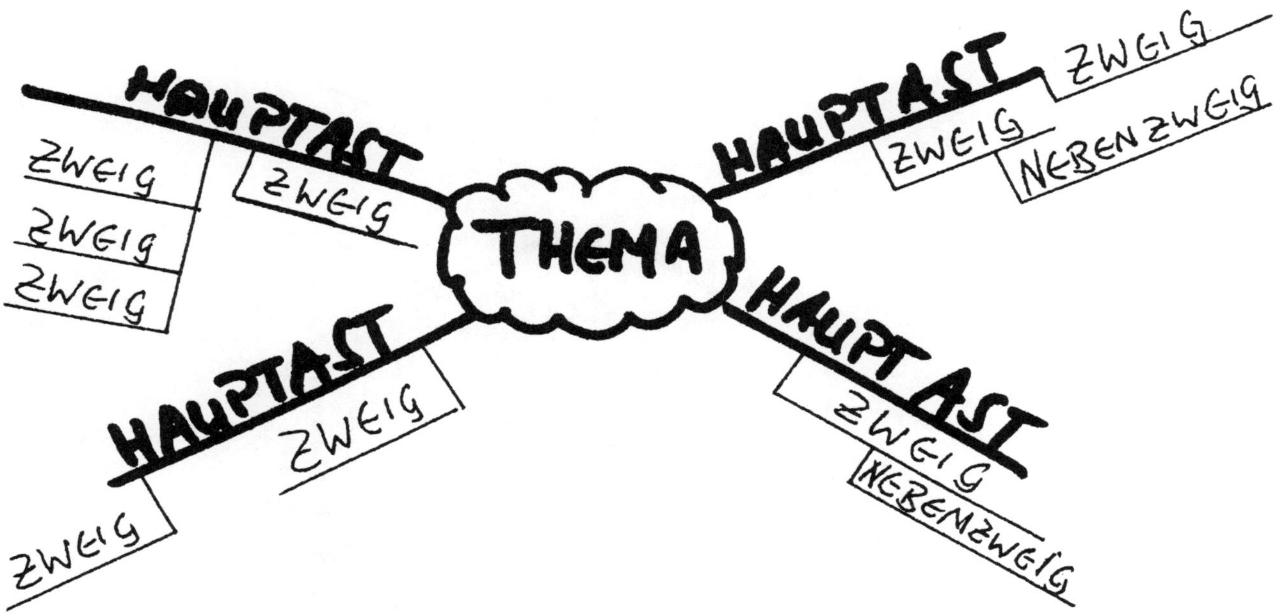

Mindmap: Beispiel

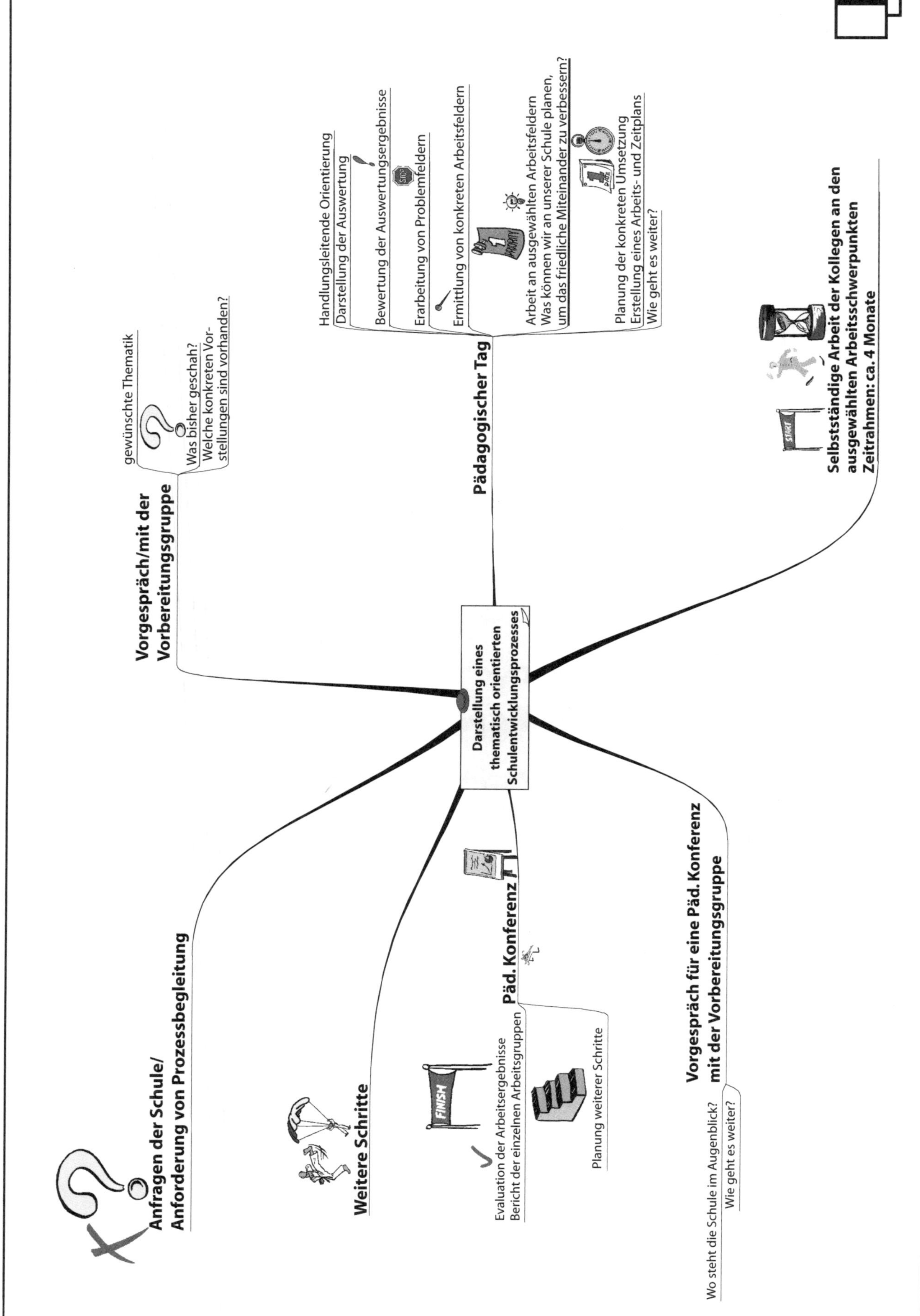

Suggestopädie: Wissenswertes

Die Suggestopädie wurde von dem bulgarischen Arzt und Psychotherapeuten Georgi Lozanov entwickelt. Er beschäftigte sich mit dem Phänomen der Hypermnese (Supergedächtnis), die er in verschiedenen Ländern der Welt untersuchte. Auf der Grundlage seiner Forschungsergebnisse versuchte Lozanov, Lernen so zu gestalten, dass es möglich war, mit Hilfe gezielt eingesetzter positiver Affirmationen Entspannungstechniken und spielerischer Aktivierung den großen Bereich der ungenutzten Lern- und Persönlichkeitskräfte von Menschen anzusprechen, Lernblockaden aufzulösen und so Lehr- und Lernprozesse zu optimieren.

Die Suggestopädie bedient sich dabei ebenso didaktischer Techniken wie psychologischer und künstlerischer Mittel. Seit Beginn der 70er-Jahre wurde die Methode in den USA und Europa zunehmend bekannter. Die Grundideen Lozanovs wurden dabei weitgehend übernommen und von verschiedenen Autoren durch Erkenntnisse vor allem aus dem Bereich der humanistischen Psychologie und der Gehirnforschung erweitert.

Die Methode war in ihrer ursprünglichen Form von Lozanov für den Fremdsprachenunterricht entwickelt worden. In diesem Bereich gibt es die meisten praktischen Erfahrungen und auch umfangreiche empirische Untersuchungsergebnisse. Seit Mitte der 80er-Jahre wird die suggestopädische Methode auch im Bereich der Vermittlung von Sachthemen z.B. in der beruflichen Aus- und Weiterbildung eingesetzt.

Die Schule hat zunächst mit großem Interesse auf die Suggestopädie reagiert. Schulungsprogramme wurden initiiert, um die Methode zu verbreiten und vor allem den Fremdsprachenlehrer/innen eine neue Unterrichtsmethodik nahe zu bringen.

Bald aber gab es kritische Stimmen. Die Methode böte die Möglichkeit der Manipulation und trüge Züge von Gehirnwäsche. Die Kultusbürokratie verschiedener Bundesländer reagierte mit einem Verbot oder zumindest mit der Einstellung von entsprechenden Fortbildungsangeboten. Dies waren und sind sicherlich überzogene Reaktionen, die leider zur Folge hatten, dass Chancen zur Förderung und Optimierung des Lernens vergeben wurden.

Die suggestopädische Methode geht im Wesentlichen nach folgenden Prinzipien vor

- Der Unterricht bekommt eine (Bio-)Rhythmisierung:
  - Phasen der Konzentration wechseln ab mit Phasen der Entspannung.
  - Phasen körperlicher »Unbeweglichkeit« werden abgelöst durch Phasen körperlicher Bewegung.
  - Rezeptive Phasen werden abgelöst durch aktive, handlungsorientierte Phasen.
- Multisensorisches Lernen, d.h. möglichst alle Sinnesorgane werden angesprochen.
- Lernen findet in entspanntem Zustand statt.
- Auch unbewusste Anteile des Lernprozesses werden einbezogen, z.B. durch eine entsprechende Raumgestaltung mit Lernpostern (Peripheres Lernen).
- Die Lernprozesse werden ritualisiert.

Literaturempfehlungen

Dhority, L.: Moderne Suggestopädie. Bremen 1989.
Bochow P./Wagner H.: Suggestopädie. Speyer 1986.
Bröhm-Offermann B.: Suggestopädie – Sanftes Lernen in der Schule. Lichtenau 1989.

Der suggestopädische Kreislauf: Überblick

Lozanov entwickelte für den Bereich des Fremdsprachenunterrichts einen »suggestopädischen Kreislauf« in fünf Phasen:

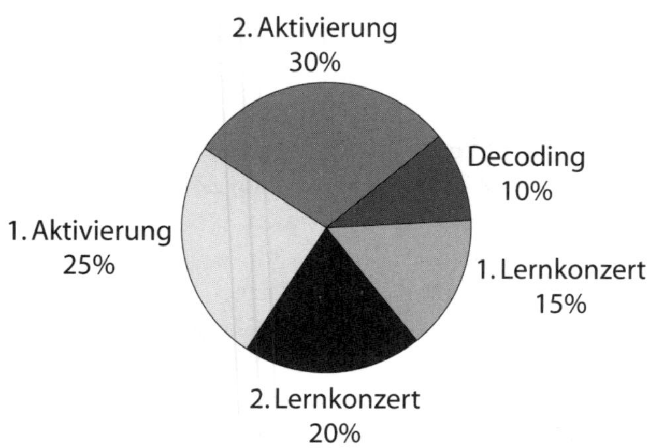

- **In einer Einleitung, der Motivations- oder Decodingphase, wird das Unterrichtsmaterial präsentiert.**
  Dabei geht es sowohl um die intellektuelle Auseinandersetzung mit dem Inhalt als auch um einen emotionalen Bezug zum Unterrichtsmaterial.

- **Der gesamte Lernstoff wird anschließend im »ersten Lernkonzert« präsentiert.**
  Der Lernstoff wird zu klassischer Musik (Mozart, Beethoven) laut vorgetragen. Die Lerner bekommen den Hinweis, entweder mitzulesen oder zuzuhören oder einfach der Musik zu lauschen und zuzuschauen. Ziel dieser ungewöhnlichen Stoffpräsentation ist, den zu lernenden Stoff sowohl musisch-künstlerisch und körpersprachlich orientiert zu präsentieren, als auch linear logisch den Stoff zu vermitteln.

- **Nach diesen zum Teil sehr aktiven Phasen folgt das »zweite Lernkonzert«.**
  Der Lerner wird aufgefordert, sich bequem hinzusetzen und sich zu entspannen. Zur Einstimmung wird zunächst einige Minuten langsame Barockmusik oder andere ähnliche Musik eingespielt. Dann wird zu dieser Musik mit ruhiger Stimme und langsam der Lerntext vorgelesen. Die Lernkonzerte sind die beiden am stärksten »ritualisierten« Phasen des suggestopädischen Kreislaufes.

- **In der »primären Aktivierung« wird der Lernstoff auf spielerische Art und Weise geübt und angewendet.**
  Die Lehrperson macht viele kreative und spielerische Lernvorschläge, die dazu dienen, den Lernstoff möglichst abwechslungsreich zu üben und zu wiederholen (Puzzles, Memorys, Kreuzworträtsel ...).

- **In der »sekundären Aktivierung« wird das Wissen nun kreativ angewendet.**
  Dies kann in Form von Rollenspielen, in der Herstellung neuer Unterrichtsmaterialien (z.B. Lernposter) oder durch Vorspielen erfolgen. Ziel ist, das Gelernte in neue Situationen zu übertragen (Transferleistung).

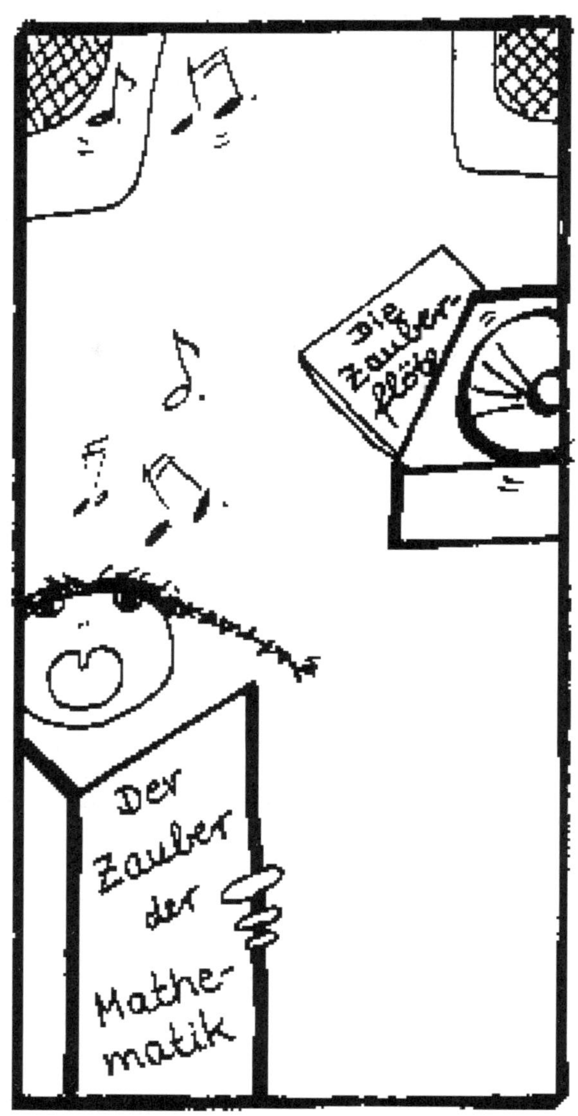

Fantasiereise: Übungsbeispiel

Ziel von Fantasiereisen ist es, Schüler/innen in einer entspannten Atmosphäre einen bestimmten Lernstoff nahe zu bringen. Im Bereich des suggestopädischen Kreislaufs kann die Fantasiereise als zweites Lernkonzert eingesetzt werden. Die nachfolgende Fantasiereise ist eine Lernübung zum Thema *Wortarten/Satzglieder.*

Eine Reise in das Reich der Wörter

Lehrer/in liest vor:

»Mache eine Reise in das Reich der Wörter. Stell dir vor, du kommst in eine Landschaft mit sanften Hügeln. Ein buntes Gemisch aus Geräuschen dringt an dein Ohr: das Gezwitscher der Vögel, das Summen von Insekten und viele andere Töne, die dir vertraut sind. Du siehst Blumen in vielen bunten Farben und Bäume mit kräftigen, grünen Blättern und saftigen Früchten. Du spürst, wie dir das Wasser im Munde zusammenläuft.

Auf deinem Spaziergang durch diese warme, schöne Landschaft kommst du an einen kleinen See mit klarem, blauem Wasser, das dich zum Baden einlädt. Aber du bist nicht alleine an diesem See, denn es findet eine große Versammlung statt.

Alle Wörter waren zusammengekommen. Sie wollen die Reihenfolge unter den Wortarten festlegen. Du beobachtest eine Weile das bunte Treiben und kommst dir vor wie auf einem Jahrmarkt. Die Klänge der verschiedenen Stimmen verschmelzen zu einer Geräuschkulisse und dringen in deine Ohren. Allmählich kehrt Ruhe ein und ein rot gekleideter Sprecher ergreift das Wort. An jedem Tag solle eine Wortart sich vorstellen und ihre Leistungen darlegen. Danach möge die Versammlung entscheiden, wer die Königskrone erhalten soll. In der Versammlung kommt Beifall auf, und auch du bist interessiert, wie es weitergeht.

Da tritt mit großen, weit ausgreifenden Schritten das HAUPTWORT, das von einigen auch Namenwort genannt wird, in die Mitte der Versammlung. Das HAUPTWORT, das sich gerne auch NOMEN oder SUBSTANTIV nennen lässt, ist bunt gekleidet und umgeben vom großen Gefolge der EIGENSCHAFTS- oder WIE-WÖRTER, die sich ADJEKTIVE nennen. Mit einer ruhigen, kräftigen Stimme fängt das SUBSTANTIV an zu reden. »Wer unter euch Wortarten wollte mir die Ehre des Königsthrons streitig machen? Schon meine Namen zeigen meine Bedeutung: HAUPTWORT – was sonst soll das bedeuten, als dass ich die Hauptsache im ganzen Reich darstelle. Doch damit nicht genug: Hat nicht jedes Ding durch mich, das NAMENWORT, das NOMEN, seinen Namen – das Haus, der Stuhl, der Baum, die Tiere. Braucht ihr nicht für jede Vorstellung, jeden Wunsch, ja sogar für jeden Traum, mich, das SUBSTANTIV, um darüber sprechen zu können? Glück, Freude, Liebe, all diese Dinge könntet ihr ohne mich nicht ausdrücken. Geht an die Grenzen des Reiches, schaut in den kleinsten Winkel! Überall werdet ihr mich, das SUBSTANTIV, finden oder aber gar nichts. Und wenn euch etwas Neues begegnet, dann braucht ihr, um es beim Namen nennen zu können, mich, das NAMENWORT, das NOMEN. Und bin ich nicht die einzige Wortart, die man immer ohne Ausnahme großschreibt?« Nach einer kurzen Atempause, die Rede ist sichtlich anstrengend gewesen, versucht das SUBSTANTIV auch noch die letzten Zweifler zu überzeugen, indem es noch einmal seine Schlagworte wiederholt: »Jedes Ding hat durch mich seinen Namen! Jede Vorstellung, jeder Gedanke wird erst durch mich klar. Ich bin die einzige Wortart, die man immer großschreibt! Wem, wenn nicht mir, kommt also die Würde der Herrschaft im Reich der Sprache zu?«

Alle sind von der Rede tief beeindruckt. Das HAUPTWORT hatte wahr und überzeugend gesprochen. Starker Beifall kommt auf. Viele eilen zum SUBSTANTIV, um ihm zu gratulieren. Die ARTIKEL stehen ganz stolz dabei, gehören sie als Begleiter doch fest zu den SUBSTANTIVEN dazu. Die FÜRWÖRTER gebärden sich schon als Stellvertreter für das königliche NOMEN und nennen sich stolz PRONOMEN. Auch du kannst dich der Wirkung nicht entziehen und denkst noch lange darüber nach, während sich die Versammlung langsam auflöst. Die anderen Wortarten werden es schwer haben.

Allmählich denkst auch du an den Heimweg. Du verlässt den kleinen See, gehst durch die schöne Landschaft, die von der Nachmittagssonne in ein warmes Licht getaucht wird. Du nimmst deine Eindrücke mit und wirst sicher wieder kommen, um auch die anderen Kandidaten anzuhören …«

Nun erfolgt die Rückholung aus der Entspannungsphase in das Hier und Jetzt. Anschließend haben die Schüler/innen Gelegenheit, sich zu dem Erlebten zu äußern.

Mentales Training: Wissenswertes

Die Integration von Körper, Geist und Seele ist die Voraussetzung für größtmögliche Leistungen. Das gilt nicht nur für den Bereich des Sports, wo man sich schon seit Jahren mit dem Phänomen des Mentaltrainings beschäftigt. Es lässt sich auf jeden Bereich des Lernens übertragen und ist ein bedeutsames Instrumentarium für erfolgreiches Lernen.

Vergleicht man das sportliche Lernen und das Lernen in anderen Bereichen, so stellt man große Übereinstimmungen fest. Sportler/innen und Trainer/innen befassen sich immer noch in einem hohen Maße mit der Verbesserung der technischen und taktischen Grundfertigkeiten. Schüler/innen und Lehrer/innen befassen sich in erster Linie immer noch mit der Vermittlung und Aufnahme von Lerninhalten und deren Behaltensgrad. Der Mentalbereich als Einflussnehmer bleibt dabei meist außen vor.

Die Einflüsse von Gedanken und Gefühlen auf sportliche Leistungen sind mittlerweile unbestritten. Vor allem Vertreter der humanistischen Psychologie verstehen sich mit ihren Untersuchungen als eine Ergänzung der traditionellen Trainingsforschung. Ziel ist es, ein ergänzendes psychologisches Trainingsprogramm anzubieten, d.h., die Sportpsychologie sieht sich bezüglich der Verbesserung sportlicher Leistungsfähigkeit immer im Kontext mit anderen Trainingselementen. J. Syer/C. Conolly umreißen dieses Verständnis als »Hilfe, um negative Verhaltensmuster erkennen zu können (die den Sportler am vollen Ausschöpfen seines Potenzials hindern) und mit Problemen fertig zu werden, mit denen die meisten Sportler zu kämpfen haben – nervösen Stress, Konzentrationsunlust, Unfähigkeit zu entspannen oder unter Druck die erwarteten Leistungen zu bringen« (S. 12).

Es gibt deutliche Parallelen zum schulischen Lernen und zu schulischen Leistungen. Letztendlich haben viele Schüler/innen die gleichen Probleme wie die Sportler/innen auch.

Wenn das Mentaltraining über den Sport hinaus »eine umfassende Methode der positiven Lebensgestaltung ist« (R. Sepac, S. 11), dann gewinnt die Schule als Übungsfeld für mentale Formen an Bedeutung, die die Schüler/innen befähigen sollen, durch gezielte Nutzung ihrer geistigen Fähigkeiten Probleme und Konflikte zu lösen, ihnen gemäße optimale Leistungen zu bringen und erwünschte Ziele zu verwirklichen.

»Mentales Training hat etwas damit zu tun, dass man lernt zu lernen.« (J. Syer/C. Conolly, S. 29) Je leichter, schneller und effizienter wir lernen können, desto leichter und effizienter werden wir auch Leistungen erbringen können.

Literaturempfehlungen

Syer, J./Conolly, C.: Psychotraining für Sportler. Reinbek 1987.

Sepac, R.: Erfolgreich durch Mentaltraining. Saarbrücken 1988.

Bambeck, J./Wolters, A.: Brain Power. München 1991.

Eberspächer, H.: Sportpsychologie. Reinbek 1993.

Zerlauth, T.: Sport im State of excellence. Paderborn 1996.

Mentales Training: Übersicht und Visualisierung

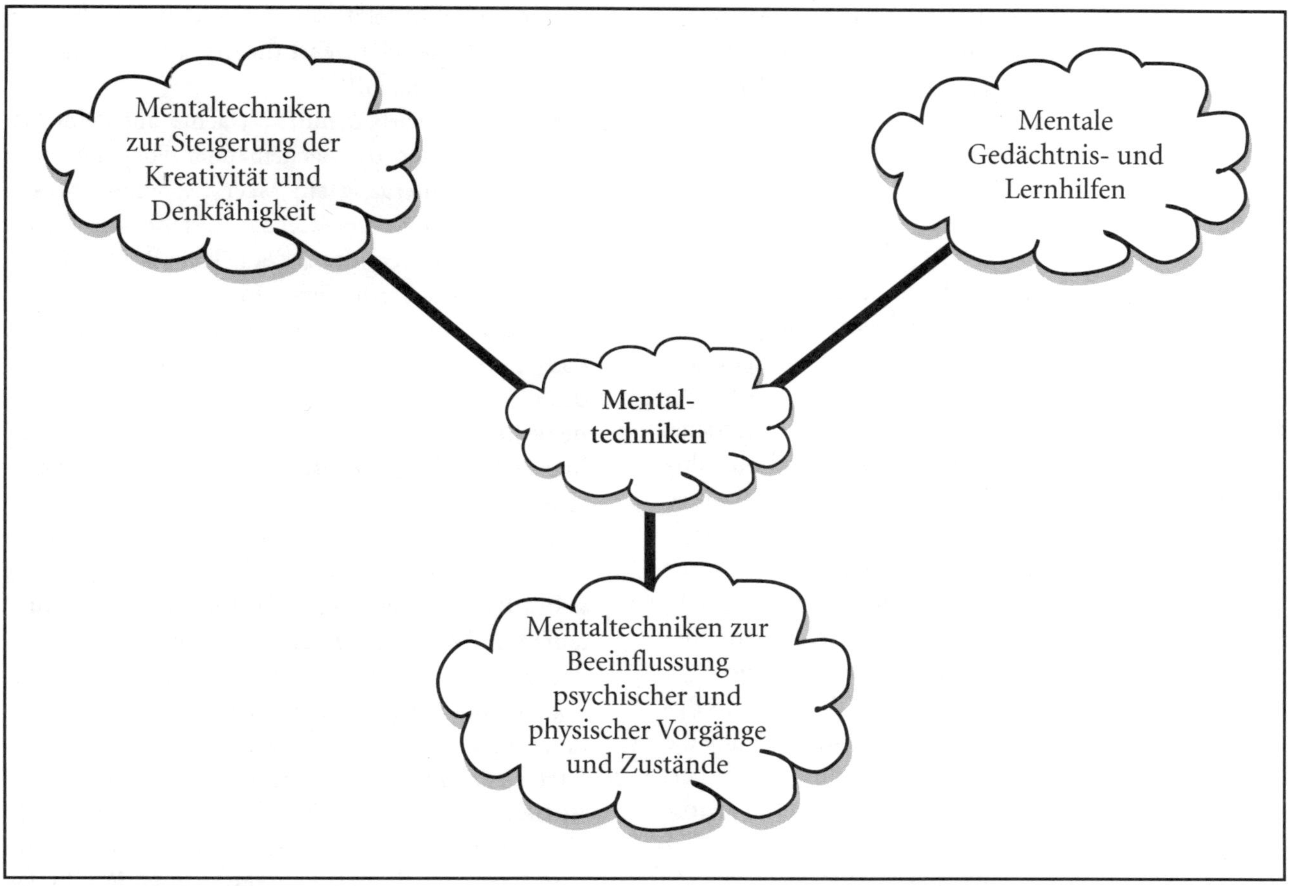

nach J. Bambeck/A. Wolters: Brain Power

Visualisieren – eine Form und Voraussetzung des mentalen Trainings

Bewusst oder unbewusst gelingt es beinahe allen Menschen, in Bildern zu denken. Bildhafte Vorstellungen sind nützlich, um bestimmte Gedächtnisleistungen zu erbringen. Viele Lernschwierigkeiten liegen möglicherweise auch in der mangelnden Visualisierungsfähigkeit begründet. Wer sich nicht vorstellen kann, wie man bestimmte Wörter schreibt, entscheidet häufig nach dem Zufallsprinzip und wird dabei zwangsläufig eine bestimmte Fehlerquote haben. Wer keine Vorstellung von Zahlengrößen hat, wird bei bestimmten Rechenaufgaben scheitern. (Das Problem verstärkt sich nach Ansicht vieler Mathematiklehrer/innen nach Einführung des Taschenrechners in der Schule. Die Schüler/innen tippen die Zahlen völlig mechanisch ein, ohne eine Vorstellung der Zahlengrößen zu haben. Die Fehler, die aus möglichen Tippfehlern entstehen, werden nicht erkannt.)

Das Vorstellungsvermögen lässt sich bewusst trainieren: Es gibt einen Unterschied zwischen der angeborenen Fertigkeit, in Bildern zu denken, und dem bewusst eingesetzten Visualisieren als erlernte Fertigkeit. »Wie jede körperliche Fähigkeit gelernt werden muss, muss man auch lernen, sich klare Bilder vor Augen zu rufen, die einen starken Einfluss auf Verhalten und Leistung haben und diese Fähigkeit dann regelmäßig üben, wenn man seine Leistung verbessern will.« (J. Syer/C. Conolly, S. 61)

Das Visualisieren beschränkt sich nicht auf bildliches Vorstellen, sondern schließt auch akustische und kinästhetische Sinneswahrnehmungen mit ein. Eine ganzheitliche Wahrnehmung ist eine wichtige Voraussetzung dieser Mentaltechnik, die sich sowohl beim Erlernen von Dingen, als auch bei der Vorbereitung auf bestimmte Leistungsanforderungen einsetzen lässt.

Visualisierung: Anfangsübungen

Mit Hilfe der folgenden Übung kann man trainieren, mit allen Sinnen wahrzunehmen und zu visualisieren. Die Übungen lässt sich je nach Zielgruppe variieren.

Anleitung

- Suche dir eine bequeme Sitz- oder Liegeposition. (Für viele ist es vorteilhaft, bei dieser Übung die Augen zu schließen; dies ist aber nicht unbedingt erforderlich.)
- Konzentriere dich auf dein Atmen und versuche, nur »mit dem Bauch« zu atmen. Während du ruhig atmest, verliert dein Körper jegliche Anspannung. Du wirst immer ruhiger.
- Konzentriere dich jetzt auf dein Gehirn, und stelle dir vor, dass es eine schöne, glatte Wasserrutschbahn ist, auf der du entlangrutschst … rauf und runter, alle Windungen deines Gehirns entlang.
- Lass dieses Bild jetzt los. Ich werde dir mehrere Bilder für jede Seite deines Gehirns anbieten. Halte die Augen geschlossen und schaue in die linke Seite deines Gehirns. Auf der linken Seite siehst du die Farbe BLAU.
- Lass dieses Bild jetzt los und schaue in die rechte Seite deines Gehirns. Auf der rechten Seite siehst du die Farbe ORANGE.

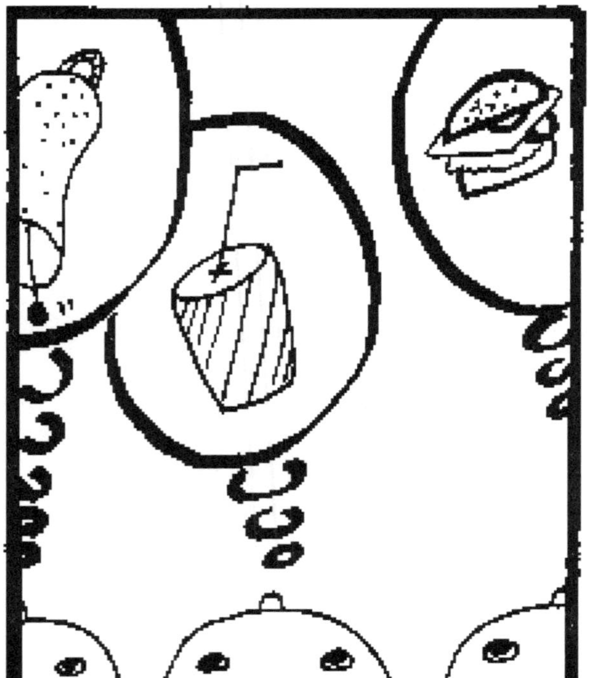

- Lass dieses Bild jetzt los und wechsle die Farben: Auf der linken Seite siehst du jetzt ROT … auf der rechten Seite jetzt GRÜN.
- Lass all diese Farben nun los, achte auf deine Atmung und stelle dir nacheinander Folgendes vor: Ein Sonnenuntergang am Meer …; weiße Wolken jagen über den Himmel …; das Gesicht eines Freundes oder einer Freundin …; ein Gebäude, das dir gefällt …; eine Rose, die sich öffnet …
- Jetzt stelle dir vor: Regen auf dem Blechdach …; das Läuten von Kirchenglocken in der Ferne …; das Gejohle der Menge im Fußballstadion nach einem Tor …; Wind in den Bäumen …; eine Lieblingsmelodie …; die Stimme eines dir sympathischen Menschen …
- Jetzt stelle dir vor: Die Sonne auf deinem Rücken …; ein heißes Bad oder eine heiße Dusche …; ein kaltes Bad oder eine kalte Dusche …; das Barfußlaufen auf einer Rasenfläche …; ein fester Händedruck …; das Festziehen der Schnürsenkel deiner Sportschuhe, erst an dem einen, dann an dem anderen Fuß …
- Jetzt stelle dir vor: Den Geruch von brennenden Blättern …; den Geruch eines Umkleideraumes in einer Sporthalle …; den Geruch von frisch gebratenem Speck …; den Geruch eines neuen Kleidungsstückes …
- Jetzt stelle dir vor: Den Geschmack von knusprigem, heißem Zwiebelkuchen …; den Geschmack von frischem Obst …; den salzigen Geschmack von Schweiß …; den Geschmack eines kühlen Getränks nach körperlicher Anstrengung …
- Lass all diese Bilder und Eindrücke jetzt los und konzentriere dich auf deine Atmung. Nun bewege und strecke dich …

Auswertung (Fragen zu den Sinnesvorstellungen)

- Welche der Sinnesvorstellungen sind dir am leichtesten gefallen, welche am schwersten?
- Welche Sinne sind für dich sehr wichtig, welche weniger wichtig?

Quellen

Murdock, M.: Nun trägt mich meine Wolke … Freiburg 1989, S. 43.

Syer, J./Conolly, C.: Psychotraining für Sportler. Reinbek 1987, S. 72.

Kinesiologie und Brain Gym: Wissenswertes

Kinesiologie

Die Kinesiologie ist eine Methode, die Erkenntnisse aus der östlichen Heilkunst mit neueren Erkenntnissen der Hirnforschung verbindet. Ihr Ansatz ist, mit Hilfe von sanften Muskeltests Blockaden im Körper zu finden und aufzulösen. Der Muskeltest als Rückmeldesystem des Körpers geht auf Untersuchungsergebnisse des amerikanischen Chiropraktikers Dr. George Goodheart zurück. Nach seinen Beobachtungen spiegeln sich Vorgänge innerhalb des Körpers auch im Funktionsstand der Muskeln wider. Goodheart stellte fest, dass sich durch physische oder psychische Verletzungen die Reaktion der Muskeln verändert. Ein gestresster oder blockierter Energiefluss schwächt die Muskulatur bzw. den Einzelmuskel. Die Auflösung einer solchen Blockade ist das Ziel kinesiologischer Behandlung.

Innerhalb des Systems der Kinesiologie gibt es verschiedene Subsysteme. Für den Bereich von Lernblockaden oder Lernstörungen entwickelten G. und P. Dennison die »Edu-Kinestetik« oder auch Brain Gym/ Lerngymnastik.

»Bewegung ist das Tor zum Lernen« (P. Dennison)

Das »Brain Gym« ist eine ganzheitliche Methode, die das Lernen intensivieren bzw. Erscheinungen wie Konzentrationsmangel, Lernunlust und Lernstörungen entgegenwirken soll. G. und P. Dennison sind der Ansicht, durch gezielte Bewegungsübungen im Gehirn verborgene und nicht genutzte Potenziale zu aktivieren. Grundlage des Brain Gym ist neben den Beobachtungen G. Goodhearts das Hemisphärenmodell des Gehirns und die seitenverkehrte Steuerung der Körperhälften. Eine mehr oder weniger große Dominanz einer Gehirnhälfte wirkt sich nach Ansicht vieler Vertreter dieser Theorie nachhaltig auf das Lernverhalten aus. Das gilt vor allem für Lernende, die im Moment des Lernens leicht den Kontakt zu einer Gehirnhälfte verlieren (die Gehirnhälfte »schaltet sich ab«). Ziel des Brain Gym ist es, durch die Ausführung von bestimmten Bewegungen und leichten Druckmassagen beide Gehirnhälften zu aktivieren und miteinander zu vernetzen.

Charakteristisch für viele Übungen aus dem Brain-Gym-Programm sind die so genannten Überkreuzbewegungen, da diese nach Ansicht der Kinesiologie optimal dazu geeignet sind, die Gehirnhälften gleichzeitig anzuregen, das Kreuzen der Mittellinie im Gehirn (Corpus callosum) zu erleichtern und so die Grundlage für erfolgreiches Lernen zu schaffen. Die Massagepunkte im Brain Gym sind in der fernöstlichen Kultur seit langem bekannt. Man findet sie im Tai Chi, dem Qi Gong, der chinesischen Akupunktur oder auch im Joga.

Wichtig für alle Lehrenden, die mit Brain Gym arbeiten, ist die Erkenntnis, dass all diese Körperübungen nur eine unterstützende Funktion haben. Das Lernen und Üben muss es nach wie vor geben. Mit Hilfe dieses ergänzenden Programms können positive Rahmenbedingungen geschaffen werden, die neben den angesprochenen Effekten auch für eine Verbesserung der Lernrhythmisierung sorgen.

Wie die Suggestopädie wird auch die Kinesiologie von vielen kritisch betrachtet. Wer sich die Mühe macht, verschiedene Ansätze wie Brain Gym mit der allgemein anerkannten Psychomotorik zu vergleichen, wird sehr schnell Gemeinsamkeiten entdecken.

Literaturempfehlungen

Dennison, G. u. P.: Brain Gym. Lehrerhandbuch. Freiburg 1995.

Dies.: EK für Kinder. Das Handbuch der Edu-Kinestetik für Eltern, Lehrer und Kinder jeden Alters. Freiburg 1995.

Brain Gym: Übungsbeispiele

Die Bilder und Übungen sind entnommen aus: Dennison, P./Dennison, G.: Brain Gym. Verlag für angewandte Kinesiologie, Freiburg 1991.

Überkreuzbewegung
Die Schüler/innen bewegen mit einem entgegengesetzten Drehmoment abwechselnd ihre Arme und das jeweils gegenüberliegende Bein.

Nutzen:
- Gleichzeitige Aktivierung beider Gehirnhälften
- Verbesserung der Rechts-Links-Koordination
- Förderung des Buchstabierens, Schreibens, Zuhörens, Lesens und Verstehens

Liegende Achten
Die Schüler/innen zeichnen – beginnend mit der linken Hand – mit dem hochgestreckten Daumen große liegende Achten in die Luft. Man beginnt in der Mitte gegen den Uhrzeigersinn.

Nutzen:
- Entspannung von Augen, Nacken und Schultern
- Verbesserung von Balance, Koordination, Zentrierung
- Verbesserung der Mechanik des Lesens
- Verbesserung der Merkfähigkeit für Symbole

Wadenpumpe
Die Schüler/innen kreuzen die Fußgelenke und versuchen, im Gleichgewicht zu stehen. Sie beugen sich nach vorne und schwingen mit dem Ein- und Ausatmen die Arme hin und her. Nach einigen Wiederholungen wird die Fußstellung gewechselt.

Nutzen:
- Verbesserung des Gleichgewichts und der Stabilität
- Entspannung der Körperhaltung
- Verbesserung des Leseverstehens und des abstrakten Denkens innerhalb bestimmter Stoffgebiete

Eule
Die Schüler/innen bewegen den Kopf sanft durch das Mittelfeld. Das Kinn ist dabei auf gleichem Niveau. Mit dem Lockern der Muskeln bewegt sich der Kopf immer weiter auf die Seite. Das Zusammendrücken der Schultern mit der Hand hilft, den Nacken zu entspannen. Am Schluss neigt man den Kopf zum Lockern mit dem Ausatmen leicht nach vorne.

Nutzen:
- Stärke und Gleichgewicht der Hals- und Nackenmuskulatur
- Verbesserung des Hörverstehens und Buchstabierens
- Verbesserung mathematischer Kalkulationen

Reflexion

Viele der scheinbar »exotischen« Lernunterstützungen und Methoden, die belächelt oder abgelehnt wurden, haben in den vergangenen Jahren in aller Stille Einzug in die Bildungsstätten gehalten. Herr Lozanov würde sich sicherlich sehr wundern, welche Elemente seiner oft so geschmähten und von Kultusbürokraten verfolgten suggestopädischen Methode unter dem Gesichtspunkt eines ganzheitlichen Lehr- und Lernansatzes heute völlig normal sind. Fantasiereisen, ein wichtiges Element im suggestopädischen Kreislauf, gehören heute zum Repertoire vieler Lehrer/innen und werden im Unterricht mit Erfolg eingesetzt. Lozanovs primäre und sekundäre Aktivierungsphasen ähneln sehr stark Modellen, die als »neue Unterrichtskultur« unter dem Stichwort »Handlungsorientierter Unterricht« angeboten werden. Freiarbeit und Projektunterricht sind Elemente, die jederzeit zu den sekundären Aktivierungen passen.

Kinder, die viel Zeit vor dem Bildschirm verbringen, gehen mittlerweile in Sinnesparks, um die Wahrnehmung mit allen Sinnen wieder bewusst zu trainieren und sich so weitere Lernkanäle zu erschließen. Projekte wie »Bewegte Schule« oder »Bewegungspausen im Unterricht« werden von Lernforschern gefordert, von Kultusbehörden unterstützt bzw. mit Förderprogrammen auf den Weg gebracht und von Lehrer/innen praktiziert.

Dass Lernen und die psychische Entwicklung des Menschen etwas mit Bewegung zu tun haben, wie es im Brain-Gym-Konzept oder in der Psychomotorik vertreten wird, ist für viele Lehrer/innen inzwischen unbestreitbar. Hier hat in den letzten Jahren in den Schulen ein Umdenkungsprozess stattgefunden, der sich allerdings noch nicht durch die ganze Bildungslandschaft zieht und Breitenwirkung erzielt hat.

Woher kamen und kommen trotz all dieser Fakten die Einwände, Widersprüche und Widerstände – mit den dahinter liegenden Ängsten? Das mag zum einen an manchen Begriffen liegen, die missverständlich waren und Unsicherheit erzeugten. (Dann sollte man auch auf sie verzichten und didaktisch angemessenere dafür finden.) Zum anderen liegt es teilweise auch an den Lehrer/innen selbst, denen es zuweilen schwer fällt, sich auf Neuerungen einzulassen, sich umzustellen und sich zu verändern.

Eines sollte man aber nicht übersehen. Die Qualität von Unterricht und der schulischen Erziehung hängt zum einen mit der ethischen Einstellung des Lehrers/der Lehrerin zusammen. Zum anderen brauchen alle Lehrenden ein breites und »ganzheitliches« Handlungsrepertoire, das möglichst vielen Lernenden gerecht wird und ihnen die Hilfen anbietet, die sie für ihren individuellen Lernweg brauchen und verdienen. Genau das ist das elementare Ziel dieser scheinbar »exotischen« Ansätze.

Lorenz Kachler

Lernen mit dem Computer

Wissenswertes

Computer haben inzwischen Einzug in fast alle Lebensbereiche der Menschen gehalten. In den 80er-Jahren hat sich der Computer sehr schnell im industriellen Bereich durchgesetzt. Seit das Betriebssystem Windows in den 90er-Jahren die Vereinfachung der Handhabung von Personalcomputern (PC) vorangetrieben hat, konnten sich immer mehr Menschen mit dem Computer anfreunden. Es ist inzwischen recht einfach geworden, als Normalbürger die neue Technik zu benutzen. Bilder bearbeiten, Briefe und E-Mails schreiben und das Internet nutzen sind in der Industrie nicht mehr wegzudenken und auch in immer mehr Haushalten gang und gäbe. Für viele Schüler ist der Computer zu Hause (zum Spielen?) eine Selbstverständlichkeit – Lehrer/innen aber haben oftmals noch große Bedenken und Vorbehalte, dass der Computer eine Rolle in ihrem Unterricht und in der Schule spielen könnte.

Dabei sind in den letzten Jahren aus der Bildungspolitik eindeutige Zeichen gesetzt worden, die allesamt zeigen, dass reflektierter Einsatz des Computers nicht nur gewünscht ist, sondern verbindlich in den Lehrplänen der allgemein bildenden Schulen gefordert wird. Informatikunterricht, Textverarbeitung, Tabellenkalkulation sind nur einige Begriffe in den Lehrplänen. Schlagworte wie »Schulen ans Netz« im Zusammenhang mit dem Stichwort »Internet« sowie »Multimediaoffensive« hat sicherlich jeder Lehrer schon gehört, gelesen oder diskutiert. (Diese und viele andere Begriffe zum PC sind im Glossar kurz erklärt.)

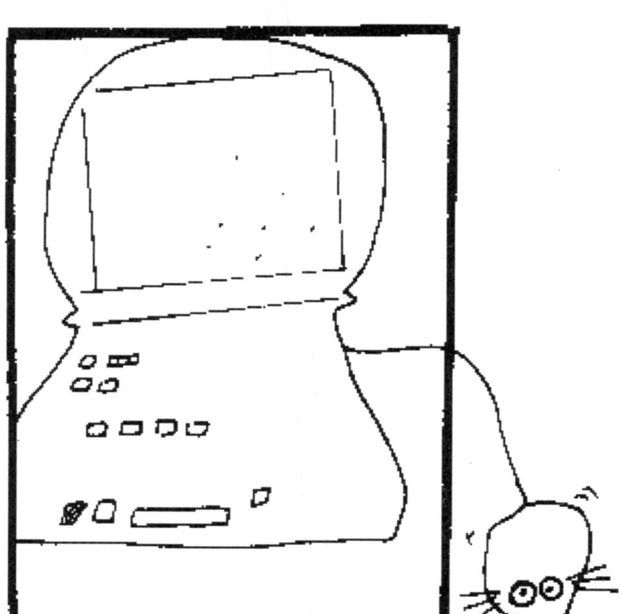

Zunächst aber ein kurzer Blick in die Entwicklungsgeschichte des PC:

- 1889: Der Amerikaner Hermann Hollerith erfindet den »Urcomputer«, eine Lochkartenmaschine.
- 1941: Der deutsche Ingenieur Konrad Zuse nimmt in Berlin den ersten arbeitsfähigen Computer, genannt »Z 3«, in Betrieb.
- Zuerst gab es Röhren, dann Transistoren und jetzt Mikrochips (Millionen von Transistoren in einem Gehäuse, kleiner als eine Streichholzschachtel).
- In den Jahren von 1980–2000 sind so viele Entwicklungsschritte im Bereich der Prozessoren erfolgt, dass hier nur wenige ausgewählte aufgeführt werden können: Pentium, Pentium II , Pentium III sowie AMD und Motorola-Prozessoren.
- Betriebssysteme (1980–2000) sind DOS, Windows 3.1, Windows 95, Windows 98, Windows ME oder Windows 2000.

Literatur und Quellen

Bücher

Feibel, T.: Großer Lernsoftware-Ratgeber. München 2000.

Grabis, B./Kienitz, G.W.: Der Internet-Guide für Schüler. Kempen 2000.

Kienitz, G.W.: Der Internet-Guide für Lehrer. Kempen 2000.

Internetadressen für Lehrer und Schüler

www.dbs.schule.de/
www.lo.san-ev.de/
www.schulweb.de
www.lernsoftware.de/
www.zum.de
www.teachersnews.de/
www.referate.de
www.kindernetz.de
www.blinde-kuh.de
www.kidsweb.de
www.gutenberg.aol.de/maerchen
www.tivi.de

Glossar

- ***Bill Gates:*** Erfinder von Windows. Die Textverarbeitung »Winword« und »Windows« kommen von seiner Firma Microsoft.
- ***Betriebssysteme:*** Software, die dem Computer sagt, wie er ausgestattet ist und wie er funktionieren soll. Windows 95, Windows 98, Windows ME oder Windows 2000, Linux und Mac.
- ***Browser:*** Dient zur Darstellung von WWW-Seiten auf dem Bildschirm. Möglichkeit von Online-Banking, interaktiven Webseiten usw. Die beiden wichtigsten Browser sind der Internet Explorer und Netscape.
- ***Chat, chatten:*** Das offene »Liveplauschen« von Teilnehmern via Internet per Tastatur.
- ***Cyberspace:*** Die »Welt« hinter dem Bildschirm von Computerspielen, also eine virtuelle Welt.
- ***Datenbank:*** Eine Sammlung von Informationen, die man nach verschiedenen Kriterien abfragt.
- ***Datensatz:*** Ein Auszug aus einer Datenbank, z.B. Angaben zu einem Buch (Titel, Autor, Preis).
- ***Digitalkamera:*** Ein Fotoapparat, der das Bild nicht mehr auf Film und Papier, sondern in digitaler Form speichert. Dadurch sind die Bilder schnell und ohne weitere Kosten auf den Computer überspielbar.
- ***E-Mail:*** Brief in elektronischer Form.
- ***Gigabyte:*** Eine Milliarde Byte. In einem Byte kann man einen Buchstaben speichern.
- ***Hardware:*** Alles, was man am Computer anfassen und sehen kann (z.B. Bildschirm, Tastatur, Maus) oder was im Computer versteckt ist (z.B. Festplatte).
- ***Homepage:*** Eine oder mehrere WWW-Seiten im Internet.
- ***HTML:*** Eine Sprache, mit der man Internetseiten gestaltet.
- ***Hyperlink:*** Ein Querverweis von einem Objekt des Internets auf ein anderes, z.B. Seiten, Bilder, Klänge, Filme oder auch Dokumente aus verschiedenen Programmen. Diese werden miteinander »verlinkt«, d. h. verbunden.
- ***Internet:*** Eine riesige Datenquelle mit Millionen von Seiten.
- ***Internet Explorer:*** Ein Browser der Firma Microsoft.
- ***Intranet:*** Ein geschlossenes Netz in Firmen, auf das nur bestimmte Personen zugreifen können.
- ***Mailingliste:*** Ein digitaler Verteiler, der eine ihm als E-Mail zugeschickte Nachricht an alle weiterschickt, die auf der Liste stehen.
- ***Netscape:*** Ein für alle gängigen Betriebssysteme kostenlos erhältlicher Browser.
- ***News-Groups, Usenet:*** Baumartig strukturierte Diskussionsforen, die eine besondere Software für den Zugriff benötigen.
- ***Scanner:*** Ein Gerät zur Digitalisierung von Blättern, Papierfotos und Dias.
- ***Server:*** Ein schneller Rechner, der seine Rechen- und Speicherkapazitäten mehreren Nutzern anbietet.
- ***Software:*** Programme auf Diskette oder Festplatte. Im Gegensatz zur Hardware kann man Software nicht anfassen, sondern nur auf dem Bildschirm sehen, z.B. Textverarbeitung.
- ***Suchmaschine:*** Damit kann man die Millionen von Seiten des Internets schnell nach Stichworten durchsuchen. Ohne Suchmaschinen könnte man sich nicht zurechtfinden. Beispiel: www.fireball.de.
- ***Symbolleiste:*** Eine Leiste eines Programms oder einer Internetseite, die die Programm- oder Seitenfunktion durch Symbole »anklickbar« macht.
- ***URL:*** Eine Adresse, die jedes Objekt im Internet eindeutig identifiziert.
- ***Webcam:*** Eine kleine Videokamera, die man direkt an den PC anschließt und die Videokonferenzen in niedriger Bildqualität ermöglicht.
- ***WWW (World-Wide-Web):*** Das WWW besteht aus Seiten mit Text und anderen Objekten, die mit Hyperlinks miteinander verknüpft sind.

Nachdenkliches

In der Industrie werden seit den 80er-Jahren massiv Computer eingesetzt. Überall in der Freizeit wird man mit dem Computer konfrontiert. Schüler/innen und Lehrer/innen leben in dieser »Computer-Gesellschaft«. Daraus ergeben sich grundlegende Fragen – und Antworten.

Wenn Sie bereits problemlos mit dem Computer arbeiten, dann überblättern Sie einfach diese Seite.

Wenn nicht, dann …

Ihre eigene Einstellung zum PC in der Schule	
Auf der einen Seite Distanz, Skepsis, Bedenken …, weil	*Auf der anderen Seite* Einsicht in die Notwendigkeit …, weil
Reflektion	
☐ Meine Gedanken erstaunen mich nicht ☐ Meine Gedanken erschrecken mich	☐ Meine Gedanken erstaunen mich ☐ Ich muss etwas ändern
Ihre Bilanz	
Vorteile	*Nachteile*
Ihre Entscheidung	
Grundsätzlich: Ich werde	
Ihre einzelnen Schritte	
Ich überwinde Barrieren, indem ich Ich beschaffe mir Informationen Ich nehme Kontakt auf mit Ich suche mir Hilfe von Ich bilde mich fort durch Ich	
Ihre Vorhaben in der Klasse/mit den Schüler/innen	

Was Lehrer/innen wissen müssen: Überblick

Der Mensch!

Hardware

Innen
- Prozessor
- Festplatte
- CD-Laufwerk
- CD-Brenner

Außen
- Tastatur und Maus
- Bildschirm
- Drucker
- Scanner
- Digitalkamera

Einzelcomputer
- Klassenzimmer
- Lehrerzimmer
- Zu Hause

Netzwerk
- Computerraum

Laptop
- Mobiler Einsatz

Internet

Provider
- T-Online
- AOL …

Browser
- Internet Explorer
- Netscape

Homepage
- Präsentation
- Informationen
- Vorbereitung

Unterrichtseinsatz
- Austausch
- Chatten
- E-Mails schreiben

Software

Betriebssystem
- Windows
- Linux
- Mac-OS

Office-Programme
- Textverarbeitung
- Tabellenkalkulation
- Präsentation
- Datenbank

Lehr- und Lernprogramme

Vorbereitung
- Arbeitsblätter
- Folien
- Präsentationen

Unterrichtseinsatz
- Briefe schreiben
- Schreiben üben
- Lebenslauf anfertigen
- Mit Tabellen rechnen
- Arbeitsstationen im Lernzirkel planen
- Präsentieren

Hardware: Wissenswertes

Nicht der PC macht den Unterricht, sondern der/die Lehrer/in zusammen (hoffentlich!) mit den Schülern! Trotzdem ist klar, dass Lehrer/innen einige Informationen brauchen, um einen sinnvollen pädagogisch-didaktischen Einsatz zu reflektieren. Wer nicht weiß, was der Computer kann, kann mit ihm auch nicht planen.

Tastatur und Maus

Die Tastatur des Computers sollte insgesamt nicht das größte Problem beim Computer sein, denn sie ist ähnlich wie eine Schreibmaschine aufgebaut. Die Maus dagegen ist beim ersten Kontakt gewöhnungsbedürftig.

- Handballen fest auf die Maus auflegen und die Maus beim Klicken einklemmen, dann verrutscht der Mauszeiger nicht, was besonders beim Doppelklicken immer wieder passiert.
- Sowohl Mäuse als auch Tastaturen gibt es von immer mehr Herstellern mit Funkverbindung zum Computer. Das Kabelgewirr auf dem Schreibtisch hat ein Ende.
- Inzwischen gibt es auch Mäuse ohne Kugeln, die nicht so leicht verschmutzen und den Mauszeiger nicht mehr zum »Ruckeln« bringen.
- Tastaturen können mit Zusatztasten fürs Internet versehen sein, eine tolle Sache, wenn man viele E-Mails schreibt oder im Internet surft.

Bildschirm

Wer preiswert einkaufen will, nimmt herkömmliche Röhrenbildschirme. Ab ca. 400 DM bekommt man einen 17-Zoll-Bildschirm. Damit kann man sehr gut arbeiten. Neu sind die flachen LCD-Bildschirme. Sie sind aber (noch) um ein Vielfaches teurer. Wichtig: Ein 15-Zoll-Flachbildschirm hat die gleiche Bildschirmgröße wie ein 17-Zoll-Röhrenbildschirm!

Drucker

- Farbdrucker (Tintenstrahler) sind sehr preisgünstig geworden. Das böse Erwachen kommt spätestens beim ersten Nachkaufen von Tintenkartuschen oder Druckköpfen. Unter Umständen kostet das fast genauso viel wie ein neuer Drucker. Beim Kauf von Tintenstrahlern ist deshalb unbedingt darauf zu achten, dass die Tintenfarben einzeln ausgetauscht werden können, sonst muss immer, wenn eine Kartusche leer ist, für drei bezahlt werden. Schlecht ist es, wenn nicht einmal die schwarze Farbe separat als Tintenpatrone vorhanden ist.
- Laserdrucker sind ab 500 DM zu haben, teurer in der Anschaffung, aber günstiger im Verbrauch, Nachteil: Nur Schwarz-weiß-Druck möglich.

Scanner

Scanner gehören schon zur Standardausstattung zu einem Lehrer-PC. Gute Geräte gibt es schon ab 150 DM. Man kann bei der heutigen Qualität eigentlich nichts verkehrt machen, sollte allerdings darauf achten, dass dem Scanner eine Bildbearbeitungssoftware beiliegt.

Digitalkamera

Statt mit dem Scanner können Bilder auch per Digitalkamera in den PC eingelesen werden. Für die Arbeit in der Schule reicht eine einfache Ausführung. Man sollte sich nicht von der Werbung beeinflussen lassen und teure Kameras kaufen. Schließlich möchte man keine Werbebroschüren in Hochglanzausführung erstellen. Technischer Schnickschnack ist für den Unterricht nicht notwendig!

Software: Wissenswertes

Betriebssystem

- Wie an anderer Stelle schon erwähnt, arbeiten die meisten Menschen in unserem Kulturkreis mit Produkten von Microsoft. Im Regelfall befindet sich auf einem Computer das Betriebssystem Windows 95, Windows 98, Windows ME oder Windows 2000. Sie sollten, falls Sie nicht höhere Ziele anstreben, auch nichts anderes benutzen. Wenn Sie zu Windows NT oder LINUX umsteigen, bekommen Sie eventuell Schwierigkeiten und Ärger mit Drucker, Bildschirm, ISDN-Karten, Scannern usw.
- Apple-Computer-Betriebssysteme genießen im grafischen Gewerbe einen hohen Ruf und bieten allgemein eine sehr gute Benutzerfreundlichkeit, sind aber wenig verbreitet. Dadurch kann es Probleme mit dem Austausch von Daten geben.

Textverarbeitung

Es gibt sehr viele hervorragende Textverarbeitungen auf dem Markt. Leider ist durch die Vorherrschaft von Microsoft-Produkten (Office 97, Office 2000) der Umstand eingetreten, dass man sich mit weniger gängigen Produkten wie *Star-Office* oder *Lotus* mehr oder weniger auf einer »Insel« befindet, was man spätestens beim Austausch von Dokumenten und Arbeitsblättern bemerkt. Deshalb muss dazu geraten werden, sich mit *Word 97* oder besser gleich mit *Word 2000* zu befassen. Oftmals ist diese Textverarbeitung auf neu gekauften Computern standardmäßig vorhanden.

➔ Falls Sie diese Software kaufen möchten, verlangen Sie beim Händler eine Schulversion. Sie ist erheblich billiger. Möglicherweise hat Ihr Schulleiter eine Schulversion für die ganze Schule gekauft.

Mit einer gut beherrschten Textverarbeitung kann man Arbeitsblätter von hohem didaktischen Nutzen erstellen, denn die neuen Textverarbeitungen sind so gut, dass fast alles machbar ist, z.B.:

- Texte schreiben,
- Zeitungen herstellen,
- Bilder vom digitalen Fotoapparat oder Scanner holen,
- Grafik bearbeiten,
- Tabellen und Diagrame erstellen.

Präsentationsprogramme

In den letzten Jahren hat sich herausgestellt, dass Programme (wie z.B. Powerpoint im Office-Paket von Microsoft) hervorragend geeignet sind, mit ihnen Unterricht vorzubereiten oder sie im Unterricht einzusetzen. Powerpoint ist ein sehr einfaches Medium zur Darstellung und sollte spätestens ab Klasse 8 auch schon in der Hauptschule eingesetzt werden. Genauso geeignet ist der Mindmanager, den die Schulen inzwischen kostenlos aus dem Internet beziehen können.

➔ Ich habe bereits mit 5. Klassen Planungen für Partys, Ferien etc. in der Hauptschule durchführen lassen. Die Kinder waren begeistert – und lernten in Strukturen zu denken!

- Besuchen Sie die Fortbildungsangebote.
- Fragen Sie den Computerexperten in Ihrer Schule.
- Suchen Sie im Bekanntenkreis nach Hilfe.
- Möglicherweise kommt für Sie ein VHS-Angebot in Frage.

➔ Prinzipiell gilt: Besser ein Programm professionell beherrschen, als mit zehn Programmen unprofessionell hantieren!

Lehr- und Lernprogramme: Überblick

lehren Der Computer spielt Lehrer, z.B. »Fit in Deutsch«	**lernen** Vokabeltrainer, 1 × 1 Trainer	**üben** Bruchrechnen
sich informieren Lexika, z.B. Encarta 2001, Internet	**Arbeitsblätter herstellen** Vorbereitung, Stationen, Schüler	**kontrollieren** Deutsch in der Hauptschule, Oriolus
spielen Tim 7 – Reihe, Addy	**Mit moderner Software kann man …**	**planen** Präsentationen, Abläufe, Powerpoint
hören Aussprache, Musik, Geschichten		**experimentieren** Simulationen in Physik, Biologie, Chemie
anschauen Bilder, Kunstwerke	**gestalten** Texte, Malprogramme	**simulieren** Abläufe, Verdienst, Geschäftssimulationen
Töne speichern Musik, Aussprache	**notieren** in jeder Form	**Projektarbeit durchführen** Projektprüfung, Powerpoint, Terminplaner, Outlook

Lehr- und Lernprogramme

Es gibt inzwischen so viele Programme für alle Fächer (und täglich werden es mehr), dass es unmöglich ist, hier eine Übersicht zu erstellen. Informationen zu aktuellen Programmen findet man in der Literatur (siehe S. 118), in Bildkatalogen, im Internet und in Unterlagen zu Fortbildungen. Wie in den Schaubildern gezeigt wurde, muss beachtet werden, dass es verschiedene Programmkategorien gibt:

- Lernprogramme in der Schule
- Lernwerkunterstützende Software, (z.B. im Fremdsprachenunterricht)
- Software für den Computerraum
- Office-Pakete
- Lernprogramme für Sachfächer
- Software für das Klassenzimmer
- Lernprogramme für zu Hause
- Schreibtrainer (http://www.neuber.com/schreibtrainer/)

Das falsche Programm am falschen Ort ist zu vermeiden

Auf der folgenden Seite werden beispielhaft einige bekannte Programme aufgeführt, die Einsteigern helfen, im Unterricht (Klassenzimmer oder Computerraum) zu arbeiten, oder die auch Empfehlungen für Eltern sein können. Jedoch: Es gibt Tausende von Programmen, die man nur noch schwerlich überschauen kann. Deshalb: Fachleute befragen und dann gekonnt Auswahl treffen!

Weitere Software findet man in

Feibel, T.: Großer Lernsoftware-Ratgeber. Markt und Technik. München 2000.

Internet unter: www.lernsoftware.de

Schulsoftware: Beispiele

Lern-Abenteuer TIM7 ist der Held einer ganz neuen Reihe von Lernprogrammen für Mathe und Deutsch, bei denen der Spaß nie zu kurz kommt! Die Programmreihe ist aber nicht für das Klassenzimmer gedacht, sondern kann als motivierende Ergänzung zu Hause eingesetzt werden. www.klett-verlag.de/heureka/tours/tim7/timdt.htm	Zu Hause einsetzbar.
Multimedia-CD-ROM, Lerngeschichten Fit in Deutsch Im Mittelpunkt steht der so genannte Grundwortschatz. Die Lernwörter des Grundwortschatzes werden in Lernwortgeschichten präsentiert und in spielerisch gestalteten Übungen trainiert. Das Programm erkennt Rechtschreibschwächen und lässt falsche Schreibweisen nicht zu. Ein Sprecher weist auf Besonderheiten und Problemfälle hin. Alle Übungen können als Arbeitsblätter ausgedruckt werden. Der Leistungsstand kann in einem Test überprüft und als »Zeugnis« ausgedruckt werden. www.khsweb.de/	Zu Hause und in der Schule einsetzbar! Läuft auch in Netzwerken, sehr beliebt!
Lern- und Strategieprogramme Die Programme der Firma Schulware zeichnen sich durch hervorragende Übersichtlichkeit aus. Mittels eines einfachen Spieles (4 gewinnt) wird automatisch geübt. Man kann nur dann einen Zug machen, wenn das Ergebnis richtig ist. www.schulware.de	Zu Hause und in der Schule einsetzbar! Läuft auch auf alten Computern.
Übungsprogramme »Fit im Prozentrechnen« Rechnerische Fähigkeiten gehören zu den wichtigsten Schlüsselqualifikationen in der Berufs- und Arbeitswelt. Dies ergab eine Befragung von über 20.000 Bildungsexperten durch das Institut für Arbeitsmarkt- und Berufsforschung der Bundesanstalt für Arbeit. Nach den Grundrechenarten ist die Prozentrechnung dabei ohne Zweifel am wichtigsten. Das Programm ist sehr beliebt und anerkannt. www.khsweb.de/	Zu Hause und in der Schule einsetzbar!
Arbeitsblatt-Generator Für die Hand des Lehrers zur schriftlichen Aufgabenvorbereitung, für den Schüler zum Selbsterstellen von Arbeitsblättern (als Arbeitsstation schon ab der 2. Klasse einsetztbar). In Sekundenschnelle (nicht übertrieben!) erzeugen Sie ein Trainingsblatt. Tausende Variationsmöglichkeiten; Druckvorschau auf dem Bildschirm. www.schulware.de	Zu Hause und in der Schule einsetzbar!
Lernprogramm Dieses Lernprogramm deckt auf 4700 Übungsseiten alle Klassen der Hauptschule ab. Neben Übungen zu Rechtschreibung, Grammatik und Sprachgebrauch werden auch praxisorientiert Themen behandelt, etwa das Verfassen von Bewerbungen und Lebensläufen. In den höheren Klassen erhält die Vorbereitung auf die Berufsausbildung viel Raum. Besonders der Grammatikteil ist auch für Realschüler, Berufsschüler und Gymnasiasten geeignet. www.oriolus.de/	Zu Hause und in der Schule einsetzbar!
Nachschlagewerke »DER BROCKHAUS multimedial 2000 premium« bietet einen Zugang zu einem umfangreichen Wissensangebot. 89.000 Artikel mit mehr als 165.000 Stichwörtern und mehreren Millionen Querverweisen ermöglichen in allen Wissensbereichen einen fundierten Überblick. Aktuellste Texte zu allen relevanten Themen können über den Internetzugriff abgerufen werden. www.brockhaus.de	Zu Hause und in der Schule einsetzbar!

Internet: Wissenswertes

Provider

Falls ein Internetanschluss gelegt werden soll: Es gibt das kostenlose Angebot für Schulen von t-Online! Die Schulleitung oder der Multimediaberater an der Schule sollten Bescheid wissen, ob es noch andere Möglichkeiten (z.B. Belwue) an der Schule gibt. Infos t@school. Für zu Hause können weitere Anbieter interessant sein, beispielsweise AOL.

Browser

Internet Explorer oder Netscape – das ist die Frage. Der Internet Explorer ist in den meisten Fällen bereits auf dem PC eingerichtet. Die Internetverbindung ist recht einfach herzustellen. Ähnlich bequem und auch kostenlos ist der Netscape zu installieren. Hinzu kommt noch, dass ein leicht zu erlernendes Programmteil zum Erstellen von Homepages dabei ist, der Netscape-Composer.

Homepage

Sich präsentieren (auf »Werbeseiten«) – das machen immer mehr Schulen. Sehr oft werden die Seiten nicht nur durch einen Lehrer, sondern durch Schüler/innen gestaltet. Die einzelnen Seiten können von ihnen beispielsweise innerhalb einer AG erstellt werden. Das macht Riesenspaß, besonders, wenn dann noch eine Digitalkamera und ein Scanner angeboten werden. Beispiele gibt es im www.schulweb.de hundertfach.

Beschaffung von Informationen

Das Internet wird von Internetkritikern bisweilen als »riesiger Müllhaufen« bezeichnet. Dem kann man nur bedingt zustimmen. Tatsächlich kommt man aber ohne den Einsatz von »Suchmaschinen« nicht mehr aus. Eine der besten Suchmaschinen ist zurzeit www.google.de: Stichwörter eingeben ... und das Programm bietet dann ganze Listen mit Treffern an. Wichtig ist, dass man die Suchworte gezielt setzt, damit die Suche nicht zu weitläufig wird. Gibt man beispielsweise das Suchwort »Schule« ein, so findet Google etwa 1.460.000 Treffer! Es ist wichtig, gleich mehrere Begriffe einzugeben (Bitte dabei beachten: Leerzeichen zwischen den Begriffen lassen).

Die Informationsbeschaffung sollte nicht nur der Lehrperson möglich sein, sondern mit gezielten Vorgaben auch den Schüler/innen. Freies Bewegen im Internet führt sie unter Umständen zu pornografischen oder anderen unliebsamen Seiten.

Unterrichtsvorbereitung

Durch gezielten Einsatz kann das Internet ein wichtiges Instrument zur Informationsbeschaffung sein – und erspart somit Mühe, sich anderweitig kundig zu machen.

Unterrichtseinsatz

Immer mehr Lehrer/innen bieten Schüler/innen das Internet zur Recherche an. Daten zu Personen und Ländern können gesucht und zu einem Referat in die Textverarbeitung kopiert werden. Wichtig ist, dass die Schüler die Quellen angeben und nicht fertige Referate etwa von www.referate.de einfach herunterladen und kopieren! Das fällt spätestens dann auf, wenn beispielsweise zwei Schüler das gleiche Referat vorweisen. Der Austausch zwischen Schülern, Klassen und Schulen kann inzwischen weltweit ohne Mühe mit E-Mail über das Internet hergestellt werden. In wenigen Sekunden ist der elektronische Brief billig oder sogar kostenlos beim Partner angekommen und kann beantwortet werden. Chatten ist dann die Steigerung. (Ich habe sogar schon mit einer 1. Klasse ein Chatprojekt durchgeführt, was sehr interessant und ein voller Erfolg war.)

➔ Also, es lohnt sich, sogar schon in niederen Klassen anzufangen!

➔ Man muss nicht sofort jeden Computer ans Internet hängen. Allerdings ist er dann kein vollständiges Medium.

Schulen ans Netz

- **www.san-ev.de**
  Die gemeinsame Initiative des Bundesministeriums für Bildung und Forschung (BMBF) und der Deutschen Telekom AG versteht sich als Impulsgeber für die Weiterentwicklung des Schulsystems vor dem Hintergrund der Informationsgesellschaft. Das Ziel ist, die neuen Medien und die Nutzung des Internets im Schulalltag zu verankern. Dazu »... fördert der Verein die Vermittlung von Medienkompetenz bei jungen Menschen, insbesondere das Lehren, Lernen und Urteilen mit den neuen Medien an allgemein und berufsbildenden Schulen«.

- **c't (eine Computerzeitschrift)**
  unterstützt alle Schulen, die einen Zugang zum Internet einrichten wollen oder den Aufbau eines schulinternen Intranet planen, mit einer kostenlosen CD-ROM, die alle notwendigen Programme für ein solches Projekt enthält: www.heise.de/ct/schan.

Einige Tipps aus dem bestehenden Angebot

- **Surfcheck – Teens ans Netz**
  Dies ist die Bezeichnung einer CD-ROM von »Schulen ans Netz e.V.« in Zusammenarbeit mit dem Bundesministerium für Bildung und Forschung. Um auch Mädchen in angemessener Weise an die Möglichkeiten des Internets heranzuführen, wurde mit »Surfcheck« ein Programm entwickelt, das sie als Handelnde in den Mittelpunkt stellt. Weitere Informationen unter http://www.surfcheck-online.de.

- **Ein Beispiel für eine kostenlose Schullizenz** (Baden-Württemberg):
  Die Firma Mindjet GmbH gibt jeder Schule eine Lizenz für ein Programm eMindmaps. Es handelt sich um eine einfachere, speziell für die Schule entwickelte Version des MindManagers, mit dem nach sehr kurzer Einarbeitung Mindmaps am PC erstellt werden können. Lehrer/innen dürfen es auch auf ihrem Computer zu Hause installieren. Jede Schule kann nach Eingabe des Dienststellenschlüssels und einer E-Mail-Adresse das Programm über den Landesbildungsserver beziehen. Weitere Angaben finden Sie unter: www.lfb.lbs.bw.schule.de/mindmap. Oder auch: www.DBS.Schule.de (Deutscher Bildungsserver).

- **Weitere Angebote:** Wettbewerbe, Förderung, Schulen im Netz, SaN Shop und Sponsoren sind weitere Bereiche, die dargestellt werden.

- **Lehrer-Online** wird ebenfalls von Schulen ans Netz e.V. präsentiert und bietet fast alles, was der/die Lehrer/in braucht: Beispielsweise Materialsammlungen für alle Schulfächer. www.lo.san-ev.de/.

Was Lehrer/innen können müssen

Reflexion und Entscheidung

Nach allem, was ich jetzt erfahren habe …

- ☐ bin ich von der Vielfalt geschockt und traue mir gar nichts mehr mit dem Computer zu.
- ☐ denke ich, dass ich es mit Hilfe anderer schaffen könnte, mit dem PC in der Schule einzusteigen.
- ☐ bin ich der Meinung: »Jetzt erst recht! Andere können es doch auch.«
- ☐ kann ich sagen: »Kalter Kaffee. Das weiß ich sowieso!«

Was auch immer Sie angekreuzt haben: Lehrer/innen müssen den Einsatz eines Computers pädagogisch, didaktisch und methodisch sinnvoll – entsprechend der Bildungspläne – planen und durchführen. Zu beachten ist dabei, dass in bestimmten Klassen mit dem Computer gearbeitet werden muss.

Allgemein gilt: Den Computer sollte man nicht überbewerten. Man kann ihn jedoch auch dort, wo er nicht verbindlich für eine Klasse im Bildungsplan steht, einsetzen (gleichsam als Additum) und man sollte sich wirklich auf wenige Programme spezialisieren.

Bestimmte Fähigkeiten müssen erlernt werden:

- **1. Schritt:** Es ist sowohl Hintergrundwissen (siehe die vorhergehenden Abschnitte) als auch praktisches Können notwendig, wie z.B. Speichern, Laden, Disketten mit in die Schule nehmen, Ausdrucken u.Ä. Bei größeren Problemen: Einen Experten (z.B. Multimediaberater) fragen.
- **2. Schritt:** Beginnen Sie bitte langsam und in kleinen Dosierungen, am besten mit der Textverarbeitung. Machen Sie sich mit einer einzigen Textverarbeitung vertraut und erstellen Sie einfache Arbeitsblätter, zunächst ohne Bilder. Später kann man dann die Blätter wieder aufrufen und mit geringem Zeitaufwand verändern.
- **3. Schritt:** Wenn Sie Ihre Textverarbeitung rein textlich beherrschen, dann versuchen Sie, Bilder, die zu Ihrem Programm gehören, in Texte einzufügen. Beginnen Sie erst im nächsten Schritt mit dem Scanner und der Digitalkamera (funktioniert übrigens ähnlich wie ein Scanner).
- **4. Schritt:** Nach einer gewissen Zeit können Sie (nach Einweisung durch den Spezialisten an der Schule) in den Computerraum gehen oder einfach einen PC im Klassenraum einsetzen. Falls das Schulbudget zu gering ist, machen Sie den Eltern Ihrer Schüler/innen oder anderen Externen die Sache schmackhaft. (Ich habe schon oft erlebt, dass Eltern oder Firmen Computer spenden. Minimalausstattung: Pentium-Prozessor und CD-Laufwerk, dazu ein Drucker.)

➔ Alles, was Sie selbst lernen, können Sie dann auch Ihren Schüler/innen im Unterricht vermitteln.

➔ Keine Angst: Sie können auch von Ihren Schüler/innen lernen!

Computereinsatz im Unterricht

Didaktische Möglichkeiten

Fächerverbindender Unterricht	Einzelarbeit	Lernzirkel
Spielphasen	Partnerarbeit	Projektarbeit
spontaner Einsatz	Gruppenarbeit	Freiarbeit
vielfältige Informationen	Klassenverband	Lernzielkontrolle

- Ständige Computerecke,
- Bildschirme nicht Richtung Fenster stellen (Reflexionen)
- Computer immer eingeschaltet, lassen

Betrachten Sie den Computer als Lernangebot, etwa wie eine Bücherecke – ständig zur Verfügung (z.B.):

- Druck bereit für …
- Textverarbeitung
- Mathe- und Deutschprogramm
- Nachschlagwerk im CD-Fach

Klassenraum

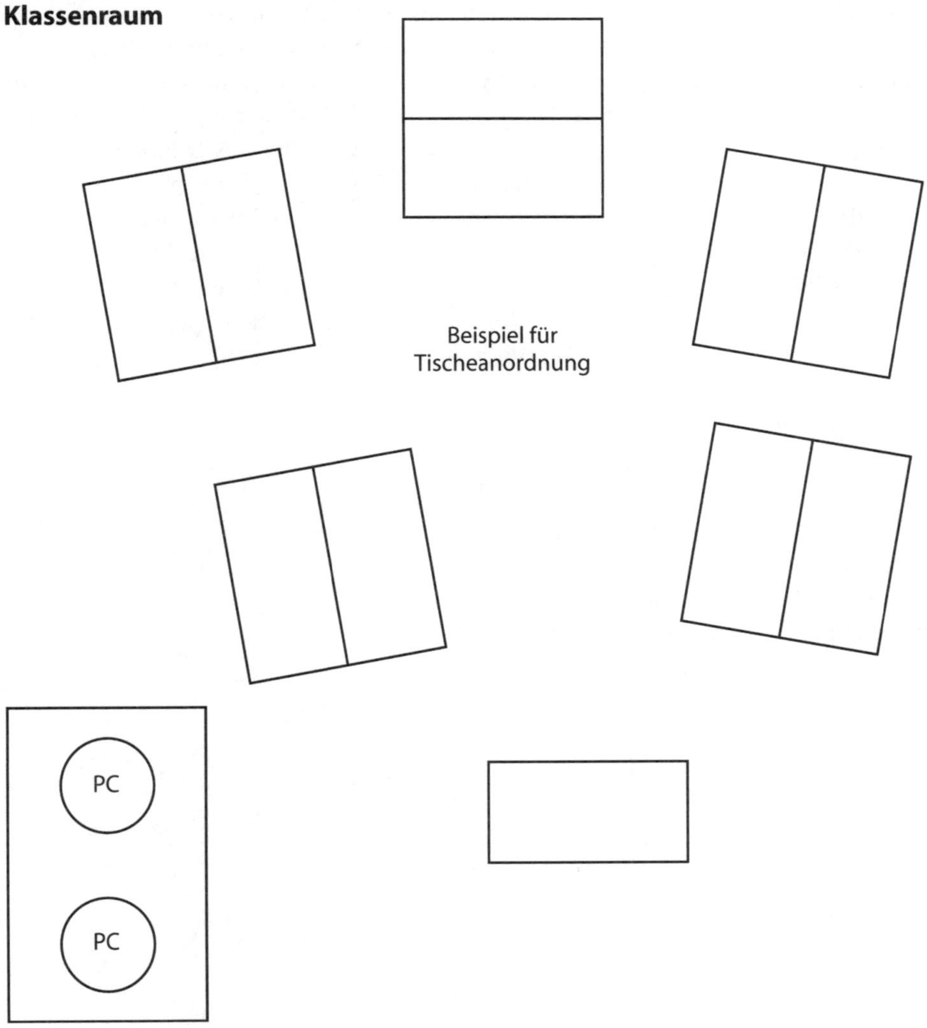

Was Schüler/innen lernen, wissen, können müssen

Zunächst sind die Bildungspläne zu beachten. Dort findet man, was Schüler/innen können müssen. Textverarbeitung und Tabellenkalkulation sind meist die wesentlichen Inhalte. In der Realschule und im Gymnasium sind die Inhalte entsprechend schwieriger.

Grundschule und Orientierungsstufe

Längst wird auch vom Einsatz des Computers in der Grundschule gesprochen. In manchen Bundesländern sind bereits Angaben in den Lehrplänen zu finden, in anderen ist der Einsatz (noch) freiwillig. Es ist nur eine Frage der Zeit, bis der Computer zur Normalität auch in den Grundschulen geworden ist – und der Umgang mit ihm gehört dann zu den Kulturtechniken wie Lesen, Rechnen und Schreiben.

Am wichtigsten sind:
- Kennen der Buchstabenanordnung,
- Groß- und Kleinschreibung,
- Löschen, Verschieben und Einfügen von Textteilen,
- Kennenlernen des Tabulators,
- Umgang mit Sonderzeichen, wie z.B. @ (Alt Gr + Q).

Diese Fertigkeiten kann man mit der einfachsten Textverarbeitung üben. Texte oder Arbeitsblätter ausdrucken lassen und Texte oder Arbeitsblätter am Bildschirm bearbeiten sind dann weitere Schritte.

Hauptschule, Realschule, Gesamtschule, Gymnasium

Die Weiterführung des Gelernten besteht in der Arbeit am Computer wie Speichern, Laden, Tippen mit zwei oder mehreren Fingern. In den oberen Klassen werden dann Datenbanken verstärkt behandelt. Fächerübergreifendes Arbeiten und das Zusammenstellen von Informationen bilden dabei Schwerpunkte.

Berufliche Schulen

Richtlinien der Arbeit mit dem Computer sind hier die Erfordernisse, die von den Betrieben aus Wirtschaft und Industrie kommen.

Abschließende Grundgedanken

Für Lehrer/innen ist das Wichtigste, die Schüler/innen anzuleiten, vernünftig mit dem PC zu arbeiten. Das Bewusstsein, mit dem Computer effektiver arbeiten und planen zu können als ohne ihn, zu kommunizieren und nicht nur zu spielen, muss geschärft werden. Der sinnvolle, verantwortliche und bewusste Umgang mit dem Internet muss erlernt werden. Kontrollprogramme zum Schutz Jugendlicher vor Pornografie oder Rechtsradikalismus im Internet sind unbedingt notwendig – auch wenn sie keinen absoluten Schutz bieten und immer wieder umgangen werden können.

Teamarbeit mit dem PC, sich präsentieren mit Programmen wie »Powerpoint« sollten eine immer größere Rolle spielen. Die Industrie fordert Teamarbeit und Darstellen von Sachverhalten als Schlüsselqualifikationen. Da der Einsatz von und der Umgang mit Computern in unserer Gesellschaft inzwischen zur Selbstverständlichkeit geworden ist, haben Lehrer/innen sowohl den Bildungsauftrag als auch eine moralische Verpflichtung, Jugendliche für das Leben (u.a. auch) mit dem Computer vorzubereiten.

Reinhold Miller

Selbstorganisation und Zeitmanagement

Wissenswertes

Lernen muss organisiert werden und braucht Zeit: Wann wird was auf welche Weise wie lange gelernt? Selbstorganisation und Zeitmanagement gehören deshalb zusammen und sind wichtige Faktoren in Lernprozessen:

- Lernen und Arbeiten: geordnet, geplant, strukturiert, zeitlich eingeteilt …
- Lernen und Arbeiten: nicht geordnet, spontan, zeitlich flexibel, »chaotisch« …

Zwei Richtungen, zwei Erfahrungen sind es, die uns von Kindheit an geprägt haben:

Die eine Richtung:	Die andere Richtung:
Ordnung	**Unordnung**
• Kontrolle: aufgeräumtes Zimmer, ordentlicher Schulranzen …	• Freiheit: In meinem Zimmer konnte ich selbst bestimmen …
• Unordentlichkeit wurde bestraft.	• Unordentlichkeit war kein Thema.
• »Wie dein Schreibtisch wieder aussieht!«	• Mein Schreibtisch gehörte mir und ging andere nichts an.
• »Immer lässt du alles liegen!«	• Meine Eltern waren selbst »Ordnungschaoten.«
usw.	
Zeitdruck	**Zeiträume**
• »Komm, beeil dich!«	• »Lass dir ruhig Zeit!«
• »Auf, auf, die Zeit drängt!«	• »Ich kann warten.«
• »Sei nicht so langsam!«	• »Immer mit der Ruhe.«
• »Du Langweiler, du Schnecke …!«	• »Es eilt nicht.«
• »Bist du immer noch nicht fertig?«	• »Ich habe Zeit für dich.«
usw.	

Organisation als geplantes Gestalten und die Zeit hängen eng zusammen. Im so genannten »Entscheidungsquadrat« wird dies durch die vier Fragen besonders deutlich. Gewichtung und Reihenfolge müssen geplant und entschieden werden:

Was ist notwendig?

Was ist dringend? | **Was ist nicht dringend?**

Was ist nicht notwendig?

Die Schule hat ein sehr enges Zeitkorsett (Stichwort: Stundenplan!). Lehrer/innen und Schüler/innen brauchen Regeln und Ordnung für ihr Zusammenleben. Wir sie ihren Schulalltag organisieren und wie sie mit ihrer Zeit umgehen, das geht sie alle etwas an und bleibt nicht im Belieben der Einzelnen. Der »gute« Umgang mit Ordnung und Zeit hat letzten Endes auch damit etwas zu tun, wie respekt- und rücksichtsvoll sie miteinander umgehen, welche Ziele sie haben und was sie – als Lehrende und Lernende – miteinander erreichen wollen: Selbstorganisation und Zeitmanagement nicht (nur) als »Technik«, sondern auch als Ausdruck gegenseitiger Wertschätzung.

Literaturempfehlung

Miller, R.: Fit for … Gesundbleiben in der Schule. Heft 3: Für sich selber sorgen. Seelze 2000 (7. Kap.: Zeiträume schaffen, sich Zeit nehmen. S. 54ff.).

Zeit-Klärung

Wenn Sie Näheres über Ihr Zeitverhalten wissen wollen, so erstellen Sie ein Zeitprofil: keine Zeit haben, Zeit haben …

	4	3	2	1	2	3	4	
Ich habe kaum Zeit								Ich habe viel Zeit
Ich bin ziemlich ungeduldig								Ich bin geduldig
Ich spreche sehr schnell								Ich spreche langsam
Ich fühle mich gehetzt								Ich fühle mich entspannt
Mein Wahlspruch: Tempo								Mein Wahlspruch: Ruhe
Ich schaue oft auf die Uhr								Ich blicke kaum auf die Uhr
Ich esse sehr rasch								Ich esse langsam
Ich kann schlecht zuhören								Ich kann gut zuhören
Ich stehe unter Druck								Ich lasse mich treiben
Ich darf nichts verpassen								Es geht auch ohne mich
Mir pressiert es immer								Eile mit Weile
Noch schnell vor dem Unterricht dies und das …								Ich habe mir alles zeitlich gut eingeteilt
Oder ________________								Oder ________________

Bitte verbinden Sie nun die einzelnen Ziffern vertikal miteinander. Sie erhalten so ein »Zeit-Typ-Profil«. Tendiert die Gesamtlinie nach links, so haben Sie eher ein Problem mit der Zeit, wenn nach rechts, dann können Sie mit der Zeit angemessen umgehen.

Ihr Ergebnis/Ihre Erkenntnis: ____

Ihre Konsequenzen: ____

Sehen Ihre Kolleg/innen, Bekannte, Freunde Ihr Zeitverhalten auch so? ________________

Zeit-Reflexion

Welcher Zeittyp sind Sie?

Typ	*Begründung/Beispiele*
Zeithaber	______________________________
Zeitplaner	______________________________
Zeitnehmer	______________________________
Zeitchaot	______________________________
Zeitstehler	______________________________
Zeitkünstler	______________________________
Zeitsparer	______________________________
Zeit_____	______________________________

→ Bilanz: Ich schätze mich als Zeittyp folgendermaßen ein: ______________________

→ Mein Gewinn: ______________________________

→ Mein Verlust: ______________________________

→ Ich werde ändern: ______________________________

Ihre Zeitsätze im Unterricht

So:	Lass dir Zeit! Nur keine Hektik. Alles braucht seine Zeit. Es eilt nicht. Wir haben Zeit. Du, ich hab Zeit	*Oder so:*	Auf, auf, mach schon! Das geht mir alles zu langsam. Du kannst das auch schneller. Tempo, Tempo: Seid keine Langweiler! Wir haben nicht viel Zeit. Stehl mir nicht meine Zeit.

Was ist lernförderlich, was lernhemmend?

Ihre Änderungen: ______________________________

Fazit

- ☐ Zeit ist für mich kostbar. Ich gehe sehr bewusst mit ihr um.
- ☐ Ich fühle mich eigentlich immer in Zeitnot.
- ☐ Mir ist, als ob mich immer jemand bedrängen würde.

»Ordnung« oder »Chaos«

Wenn Sie Näheres über Ihr Verhalten von »Ordnung« und »Chaos« wissen wollen, so erstellen Sie ein »Organisations-Ordnungs-Profil«:

	4	3	2	1	2	3	4	
Ich plane alles sehr genau								Planen engt mich ein
Mein Schreibtisch ist immer aufgeräumt								Mein Schreibtisch ähnelt einer Müllhalde
Ich hasse Unordnung								Ich hasse Ordnung
Ohne Organisation geht nichts								Organisation schränkt ein und raubt die Spontaneität
Ich lege gerne Ordner an								Ordner sind wie Friedhöfe
Ich bin ein Freund von Listen und Tabellen								Das Leben kann man nicht tabellisieren
Mein Unterricht ist sorgfältig geplant								»Ex Ärmelo« ist mir viel lieber
Unvorhergesehenes bringt mich durcheinander								Unvorhergesehenes fordert mich geradezu heraus
Mein Kleiderschrank: Mustergültig!								Mein Kleiderschrank: Wer sucht, der findet!
Mein Satz: Ordnung ist das halbe Leben								Mein Satz: Unordnung ist Ausdruck von Kreativität
Aus meiner Kindheit: Ordnung und Disziplin								Aus meiner Kindheit: Unordnung und Chaos
Oder ________________								Oder ________________

Bitte verbinden Sie nun die einzelnen Ziffern vertikal miteinander. Sie erhalten so ein »Ordnungsprofil«. Tendiert die Gesamtlinie nach rechts, so haben Sie Probleme mit der Ordnung und Organisation – sind dafür aber großzügig und für Freiräume. Tendiert die Linie nach links, so ist Ihnen Ordnung und Organisation sehr wichtig – dafür aber fehlt Ihnen die »Chaosmentalität«.

Ihr Ergebnis, Ihre Erkenntnis: ____

Ihre Konsequenzen: ____

Sehen Ihre Kolleg/innen, Bekannte, Freunde Ihre Einstellungen, Ihr Verhalten auch so?

Ordnungs-/Chaos-Reflexion

»Ordnung« bedeutet für die einen …	**und für die anderen …**
Sicherheit haben	eingeengt sein
den Überblick behalten	Zwang
Verpflichtung	Spontaneitätsverlust
Verantwortung	Kontrolle

Und für Sie? ____

»Chaos« bedeutet für die einen	**und für die anderen**
Unsicherheit	Freiheit
Verlust von Geborgenheit	Raum für Kreativität
Schlamperei	Großzügigkeit
Verantwortungslosigkeit	Loslassenkönnen

Und für Sie? ____

»Ordnung« und planerisches Gestalten, »Unordnung« und »Chaos« sind Bewertungen von Menschen. (Deshalb schreibe ich diese Begriffe in Anführungszeichen.) Sie haben verschiedene Vorstellungen davon, was »Ordnung« und was »Chaos« ist. Wie auch immer: Maßstab dafür, wann »Ordnung« und wann »Chaos« angebracht ist, sind jeweils die Personen, die Funktionen, die Ziele und der Kontext. Auf die Schule bezogen, kann das z.B. heißen:

Auf der einen Seite	**auf der anderen Seite**
Ordnung und Rücksicht	Freiheit und Selbstbehauptung
Anstrengung	Entspannung
Vorgaben	Spontaneität, Kreativität
Rahmenbedingungen	Freiräume

Es geht um eine »dynamische Balance« zwischen beiden Polen, zwischen denen Lernen und Lernförderung stattfinden, vergleichbar mit zwei kommunizierenden Röhren: Mal hat die eine Seite, mal die andere »Übergewicht«:

planen	laufen lassen
sich etwas vornehmen	in den Tag hinein leben
etwas durchziehen	locker lassen
sich anstrengen	passiv sein
ein Ziel erreichen	ziellos sein
innerhalb eines Zeitrahmens lernen	ohne Zeitrahmen lernen
Anforderungen erfüllen	sich von Anforderungen lösen

Eine Schule, die das Lernen der Schüler/innen fördern will, braucht Lehrer/innen auf beiden Seiten: die Ordnungsliebenden und die Genauen, die »Chaoten« und die Großzügigen, die Beharrenden und die Fortschreitenden … Beide Seiten haben ihre Stärken und Schwächen.

In der Zusammenarbeit sind zwei Haltungen förderlich:

- Akzeptanz beider Seiten, anstatt die »Verteufelung« der Gegenseite (»Unmöglich, wie der/die …)
- angemessenes Handeln, anstatt Verantwortungslosigkeit (»Ich bin halt mal so …«)

Organisation: Planung und Pläne

Es geht nicht ohne Pläne und ohne Planen, ohne Schulorganisation

Bildungs- und Lehrpläne
Stundenpläne
Wochenpläne
Jahresplanung
Stoffverteilungspläne
Unterrichtsplanung
u.a.m.

Planung von Klassenarbeiten
Planung von Elternabenden
Planung von Klassenfahrten
Planung von Konferenzen
Organisation von Festen
Organisation von Exkursionen

Das Lernen und Lehren planen

Überlegen Sie bitte zu Beginn eines Schuljahres, eines Quartals, einer Woche ..., was für Sie persönlich von Bedeutung ist:

Was ich planen muss	**Was ich offen lassen kann**

»Ordnungsliebende« und »Chaoten« auf dem Weg zueinander! (= Was in der Schule geplant, geordnet, gut organisiert werden muss – Was im Belieben der Einzelnen bleiben kann)

Aufgabe

Überlegen Sie bitte gemeinsam – unter dem Gesichtspunkt förderlichen und effektiven Lehrens und Lernens

So viel Planung wie nötig	**So viel Freiräume wie möglich**

Unter dem Aspekt »Selbstorganisation« und »Zeitmanagement«: Was ist für Sie in Ihrer Schule förderlich, was (noch) hemmend?

	Selbstorganisation	**Zeitmanagement**
Förderlich:		
Hemmend:		

Aufgaben

Bitte beantworten Sie für sich folgende Fragen:

Welcher Zeittyp bin ich? ______________________

Welcher (Un-)Ordnungstyp bin ich? ______________________

(Bitte stehen Sie zu Ihrem Typ und Ihren Gepflogenheiten – vorausgesetzt, es geht Ihnen dabei physisch und psychisch gut. Wir profitieren alle von unseren Verschiedenheiten und vom »Wechselspiel« unserer Stärken und Schwächen.)

In welchen Lehr-/Lernsituationen ist Ihr »typisches« Verhalten förderlich, in welchen blockierend?

Förderlich

____
____
____

Blockierend

____
____
____

Weil es funktional wichtig ist, werde ich Folgendes ändern:

Selbstorganisation

____
____
____

Zeitmanagement

____
____
____

Bitte wägen Sie ab und entscheiden Sie sich:

Zeitmanagement

Einerseits	*Andererseits*
Ich habe, nehme mir viel Zeit.	Ich bekomme nicht alles mit.
Ich bleibe gelassen.	Ich wirke manchmal teilnahmslos.
Ich fühle mich nicht gedrängt.	Ich erledige weniger.
Ich stehe nicht unter »Starkstrom«.	Ich erfülle nicht alle Erwartungen.
Ich bin nicht für alles zuständig.	Ich werde/bin nicht gefragt.
Ich ______________________	Ich ______________________

Selbstorganisation

Einerseits	*Andererseits*
Ich plane alles sehr genau.	Dafür verpasse ich manches.
Ich habe alles im Griff.	Das kostet mich oft große Anstrengung.
Organisation ist funktional notwendig.	Kreativität kommt bei mir zu kurz.
Planung gibt mir Sicherheit.	Planung verstellt mir andere Sichtweisen.
Ich muss wissen, woran ich bin.	Ich verbaue mir neue Chancen.
Ich kann nicht einfach so in denTag hinein leben.	Es fällt mir schwer loszulassen.

Mein Lern-/Arbeitsplatz

Empfehlungen, wie Schüler/innen ihren Lernplatz lernfreundlich gestalten können (vorausgesetzt, sie haben zu Hause einen):

	Empfehlungen, Tipps	Ergänzungen
Schreibtisch	Räume ihn so auf, dass du Platz hast zum Lernen. Baue dir einen »Lernberg« auf: Alles, was du brauchst (Bücher, Hefte), liegt links von dir; was du erledigt hast, kommt nach rechts.	Dazu, als Muntermacher: Bilder, Poster, ein Stofftier … Erfolgserlebnis: Dein »Lernberg« wird sichtbar kleiner.
Stuhl	Du sollst bequem auf ihm sitzen können. Achte auf Sitzhöhe und Lehne. Er soll nicht knarren. Das lenkt ab.	Zur Abwechslung: Mal auf dem Boden sitzen, mal stehen, mal gehen.
Lampe	Helles Licht, aber nicht zu grell. Das Licht soll von links kommen (wenn du Rechtshänder bist) wegen des Schattens.	Bei Linkshändern ist es genau umgekehrt.
Materialien	Schreibzeug und Ähnliches griffbereit haben!	Langes Suchen stört und kostet Zeit.
Ordnung	Überlege, wie dein Schreibtisch aussehen soll, damit du konzentriert lernen kannst! Nichts soll dich ablenken!	Wenn du Unordnung magst: in Ordnung! Aber nicht auf dem Schreibtisch!
Zimmer	Während der Lernzeit soll dich möglichst wenig ablenken. Deshalb: Alles in dein Blickfeld, was dein Lernen angenehm macht.	Alles hinter deinen Rücken, was dich ablenken könnte.
Belohnung	Belohne dich zwischendurch: Kurze Pausen, Musik, etwas Süßes …	Von allem aber nur wenig.

Zeitplan und Arbeitstipps

Wofür ich meine Zeit verwende (in Minuten)								
	Mo	Di	Mi	Do	Fr	Sa	So	Ø
Schulweg								
Schule/Unterricht								
Hausaufgaben								
Lesen								
Fernsehen								
Computertätigkeit								
Essen								
Schlafen								
Hygiene								
Kino/Disko								
Freund/innen								
Hobby/Sport								
Klub/Verein								
Familie/Haushalt								
Sonstiges								

Beobachte und notiere die Zeit, trage ein, vergleiche mit anderen …

- Bist du zufrieden?
- Möchtest du was ändern?
- Musst du was ändern?

Tipps für dein häusliches Arbeiten

- Gewöhne dich an feste Arbeitszeiten. Warte nicht zu lange, bis die Lust zum Arbeiten kommt. (Es soll Leute geben, die immer noch warten!)
- Stelle einen Zeitplan auf: Versuche, dich an den Zeitplan zu halten, und beschummle dich nicht. Wenn du dich an den Plan gehalten hast, dann belohne dich. Wenn es dir nicht gelungen ist, so notiere die Gründe und überlege dir Änderungen.
- Mute dir nicht zu viel zu: Stelle deinen Lernplan so auf, dass du ihn auch einhalten kannst. Finde heraus, wie lange du arbeiten kannst – und wann du wieder Pausen brauchst.
- Lass genügend Platz für Unvorhergesehenes: Telefonate, Besuche, Unlust, Mithilfe im Haushalt, Fernsehen …
- Plane sinnvoll: Dein Plan soll mit deinem Alltag und deinen Gewohnheiten übereinstimmen: bist du ein Langschläfer, ein »Nachtmensch«? Erledigst du etwas gleich, später … oder viel später …?
- Denke daran: arbeiten – Pausen machen/sich erholen – essen/trinken – wieder arbeiten – Abwechslung suchen …
- Und schließlich: Du bist für dein Lernen/Arbeiten selbst verantwortlich!

Arbeitsstörungen und Abhilfen

Manchmal wirst du beim Lernen/Arbeiten gestört. Was du gegen die Störungen tun kannst:

Störungen	Tipps	Deine eigenen Ideen
Ich teile mein Zimmer mit …	Suche dir eine »Nische«: Ecke, Dachboden …	
Mein Schreibtisch ist die reine Müllhalde	Entscheide dich: So lassen oder ihn entrümpeln	
Immer will jemand was von mir	Schild vor die Türe: Bitte nicht stören!	
Meine Geschwister lassen mich nicht in Ruhe	Zimmer abschließen! Schild vor die Tür!	
Dauernd klingelt das Telefon	Kissen drauflegen, Klingel abstellen	
Lärm draußen!	Kopfhörer aufsetzen, Zimmer wechseln	
Fernsehen lockt	Lass dich verführen! Oder: Stecker raus!	
Freund/innen stehen vor der Tür	Abmachungen treffen, was jetzt wichtiger ist	
Ich kapier überhaupt nichts mehr	Pause machen, jemanden fragen	
Habe absolut keinen Bock mehr zum Lernen	Pause machen, dranbleiben	
Immer denke ich an …	anrufen, e-mailen, Brief schreiben	
Ich kann mich nicht mehr konzentrieren	Pause machen, Sport, Bewegung …	
Am liebsten möchte ich jetzt	Tu's – kurz! – und dann weiter …	
Oder:		

Bitte denke daran: Die Störungen kannst du nur beseitigen bzw. lernen, mit ihnen umzugehen, wenn du das auch wirklich selbst willst!

Wolfgang Amler

Entspannung und Bewegung

Rhythmisierung des Lernens: Grundsätzliches

Rhythmisierung des Lernens bedeutet eine Abwechslung von Anspannung und Entspannung, von Bewegung und Ruhe: Weil wir für Bewegungen Energien verbrauchen, benötigen wir auch wieder Ruhepausen zu deren Aufbau. Weil wir beim Tätigsein unsere Muskeln brauchen und sie anspannen, brauchen wir auch wieder Zeiten der Entspannung. Gesundheits- und lernförderlich ist also eine »dynamische Balance« zwischen den Polen der Anspannung und Entspannung (wenn hohe Anspannung, dann auch wieder völlige Entspannung):

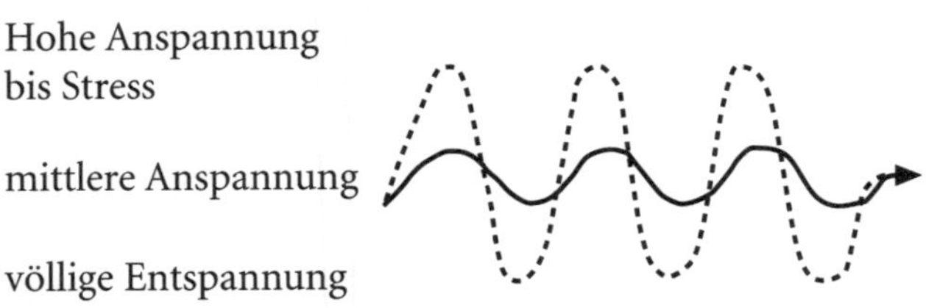

Wem es gelingt, sein Leben so zu gestalten, »dass sein Verhalten im Sinne einer Art natürlichem Rhythmus Polaritäten erfasst und zwischen ihnen – einem Pendel gleich – hin und her schwingt« (Janalik/Treutlein 1994), der bleibt gesund und erhält seine Leistungsbereitschaft und -fähigkeit bezüglich einer Optimierung des Lernens.

Wer Konzentration und Anspannung erlebt, braucht auch wieder Entspannung, Loslassen und Ruhe. Lehrer/innen, die die Grundregeln einer sinnvollen Rhythmisierung des Lehrens und Lernens übersehen, werden bei sich selbst und den Schüler/innen schädigende Reaktionen erfahren.

Spielende Kinder im Vorschulalter reagieren noch instinktiv richtig; sie setzen bei Belastungen ganz alleine die richtigen Ruhepausen und suchen sich abwechslungsreiche Reize aus der Umwelt. Leider verlieren Kinder und Jugendliche mit zunehmender schulischer Sozialisation mehr und mehr diese natürliche Fähigkeit. Auch heute noch erzieht die Schule mit wachsendem Bildungsanspruch zum Stillsitzen und zur Bewegungslosigkeit in informationsträchtigen und wenig handlungsorientierten Unterrichtsstunden. Die Abwehrreaktionen von Schüler/innen werden als Störungen wahrgenommen. Eine gute Rhythmisierung des Lehrens und Lernens beugt derartigen Entwicklungen vor, verbessert die Lernergebnisse und vermittelt Schüler/innen eine wichtige Planungskompetenz für ihr eigenes Handeln.

Gut rhythmisierter Unterricht heißt

- Wechsel von aktiven und passiven Lernphasen mit dem Ziel größtmöglicher Teilnehmerorientierung. (Beide Lernphasen sind gleichbedeutend. Auf der einen Seite ist aktiv erworbenes Wissen leichter reproduzierbar als passiv erworbenes. Auf der anderen Seite werden Informationen beim passiven Lernen schneller aufgenommen.)
- Phasen der körperlichen »Unbeweglichkeit« werden abgelöst durch Phasen körperlicher Bewegung.
- Phasen der Konzentration wechseln ab mit Phasen der Entspannung.
- Rezeptive Phasen werden durch aktive, handlungsorientierte Phasen abgelöst.

Literaturempfehlung

Janalik, H./Treutlein, G.: Gesundheit durch Bewegung und Sport? In: Kontakte. Bd. 14: Gesunde Lebensführung – Gesundheitserziehung. Heidelberg 1994, S. 62.

Klippert, H.: Methodentraining. Weinheim und Basel [11]2001.

Ott, E. u.a.: Thema Lernen. Stuttgart 1994.

Elemente der Rhythmisierung

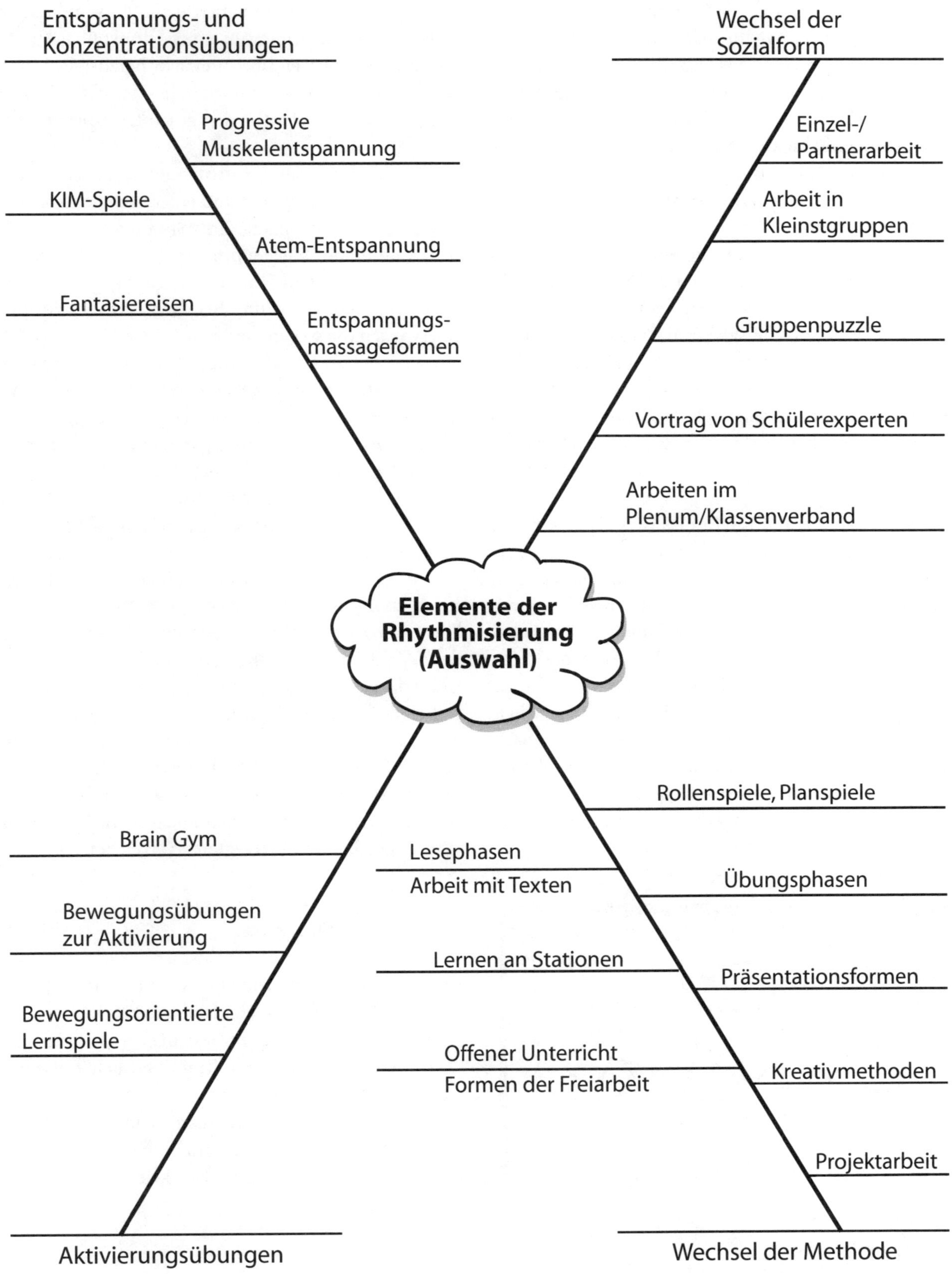

Entspannung: Grundlagen

Die Bedeutung von Übungen und Strategien zur Entspannung und zur Stressbewältigung für unser Leben wird augenscheinlich, wenn man sich die Lebenswirklichkeit vieler Menschen ansieht: Termindruck, Hetze, Leistungsanforderungen und Reizüberflutung dominieren ihr tägliches Leben. Das ist bei Kindern und Jugendlichen heute nichts anders als bei Erwachsenen. Die Folgen sind Nervosität, Ängste, Konzentrationsschwächen bis hin zu psychosomatischen Beschwerden und Erkrankungen.

Viele Kinder und Jugendliche erleben die Schule als große Belastung, sind fast durchgehend gestresst, ihr Nerven- und Stoffwechselsystem gerät durcheinander. Das alles ließe sich u.a. ausgleichen durch entsprechende Bewegung und Ruhephasen. Leider nehmen sich Jugendliche wie Erwachsene in den seltensten Fällen die Zeit dazu, die zur ausreichenden Erholung und zum Ausgleich des Stoffwechsels notwendig wäre. Hier können Entspannungsübungen einen wichtigen Beitrag leisten.

Im Sinne einer guten Rhythmisierung ist es sinnvoll und nützlich, neben den sehr aktiven auch passive, entspannende Phasen gezielt einzubeziehen. Das kann in unterschiedlicher Weise geschehen, zum Beispiel durch mentale Formen, die helfen, Situationen anders wahrzunehmen und einzuschätzen. Durch mehrfaches mentales »Vorwegerleben« von Klassen- oder Prüfungssituationen kann der bedrohliche Charakter entscheidend vermindert werden. Körperorientierte Übungen wiederum helfen, einen Zustand der mittleren Spannung zu erreichen und zu halten. Bewusste Atemregulation bewirkt, auch in hektischen Situationen den »langen Atem« zu bewahren.

Insgesamt tragen regelmäßig durchgeführte Entspannungsübungen dazu bei, einen Zustand größerer Gelassenheit zu erreichen, einen sinnvollen Ausgleich zu Belastungsphasen im Unterricht herzustellen, immer wieder körperliches und seelisches Wohlgefühl zu erzeugen und sensibler für den gesamten Körper zu werden.

Bei den Entspannungszuständen unterscheidet man zwischen einer normalen und einer Tiefenentspannung. Zustände einer normalen Entspannung (»Alphazustände«) sind dadurch gekennzeichnet, dass die Person, die sich entspannt, dem Verlauf der Übung innerlich ruhig und gelöst folgen kann. Bei Gehirnwellenmessungen überwiegen die so genannten »Alphawellen« (7–14 Zyklen pro Sekunde). Zustände der Tiefenentspannung (Thetazustände) sind gekennzeichnet durch ein Wegsinken des Wachbewusstseins. Dabei können die Inhalte der Entspannungsübung gar nicht oder nur bruchstückartig erinnert werden. Das Zeitgefühl geht verloren. Es überwiegen die Thetawellen (4–7 Zyklen pro Sekunde). Diesen Zustand erreicht man auch bei tiefer Meditation.

Im schulischen Bereich werden durch Entspannungsübungen in der Regel Alphazustände erreicht. Die Grenzen zur Tiefenentspannung sind jedoch fließend. Welche Entspannungszustände letztlich bewirkt werden, ist abhängig von der Art der Übungen, vom zeitlichen Rahmen, der Auswahl der Begleitmusik und von den einzelnen Personen. Wer Entspannungsübungen anbieten und durchführen will, sollte sich deshalb mit den Zugängen und der Methodik auseinandersetzen, um verantwortlich zu handeln und um positive Wirkungen bei den Beteiligten zu erreichen.

Literaturempfehlungen

Knörzer, W.: Ganzheitliche Gesundheitsbildung in Theorie und Praxis. Heidelberg 1994.

Kretschmann, R. (Hrsg.): Stressmanagement für Lehrerinnen und Lehrer. Ein Trainingsbuch mit Kopiervorlagen. Weinheim 2000.

Olschewski, A.: Stress bewältigen. Heidelberg 1995.

Olschewski, A.: Atementspannung. Heidelberg 1995.

Olschewski, A.: Progressive Muskelentspannung. Heidelberg 1996.

Zugänge zu Entspannungsmethoden

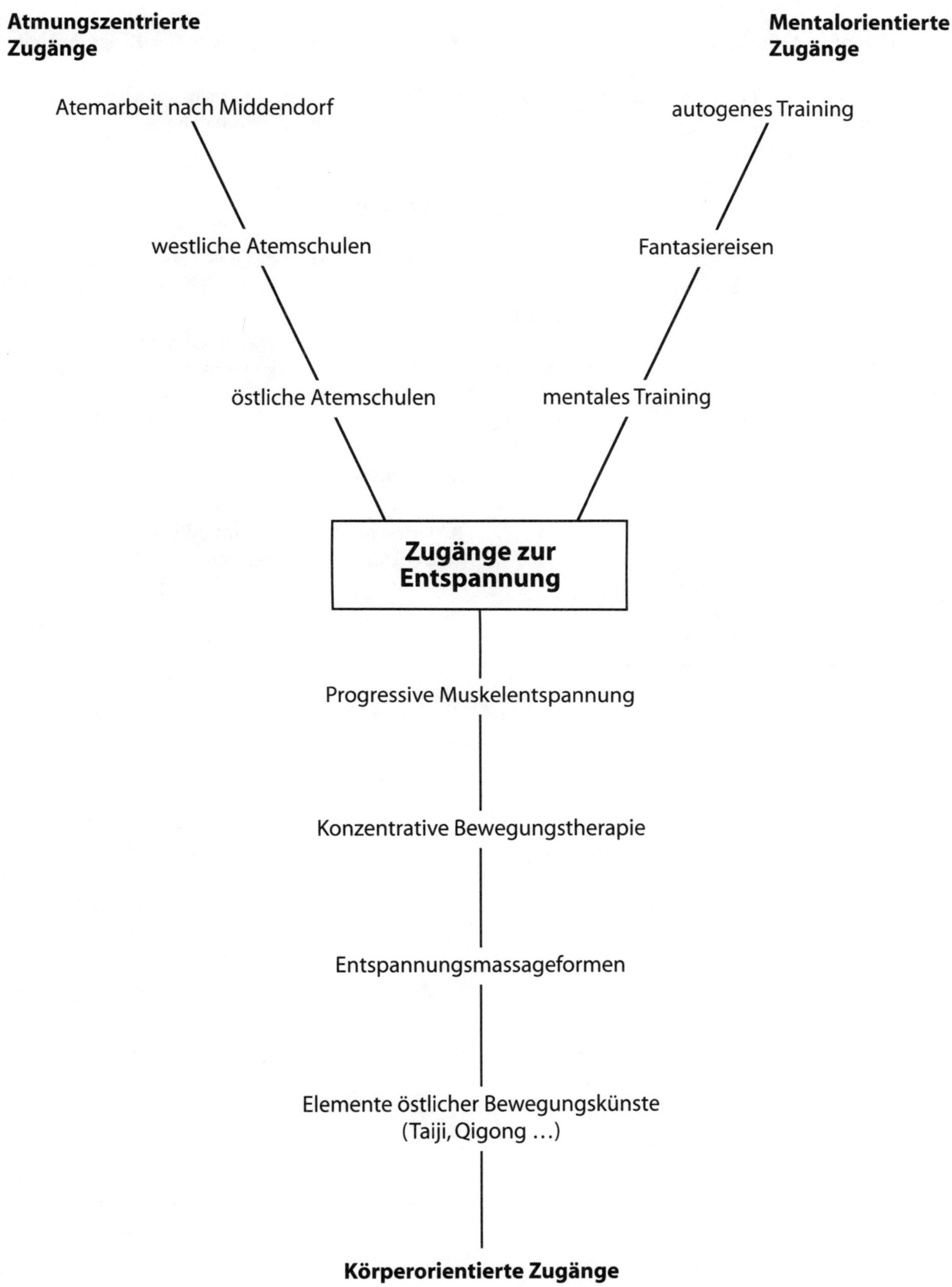

Zur Methodik von Entspannungsübungen

Rahmenbedingungen

- Für gedämpftes Licht sorgen (keine Scheinwerfer, Neonleuchten ...)
- Ruhe ermöglichen (Schild an die Tür hängen, Kollegen informieren)
- Einen abgegrenzten Platz suchen

Vorbereitung

- Möglichkeiten zum Abbruch geben (Teilnehmer/innen sollen sich nicht unter Zwang fühlen, um jeden Preis die Entspannungsübung mitzumachen)
- Das Verhalten der Nichtteilnehmer während der Übung ansprechen
- Ablauf der Übung, insbesondere der Rückführung (= Realzustand) klären

Hinführung

- Aufmerksamkeit nach innen lenken
- Körperauflagepunkte spüren lassen
- Auf vertieftes Ausatmen hinweisen
- Gedanken vorüberziehen lassen

Durchführung

- Sich auf die Körperhaltung der Zielgruppe einstellen
- Nur während des Ausatmens sprechen
- Einen beruhigender Tonfall haben

Rückführung

- Die Beteiligten in das Bewusstsein zurückholen
- Die Teilnehmenden sich dehnen, strecken, durchatmen lassen
- Hinweise zum Augen öffnen geben
- Die Sitz- oder Liegeposition bewusst verändern lassen

Aussprache

- Gelegenheit geben, zum Ablauf und dem Erleben der Übung etwas zu sagen

Entspannungsübungen (I)

Hinweis: Wer Entspannungsübungen anbietet, muss sich bewusst sein, dass die Übenden sehr viel Vertrauen mitbringen und sich auf die Anleitenden verlassen. Deshalb ist es wichtig, als Lehrperson sich vorher intensiv mit der Methodik und den unterschiedlichen Zugängen auseinander zu setzen.

Atemschöpfen

Die Körperhaltung ist stehend, aufrecht und locker (Beine nicht durchdrücken). In der Vorstellung hält man mit den Handflächen, die nach oben zeigen, einen großen Ball in Bauchhöhe vor dem Körper. Beim Einatmen nimmt man die Hände langsam bis in Brusthöhe, dreht dann die Handflächen nach unten. Beim Ausatmen drückt man den »Ball« nach unten bis zur Ausgangsposition. Dieser Vorgang wird einige Male wiederholt. (Die Abwärtsbewegung sollte man so ausführen, als wolle man diesen »Ball« allmählich unter Wasser drücken.)

Centering

Centering-Formen eignen sich sehr gut zum Beginn von Lerneinheiten, wenn es darum geht, sich auf eine bestimmte Thematik einzustimmen bzw. eine Lerngruppe zu zentrieren. Hier handelt es sich um eine offene Form, die nach Einsatzbedarf variiert und auch thematisch eingebettet sein kann. Je nach Altersgruppe muss auch die Sprache modifiziert werden.

Anleitung

»Nimm dir Zeit, deine Energien zu sammeln und all das wahrzunehmen, was dich mit dem heutigen Tag draußen verbindet …, um dann immer mehr hier anzukommen …

Richte nun die Aufmerksamkeit auf deine Atmung … spüre nach, wie dein Atem ruhig ein- und ausströmt … Wenn du möchtest, kannst du das Ausatmen mit den folgenden Atemzügen länger werden lassen … Dein Atem fließt ganz ruhig … und du kannst auch wahrnehmen, wie deine Füße festen Kontakt zum Boden haben … wie der Stuhl, auf dem du sitzt, dich sicher trägt … und vielleicht spürst du ein Gefühl zunehmender Ruhe.

Nimm noch einmal deine Gedanken … und Stimmungen wahr … Lasse wichtige Dinge an deinem inneren Auge vorbeiziehen … und lass allmählich diese Dinge mit den nächsten Atemzügen los …, verwehen wie eine luftige Wolke, die sich am blauen Himmel auflöst. … Du kannst deinem Atem nachspüren … und du bist ruhig und gleichzeitig wach … bereit für das, was kommt …, neugierig, Neues kennen zu lernen …, neue Erfahrungen zu machen.

Ganz langsam kehrst du zurück in diesen Raum. … Bewege die Zehen und Finger … Lass diese Bewegungen größer werden … Wenn du möchtest, kannst du dich strecken und räkeln wie nach einem erholsamen Schlaf … Atme noch einmal tief durch … und nimm dann Kontakt zu den anderen Menschen auf … Ein guter Tag kann für dich beginnen.«

Entspannungsübungen (II)

Die Wettermassage

Diese Partnerübung verhilft den meisten Menschen zu körperlichem Wohlbefinden. Die anleitende Person spricht den nachfolgenden Text zu den einzelnen Paaren. Ein Partner sitzt auf einem Stuhl, seitlich zur Lehne, sodass sein Rücken frei ist, der andere steht dahinter. Der/die Sitzende schließt am besten die Augen, um die Übung auch wirklich genießen zu können.

Anleitung

»Stell dir vor, du bist ein Land und dein Rücken ist ein Acker an einem Berghang ... Es ist Winter ... Land und Acker liegen ruhig und starr da. Auf der Oberfläche lebt nichts ... Das ganze Land träumt von der wärmenden Sonne und dem erquickenden Regen. Es ist still ... Da fallen ein paar Schneeflocken – sanft (Der stehende Partner berührt jetzt mit einzelnen Fingerkuppen sachte den Rücken des Sitzenden und wandert dabei von der Schulter nach unten bis zum Ende des Rückens) ... *Jetzt kommt ein Schneegestöber auf* (Die Fingerkuppen huschen schnell über den Rücken) ... *Der Schnee legt sich als schwere Last auf den Acker* (Die Handflächen drücken immer schwerer auf die Schultern) ... *Da kommt ein Wind auf* (Die Handflächen fahren auf dem Rücken hin und her) ... *und ein starker Föhn. Der Schnee schmilzt, das Wasser fließt in Bächen zu Tal* (die Fingerkuppen fahren mit Druck den Rücken hinunter) ... *Regen fällt* (die Fingerkuppen trommeln auf dem Rücken) ... *Es wird Frühling ein starker Wind kommt auf ...«*

So kann man durch alle Jahreszeiten führen, bis wieder Winter ist. Der Fantasie sind keine Grenzen gesetzt.

- Platschregen im Sommer (mit den Handflächen trommeln),
- Hagel (mit den Handrücken trommeln)
- und immer wieder Regen, Wind, Stille im Wechsel.
- Zum Schluss reißt mitten im Winter der Himmel auf und die Sonne kommt heraus. (Der Wettermacher beugt sich vor und schaut dem »Land« ins lachende Gesicht.)

»Schöner Ort«

Diese Übung ermöglicht es, zur Ruhe zu kommen und wieder aufzutanken.

Anleitung

»Suche dir eine bequeme Sitz- oder Liegeposition, richte deine Aufmerksamkeit nach innen und schließe, wenn du magst, die Augen. Spüre, an welchen Stellen dein Körper die Liegeunterlage berührt: die Füße, das Becken und Gesäß, der Rücken und die Schultern, die Hände, der Kopf ... Achte nun besonders auf deine Atmung und versuche, mit jedem Ausatmen deinen Atem etwas länger und tiefer werden zu lassen ...

Suche nun aus deiner Erinnerung einen Ort aus, an dem du dich einmal sehr wohl gefühlt hast ... Betrachte das Bild dieses Ortes vor deinem inneren Auge: Ist es schwarzweiß oder farbig und wenn es farbig ist, welche Farben hat es? Wie ist das Licht in diesem Bild, welche Umgebung gehört dazu? Bist du selbst in dem Bild und/oder andere? Gehören wichtige Gegenstände zum Bild? ... Während du dieses Bild betrachtest, höre einmal, welche Töne und Geräusche zu dem Bild gehören: Stimmen, Naturgeräusche, Musik oder auch Stille – und vielleicht gehört zu der Erinnerung auch ein bestimmter Geruch oder Geschmack ... Lass nun auch das Gefühl, das du damals hattest, wieder ganz intensiv werden ... Bleibe für eine Weile an deinem schönen Ort, an den du jederzeit in Gedanken wieder zurückkehren kannst, um dich zu erholen, abzuschalten und neue Kraft und Energie zu tanken ...«

Bewegungspausen: Wissenswertes

Den Bewegungspausen kommt bei der Entwicklung einer ganzheitlichen Lernkultur eine wichtige Aufgabe zu. Die derzeitige Situation in der Schule ist immer noch stark durch eine Verdrängung der Körperlichkeit und Sinnlichkeit aus den Lehr- und Lernprozessen gekennzeichnet. Pestalozzis Motto eines Lernens mit »Kopf, Herz und Hand« ist noch keine Normalität. In der Regel findet »schulische Bewegung« im Sportunterricht und in den Pausen statt. In den übrigen Unterrichtsstunden, deren Zahl häufig mehr als das Zehnfache der Sportstunden beträgt, wird Bewegung immer noch weitestgehend aus dem offiziellen Unterrichtsgeschehen ausgeklammert. (Im Bereich der Grundschule gibt es mittlerweile andere Tendenzen und Konzepte.)

Dieses Ausklammern ist jedoch lernhemmend und gesundheitsschädigend. Unruhe, Konzentrationsmangel, Lärmen in der Pause, aggressives Verhalten und Disziplinschwierigkeiten sind die Folgen, mit denen Lehrer/innen zunehmend zu kämpfen haben. Diese »Störungen« können zum einen als Versuch angesehen werden, über den Körper, Seele und der Bewegungsdrang der Schüler/innen quasi inoffiziell den Weg zurück in den Schulalltag finden, zum anderen sind sie auch eine Aufforderung an eine angemessenere Rhythmisierung. Regelmäßige Bewegung, etwa in Form von Bewegungspausen, kann dazu beitragen, den Bedürfnissen der Schüler/innen mehr zu entsprechen und die Störungen wenigstens teilweise zu entschärfen.

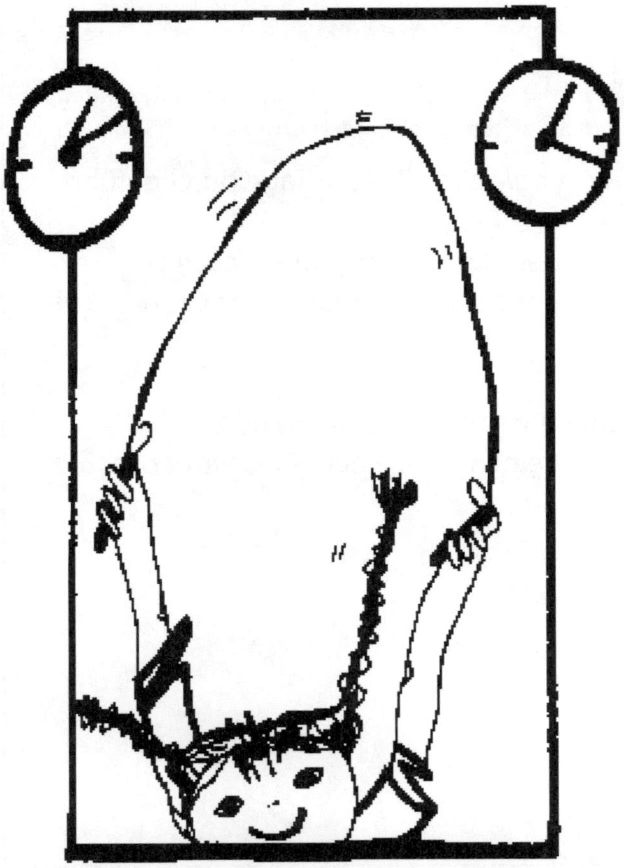

Berücksichtigt man darüber hinaus, dass die Aufmerksamkeitsphasen zur konzentrierten Mitarbeit bei Kindern vor allem in den ersten Schuljahren noch sehr kurz sind, ergibt sich umso mehr die Notwendigkeit einer Regeneration durch Bewegungs- und Entspannungspausen.

Richtzeiten für die Länge von Aufmerksamkeitsphasen sind in etwa (nach Kempf/Fischer 1994):

15 Minuten bei 5 – 7-Jährigen
20 Minuten bei 7 – 10-Jährigen
25 Minuten bei 10 – 12-Jährigen
30 Minuten bei 12 – 16-Jährigen
(45 Minuten – max. 90 Minuten bei Erwachsenen!)

Bewegung und eine entsprechende aktive Pausengestaltung sind jedoch nicht nur als Ausgleich zum einseitig kognitiv orientierten Lernen zu sehen. Sie können ganz bewusst in den Prozess des Lernens integriert werden. In verschiedenen aus der Reformpädagogik entstandenen Formen wird dem Rechnung getragen, wie zum Beispiel in der Montessori-Pädagogik. Aber auch in neueren pädagogischen Ansätzen wie der Gestaltpädagogik und der Suggestopädie wird großer Wert auf die Verbindung von logisch-rationalem Denken mit den körperlich-emotionalen Anteilen des Menschen gelegt. Ein so gestalteter Unterricht folgt dem Prinzip der Rhythmisierung.

Literaturempfehlungen

Amler, W./Knörzer, W.: Fit in fünf Minuten. Heidelberg 1999.

Kempf, H.D./Fischer, J.: Rückenschule für Kinder. Reinbek 1994.

Knörzer, W. (Hrsg.): Ganzheitliche Gesundheitsbildung in Theorie und Praxis. Heidelberg 1994.

Grundmuster einer Bewegungspause

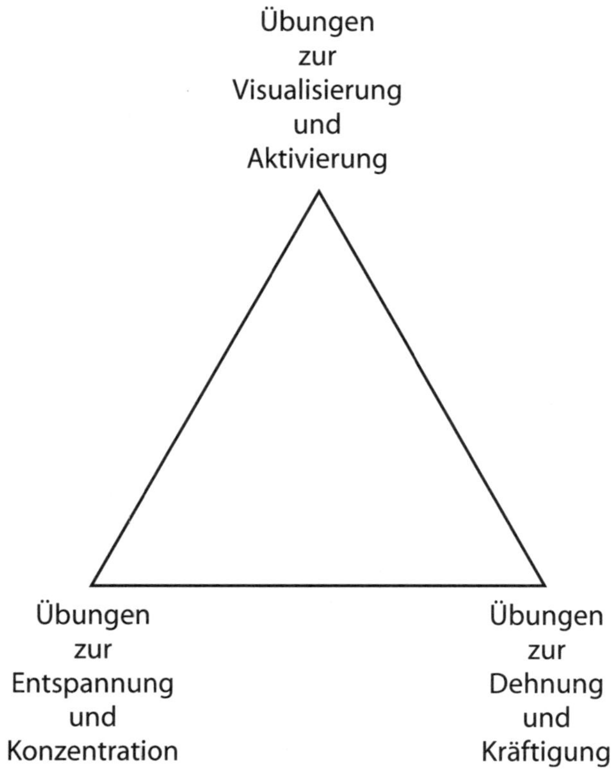

Einsatzmöglichkeiten von Bewegungspausen

- Ritualisierte Bewegungspausen werden immer zur *gleichen Zeit* am Tage durchgeführt.
- Im Rahmen einer geplanten Rhythmisierung werden Bewegungspausen *nach bestimmten Zeitabständen* durchgeführt. (Vor allem für Schüler/innen der Grundschule geeignet.)
- Bewegungspausen werden immer dann durchgeführt, wenn die Lehrenden und Lernenden sie brauchen, d.h. also, wenn sie einen deutlichen *Konzentrationsabfall* bemerken.

Bewegungsübungen (I)

Schüttelsieb im Schotterwerk

Auch wenn sie immer seltener werden, wissen die meisten Menschen, was Schotterwerke sind. In einem Steinbruch werden Steine herausgesprengt und von großen Lkws in ein Schotterwerk gebracht. Dort werden sie zerkleinert und zum Sortieren nach Größe auf Schüttelsiebe gekippt. Im obersten Sieb bleiben die größeren Steine hängen, die kleineren Steine fallen durch und werden durch Rüttelbewegungen zu den nächsten Sieben weiterbefördert und weitersortiert.

Beim Durchführen dieser Übung steht man aufrecht mit leicht gespreizten Beinen. Durch Schütteln des ganzen Körpers, besonders der Arme und Beine, sollen die abgeladenen Steine der Vorstellung nach durch den Körper hindurchrutschen. Das Schütteln lässt sich durch kräftiges Ausatmen unterstützen. Bei dieser Übung lassen sich auch negative Gedanken und Stressbelastungen allmählich abschütteln, wodurch neue Energie frei wird.

Anleitung

»Stell dir vor: Du bist ein Schotterwerk. Die Lkws kommen aus den Steinbrüchen und leeren ihre Ladung in einen großen Trichter. In deinem Körper befinden sich viele Siebe zum Sortieren der zerkleinerten Schottersteine. Es gibt z.B. große Siebe im Bauchbereich, kleinere Siebe in den Beinen und Oberarmen und ganz feine Schüttelsiebe in den Fingerspitzen. Die Ladung muss so lange gerüttelt und geschüttelt werden, bis alle Steine ihrer Größe entsprechend sortiert sind. Führe mit dem Kopf, dem Nacken, den Schultern, den Armen, dem Brustkorb, der Bauchregion, den Beinen und den Füßen Schüttelbewegungen in alle möglichen Richtungen durch.«

Yaman Taka Ant Fat

Eine gute Aktivierungsübung für jede Altersgruppe ist der so genannte »Tibetische Schuhplattler«. Eine alte tibetische Aktivierungsformel hilft, Müdigkeit zu überwinden und den Zugang zu neuen Energien zu bekommen. Die Kultur der Tibeter ist für viele Menschen mit beschwörenden Ritualen, mit Bildern aus buddhistischen Klöstern, aber auch mit körperlichen Gesundheitsübungen verknüpft. Damit lässt sich auch eine sehr gute Verbindung zu dieser Übung herstellen.

Durchführung

Man steht aufrecht mit leicht gebeugten Knien, beugt sich nach vorne und schlägt mit den Handflächen auf den Boden. Dann richtet man sich langsam auf, schlägt sich zunächst auf die Oberschenkel, schließlich auf die Brust. Dann werden die Arme hoch über den Kopf gestreckt. Dazu werden die vier einfachen tibetischen Worte »Yaman Taka Ant Fat« genau in dem Rhythmus gesprochen, in dem man aufklatscht. Die Übung sollte man einige Male wiederholen, wobei jedes Mal die Bewegungen an Schnelligkeit zunehmen.

Bei der Ausführung ist man keineswegs an einen genauen Ablauf gebunden. Diese Übung kann man gut variieren und mit unterschiedlichen Inhalten verknüpfen. So lässt sich der Tibetische Schuhplattler z.B. auch dazu nutzen, Vokabeln gehirngerecht zu lernen oder Grammatikstrukturen kinästhetisch zu verankern. Dazu verändert man die Körperübung zu einem Dreischritt und hat so die Möglichkeit, diese Übung im Training der unregelmäßigen Verben der englischen Sprache einzusetzen, z.B.:

- to go – (Handflächen auf dem Boden)
- went – (Handflächen auf der Brust)
- gone (Hände über dem Kopf)

Bewegungsübungen (II)

Schattenboxen

Anleitung

»Versuche, einen Boxer zu imitieren. Beginne ganz locker und leicht tänzelnd mit den Boxbewegungen. Wenn du dich mit den Bewegungen sicher fühlst, kannst du diese intensivieren und mit etwas mehr Kraft schlagen. Achte dabei aber immer auf eine möglichst ruhige Atmung und auf deine Beinarbeit. Denke daran, dass auch der Schattenboxer einen Gegenspieler hat, also achte bitte auf die Deckung.«

Als Aktivierung ist zu empfehlen, die Übung drei bis vier Minuten durchzuhalten. Dabei soll die Geschwindigkeit der Beine und der Schlagfrequenz möglichst oft variiert werden.

Hunde abschütteln

Anleitung

»Stell dir vor, du gehst in aller Ruhe spazieren ..., als plötzlich zwei Hunde an deinem rechten Hosenbein hängen. Es sind kleine Hunde mit spitzen Zähnen, die sich sehr schnell in der Hose verbeißen. Jetzt gilt es, die Hunde so schnell wie möglich abzuschütteln. – Kaum hast du dein erstes Bein befreit, schon hängen die Hunde am anderen Hosenbein. So geht das eine Weile hin und her, bis die Hunde endlich aufgeben und sich ein neues Opfer suchen.«

Das Schwert des Samurai

Diese Übung ist eine Gruppenvariante des Knobelns, verbunden mit Bildern. Es gibt drei verschiedene Handlungsfiguren:

- Das Schwert des Samurai: Mit einem asiatischen Kampfruf wird der Schwertschlag imitiert.
- Der Schrei der Tigers im Dschungel: Das Fauchen des Tigers wird nachgemacht, ergänzt durch katzenähnliche Bewegungen.
- Eine achtzigjährige Frau: Sie humpelt mit dem Stock durch den Dschungel.

Auch bei diesem Knobelspiel gibt es eine Siegerhierarchie: Der Samurai tötet den Tiger; der Tiger besiegt die alte Dame im Dschungel und diese wiederum besänftigt den Samurai.

Durchführung

Ein Spielleiter teilt die Teilnehmer/innen in zwei Gruppen. Jede Gruppe hat die Aufgabe, sich auf eine gemeinsame Handlung zu verständigen. Anschließend stehen sich die Gruppen gegenüber. Auf ein Kommando des Spielleiters führt jede der beiden Gruppen ihre vereinbarte Handlung aus. Die Gewinnergruppe bekommt einen Punkt. Am Ende gibt es nach mehreren Durchgängen einen Gesamtsieger.

Es lohnt sich, jede der Einzelaktionen kurz mit der Gesamtgruppe zu spielen. Das baut Hemmungen ab und lockert bereits auf. Besonders am Ende einer längeren Arbeitsphase lassen sich Gruppen damit gut aktivieren.

Reflexion

Bewegung und Entspannung sind zwei wichtige Elemente in Lernprozessen. Nicht umsonst werden die beiden Forderungen nach einer »bewegten Schule« und einem »entspannten Lernen« immer wieder gestellt. Voraussetzung dafür ist allerdings, dass Lehrer/innen sich ihre eigene Einstellung zu Bewegung und Entspannung bewusst machen und dass sie überprüfen, inwieweit sie Bewegung und Entspannung im Unterricht praktizieren:

Meine eigene Einstellung zu Bewegung und Entspannung

	5	4	3	2	1	2	3	4	5	
Pro Tag bewege ich mich viel										Pro Tag bewege ich mich wenig
Ich treibe viel Sport										Ich treibe kaum/keinen Sport
Ich bin oft zu Fuß unterwegs										Ich bin meist mit dem Auto unterwegs
Ich bin geistig sehr beweglich										Ich bin geistig eher träge
Mein Motto: Immer was Neues										Mein Motto: Alles bleibt so …
Ich bin locker und entspannt										Ich bin verkrampft und angespannt
Ich mache Entspannungsübungen										Ich mache keine Entspannungsübungen

Verbinden Sie nun Ihre Ankreuzungen vertikal miteinander. Tendiert die Linie mehr nach links, so sind Sie eher ein »Bewegungstyp«, wenn mehr nach rechts, dann sind Sie eher ein »Sitzfleisch-Typ«.

Ihre Konsequenzen: ____

Bewegung und Entspannung in meinem Unterricht

	5	4	3	2	1	2	3	4	5	
Ich mache viel Bewegungsübungen										Ich mache keine Bewegungsübungen
Ich habe häufig Methodenwechsel										Ich habe kaum Methodenwechsel
Ich mache öfters Entspannungsübungen										Ich mache keine Entspannungsübungen
Bei mir geht es locker zu										Bei mir geht es sehr streng zu
Ich wechsle oft den Lernort										Standort: Mein Klassenzimmer
Ich bin als Lehrer/in eher gelassen										Ich bin als Lehrer/in eher angespannt

Verbinden Sie nun Ihre Ankreuzungen vertikal miteinander. Tendiert die Linie mehr nach links, dann sind Bewegung und Entspannung in Ihrem Unterricht ausreichend vorhanden, tendiert sie mehr nach rechts, dann haben Sie ein »angespanntes« Verhältnis zu Bewegung und Entspannung!

Britta Kohler

Hausaufgaben

Perspektivenwechsel

Es ist 16.30 Uhr. In Halle sitzt die siebenjährige Janina vor ihren Mathematikhausaufgaben und weint. Zweiunddreißig Umkehraufgaben warten noch auf sie. Doch Janina ist müde und kann nicht mehr. Neben ihr im Papierkorb liegt ein zerknülltes Blatt Papier mit zweiunddreißig Tauschaufgaben. Die hat sie nach ihrer Schreibübung mit viel Mühe zwischen 14.30 und 16.00 Uhr statt der Umkehraufgaben gerechnet, weil sie schon in der Schule diese beiden Aufgabentypen nicht richtig auseinander halten konnte und sich ein Nachfragen nicht traute. Ihre Mutter, die gerade nach Hause gekommen ist, hat den Irrtum sofort bemerkt und deshalb die vermeintlich unnütze Seite aus dem sowieso schon dünn gewordenen Mathematikheft herausgerissen. Weinend versucht nun Janina, den viel zu schnellen Erklärungen der zunehmend ungeduldiger werdenden Mutter zu folgen, die die Aufgaben für »wirklich leicht« hält, während sie selbst Plus und Minus schon lange nicht mehr auseinander halten kann.

Manchmal ist der ganze
mitag ferdorben.

Unser Mathematiklaror gibt uns
manchmal so viele Hausaufgaben.
Bei uns ist ein Kind nicht so schnell.
deshalb muß es eine oder zwei stunden
schreiben. Wir haben auch einen
Kasper in der Klasse, aber eigentlich
ist er ganz nett. Nur es berück-
sichtigt ihn keiner, deshalb spinnt
er herum. Er bekommt immer
Tonnen weise Hausaufgaben auf und
das finde ich ganz gemein. Deshalb
habe ich und andere Kinder schon
geschtreikt.

Szenenwechsel. Es ist 16.30 Uhr. In München sitzt der 15-jährige Alexander vor seiner Englischübersetzung vor der fünften Hausaufgabe, die er heute anzufertigen hat. Mittwochs hat er nämlich vormittags sechs Stunden Schule und nachmittags keinen Unterricht, und da geben alle Lehrer/innen, die montags und donnerstags wegen des nachmittäglichen Unterrichts auf Hausaufgaben verzichten müssen, ein ordentliches Pensum zur Übung auf. Alexander ist nicht einmal besonders langsam und sieht im Gegensatz zu seinem Freund Stefan auch gute Chancen, alle Aufgaben zu erledigen, doch Kopfzerbrechen bereitet ihm die Geschichtsarbeit am nächsten Morgen, auf die er, wenn seine Eltern längst den Feierabend genießen, später noch lernen muss.

Janina aus Halle und Alexander aus München sind sicher keine Einzelfälle. Tausende von Schüler/innen sitzen Nachmittag für Nachmittag über Hausaufgaben, die zu schwierig, zu umfangreich, ungenügend erklärt oder wenig motivierend sind. Besonders betroffen erscheinen hier die leistungsschwachen und langsamer lernenden Schüler/innen, die im Vergleich zu ihren leistungsstärkeren Mitschüler/innen ein Mehrfaches an Zeit für die Bewältigung einer Lernaufgabe benötigen, sowie all jene, die zu Hause keine förderlichen Bedingungen erfahren können. Für alle diese Kinder und Jugendlichen stellen die täglichen Hausaufgaben ein oftmals großes Problem dar.

Pro und Kontra

Diskussionen über Hausaufgaben gibt es seit langem. Ein Schwerpunkt dieser Diskussionen lag immer bei der Frage, ob Hausaufgaben sinnvoll oder sinnlos sind, ob sie gutzuheißen oder abzuschaffen sind. Besonders intensiv wurde das Für und Wider in den 70er-Jahren des vergangenen Jahrhunderts diskutiert. Nachfolgend eine Auswahl der Pro- und Kontra-Argumente, die nicht unbedingt die Meinung der Autorin wiedergeben.

Pro-Argumente

- In einem Halbtagsschulsystem ist eine zusätzliche nachmittägliche Übungszeit einfach erforderlich.
- Häusliche Übungen bieten den Vorteil, dass sie in individueller Weise und eher ohne störende Einflüsse von außen gestaltet werden können.
- Ein Lernen am häuslichen Schreibtisch kann nach dem individuellen Lerntempo gemäß dem Lerntyp erfolgen.
- Beim Anfertigen der Hausaufgaben können sich die Schüler/innen darin üben, ihre Zeit selbst einzuteilen und ihre Arbeit zu organisieren.
- Durch die Erledigung der Hausaufgaben lernen Schüler/innen, Pflichten zu erfüllen und Verantwortung für ihr eigenes Tun zu übernehmen.
- Insbesondere für Eltern jüngerer Kinder stellen Hausaufgaben eine wichtige Möglichkeit dar, um die Erlebnisse, Erfolge und Schwierigkeiten des eigenen Kindes mitzuerleben.
- In einer Zeit, in der Kinder ihre Nachmittage im Wesentlichen am heimischen Bildschirm verbringen, können Hausaufgaben zu einer sinnvollen Beschäftigung werden.
- Hausaufgaben, die Partner- oder Gruppenarbeit erfordern, ermöglichen den Schüler/innen wichtige Sozialerfahrungen.
- Insbesondere vorbereitende Hausaufgaben machen vielen Kindern Spaß und lassen sie zu aktiven Mitgestaltern des kommenden Unterrichts werden.
- Viele, vor allem jüngere Kinder, machen ihre Hausaufgaben gern. Stolz zeigen sie ihre Ergebnisse zu Hause und in der Schule vor und freuen sich über das verdiente Lob.

Kontra-Argumente

- Es ist bis heute nicht geklärt, ob Hausaufgaben überhaupt zur Leistungssteigerung beitragen.
- Vor allem jüngere Kinder brauchen den Nachmittag für altersgerechte, nicht reglementierte Spiel- und Bewegungserfahrungen.
- Hausaufgaben führen einerseits zur Überforderung der leistungsschwachen und andererseits zur Unterforderung der leistungsstarken Schüler/innen.
- Hausaufgaben führen zu einer weiteren Belastung bereits benachteiligter Schüler/innen. Denn häufig bekommen gerade jene Kinder, die einer Unterstützung in besonderem Maße bedürfen, keinerlei oder nur wenig geeignete Hilfe.
- Das Anfertigen der Hausaufgaben ist in vielen Familien mit regelmäßig auftretenden Konflikten, vor allem in der Beziehung zwischen Kindern und Eltern, belastet.
- Hausaufgaben stehen einer Berufstätigkeit beider Elternteile entgegen. Bei Alleinerziehenden können Hausaufgaben zu besonderen Schwierigkeiten führen.
- Vor allem ältere Schüler/innen fertigen die ihnen aufgetragenen Aufgaben oftmals gar nicht an. Sie üben sich stattdessen Tag für Tag im Lügen und Betrügen.
- Hausaufgaben führen zu zahlreichen Konflikten in der Schule und belasten die Beziehungen zwischen Lehrenden und Lernenden einerseits und den Schüler/innen andererseits in oft erheblicher Weise.

Wissenswertes

Es gibt viele Argumente für und wider Hausaufgaben und so durchziehen Pro-Kontra-Diskussionen seit vielen Jahren und Jahrzehnten die Hausaufgabenliteratur. Sieht man sich diese Diskussionen genauer an, so wird rasch deutlich, dass beide Seiten, also Befürworter und Gegner, gewichtige Argumente auf ihrer Seite haben. Zudem können beide Positionen zahlreiche Forschungsergebnisse benennen, die die jeweils eigene Sichtweise stützen. Denn es gibt sowohl Studien, die eine leistungssteigernde Wirkung von Hausaufgaben ermitteln konnten, als auch Untersuchungen, bei denen Hausaufgaben im Hinblick auf die untersuchten Leistungen wirkungslos blieben.

Konsequenzen für die Praxis

Zunächst einmal ist festzustellen, dass das Studium insbesondere der Kontra-Argumente das eigene Problembewusstsein schärfen kann, dass die Diskussion als solche aber letztlich ohne klares Ergebnis und ohne praktische Relevanz bleibt. Es ist zu vermuten, dass die Befürworter und Gegner von unterschiedlichen Voraussetzungen ausgehen, die einen also beispielsweise von einem Lateinunterricht in der 10. Klasse und die anderen von einem Anfangsunterricht in den ersten Schulmonaten. Zudem ist bei der wenig ergiebigen Diskussion auch zu vermuten, dass die Pro-Seite an eine positiv gestaltete Hausaufgabenpraxis denkt, während sich die Kontra-Seite auf negative Formen bezieht.

Fest steht, dass Hausaufgaben in unserem Halbtagsschulsystem derzeit Realität sind. Und ebenso steht fest, dass Hausaufgaben vielfach problematisch sind. Nimmt man die für das unterrichtliche Handeln übliche kurz- oder mittelfristige Perspektive ein, so kann deshalb die Hausaufgabendiskussion nicht auf die Frage »Ja oder Nein?« verengt werden, sondern es geht darum, die Frage nach den Hausaufgaben ganz anders und immer wieder neu zu stellen, also zu fragen, ob sich eine bestimmte Hausaufgabe im Hinblick auf einzelne Schüler/innen didaktisch begründen und pädagogisch verantworten lässt. Erst bei langfristig angelegten Überlegungen macht es Sinn, in grundsätzlicher Weise über die Hausaufgaben zu diskutieren und dann auch auf die Vorteile eines Ganztagsschulsystems einzugehen. Bei dieser Diskussion kommt man sicher nicht an gesellschaftspolitischen Überlegungen vorbei und auch nicht an der Frage, wie viel Schule und Bildung im 21. Jahrhundert kosten dürfen, was sie uns also letztlich wert sind.

Denkt man nun bei der täglichen unterrichtlichen Arbeit über die Sinnhaftigkeit einer einzelnen Hausaufgabe nach, so lassen sich zwei zu berücksichtigende Ebenen unterscheiden: Zum einen geht es darum, ob eine bestimmte Aufgabenstellung im jeweiligen Kontext geeignet und potenziell ertragreich ist, und zum andern geht es um die Frage, ob diese Aufgabe in sinnvoller Weise gestellt, angefertigt, kontrolliert und ausgewertet wird. Um beide Ebenen geht es in den folgenden Ausführungen.

Literaturempfehlungen

Becker, G.E./Kohler, B.: Hausaufgaben kritisch sehen und die Praxis sinnvoll gestalten. Weinheim ^{3}1995.

Kohler, B.: Elternratgeber Hausaufgaben. Weinheim ^{5}1998.

Leitlinien zu einer sinnvollen Hausaufgabenpraxis

- **Hausaufgaben nie aus Prinzip stellen**
  Eine Hausaufgabe sollte sich immer aus dem Unterricht ergeben oder in diesen einmünden und didaktisch begründet sein. Hausaufgaben als Selbstzweck, aus Routine – oder gar aus Strafe – sind abzulehnen und werden von den Schüler/innen auch nur schwer akzeptiert.
- **Das Alter und besondere Situationen der Schüler/innen berücksichtigen**
  Da jüngere Kinder noch nicht lange stillsitzen können und dürfen und sie noch ein Mehr an freier Zeit für Spiel und Erholung benötigen, sollten sie vergleichsweise weniger Hausaufgaben bekommen als ältere. Am Schulanfang ist es empfehlenswert, sich mit Hausaufgaben zurückzuhalten oder ganz auf sie zu verzichten. Ebenso sollten beim oftmals schwierigen Übergang auf eine neue Schulart Überforderungen durch Hausaufgaben vermieden werden.
- **Leistungsschwache Schüler/innen angemessen fördern**
  Um leistungsschwache Schüler/innen angemessen zu fördern (und nicht ständig zu überfordern), sind immer wieder Differenzierungsmaßnahmen notwendig. Während eine qualitative Differenzierung oftmals schwierig ist, kann die Menge der Hausaufgaben meist problemlos auf das Leistungsvermögen und Lerntempo der Schüler/innen abgestimmt werden.
- **Sich in die Lage benachteiligter Schüler/innen versetzen**
  Hausaufgaben, die ohne elterliche Mithilfe nicht bewältigt werden können, sind im Hinblick auf benachteiligte Schüler/innen sehr problematisch. Für Schüler/innen, die die deutsche Sprache nicht beherrschen, können sich zudem alle Aufgaben, die nicht im Wesentlichen sprachfrei gelöst werden können, zu einem Problem auswachsen.
- **Sich über die zeitliche Belastung der Schüler/innen klar sein**
  Vor allem in weiterführenden Schulen, in denen das Fachlehrersystem vorherrscht, sind Absprachen unter den Kolleg/innen nötig, um die Lernenden nicht zu sehr mit Hausaufgaben zu belasten. Auch können die Schüler/innen aufgefordert werden, an zu umfangreich geratenen Aufgaben nicht länger als eine bestimmte Zeit zu arbeiten.
- **Bei Bedarf meta-unterrichtlich verfahren**
  Wenn beispielsweise neuartige oder langfristige Hausaufgaben anzufertigen sind oder die Schüler/innen bei den Hausaufgaben nicht die notwendige Anstrengung zeigen, ist eine Reflexion über Hausaufgaben erforderlich. Gleiches gilt für den Fall, dass eine Klasse mit der Hausaufgabenpraxis einer Lehrkraft nicht einverstanden ist.
- **Die Schüler/innen zum eigenständigen Arbeiten ermutigen**
  Da eine regelmäßige und umfassende Mithilfe der Eltern oder anderer Personen zur Abhängigkeit und Unselbstständigkeit führt, sich somit benachteiligend auswirkt, das Leistungsbild verfälscht, sind die Schüler/innen wieder zum eigenständigen Arbeiten aufzufordern.
- **Hausaufgabenkonflikten vorbeugen und mit ihnen umgehen**
  Mit einer sinnvoll gestalteten Hausaufgabenpraxis lassen sich vermutlich viele mögliche Konflikte im Vorfeld vermeiden. Bei dem vergleichsweise häufig auftretenden Problem nicht angefertigter Hausaufgaben ist es oft sinnvoll, erst einmal Ursachenforschung zu betreiben, ohne die ursprünglichen Anforderungen vorzeitig aufzugeben.

Grundsätzliches und Beispielhaftes

Hausaufgaben können ganz unterschiedlich aussehen. Sie können die Anwendung eines am Morgen gelernten Verfahrens verlangen; den kommenden Unterricht vorbereiten; in Einzel-, Partner- oder Gruppenarbeit gemacht werden; in mündlicher, schriftlicher oder praktischer Form erledigt werden. Darüber hinaus können sie sich durch weitere Merkmale, so z.B. durch das verlangte kognitive Niveau, den Grad an Offenheit oder die unterschiedlich gestaltete Möglichkeit, individuelle Lernwege zu beschreiben, unterscheiden.

Doch welche dieser Hausaufgaben ist sinnvoll? Dies lässt sich ohne Kenntnis des vorausgegangenen und nachfolgenden Unterrichts und der jeweiligen Schüler/innen nicht entscheiden. Eine Hausaufgabe ist also nicht schon dann gutzuheißen, wenn sie positiv klingende Merkmale wie »vorbereitend« oder »praktisch« vorweisen kann.

Die Qualität einer Hausaufgabe zeigt sich stattdessen bei der Frage, ob sie auf ein für wichtig erachtetes Lernziel bezogen und von allen betroffenen Schüler/innen (in der Regel) ohne elterliche Mithilfe bewältigt werden kann. Dies bedeutet, dass eine traditionell nachbereitende Hausaufgabe ebenso sinnvoll sein kann wie eine besondere Partneraufgabe, die ein praktisches Arbeiten vorsieht. Dennoch ist klar, dass die letztere Aufgabe den Schüler/innen zumeist mehr Spaß macht und vielleicht auch mit mehr Engagement erledigt wird.

Hausaufgaben ergeben jedoch nur dann einen Sinn, wenn sie abwechslungsreich erscheinen, von den Schüler/innen zumeist gerne angefertigt werden und wenn sie sich in selbstverständlicher Weise aus dem Unterricht ergeben und/oder in diesen einmünden. Hausaufgaben dürfen nie als Anhängsel, sondern immer nur als Teil des Unterrichts verstanden werden. Dies bedeutet auch, dass sie zumeist bereits im Rahmen der Unterrichtsplanung zu durchdenken und zu formulieren sind und sich natürlich immer wieder spontan aus einer unterrichtlichen Situation heraus ergeben können.

Beispiele für abwechslungsreiche Hausaufgaben

- Im 1. Schuljahr Gegenstände mitbringen, die die Form eines Buchstabens haben
- Einfache Versuche zum Sach- oder Physikunterricht durchführen
- Die Eltern, Großeltern oder andere Personen zu einem bestimmten Thema befragen
- Samen keimen lassen und das Wachstum täglich protokollieren
- Die Temperatur in verschiedenen Wohnräumen und an verschiedenen Stellen eines Zimmers messen
- In Partnerarbeit einen Werbespot aufnehmen
- Der Klasse ein selbst gewähltes Buch vorstellen
- Häuser für ein Sandkastenmodell anfertigen
- Eine Seite für eine Klassenzeitung gestalten
- Ein Memory zum großen Einmaleins herstellen
- Zeitungsausschnitte zu einem Thema ausschneiden
- Einen Vortrag zu einem selbst gewählten Spezialgebiet halten
- Im Reisebüro nach Unterlagen über Urlaubsländer nachfragen
- Lernplakate mit Jahreszahlen, Regeln oder Zusammenfassungen gestalten
- Einen Leserbrief für die örtliche Tageszeitung verfassen
- Sich für die Mitschüler/innen Fragen für ein gegenseitiges Abfragen überlegen
- Zusammenfassungen für die Mitschüler/innen im Hinblick auf eine Klausur erstellen
- Sich Aufgaben für die Lehrerin oder den Lehrer überlegen

Hausaufgaben stellen

Die Situationen, in denen Hausaufgaben gestellt werden, sind von zentraler Bedeutung für die Arbeit der Kinder und Jugendlichen. Lehrer/innen sollten sich für diese Situationen viel Zeit nehmen, damit wirklich alle Schüler/innen genau wissen, was sie zu Hause zu tun haben. Die häufige Praxis, Hausaufgaben direkt vor oder gar nach dem Klingelzeichen zu geben, ist diesem Ziel abträglich und sollte möglichst vermieden werden. Wichtig erscheint es darüber hinaus, eine angstfreie Atmosphäre zu schaffen, in der jede Schülerin und jeder Schüler sich traut, notwendige Rückfragen zu stellen.

Die nachfolgend aufgeführten Punkte sollen anzeigen, wie Hausaufgaben professionell gestellt werden können. Einige dieser Punkte erscheinen unabdingbar, während andere als fakultative Hinweise zu verstehen sind:

- Sich genügend Zeit nehmen
- Die Schüler/innen um Aufmerksamkeit bitten
- Den Sinn der Hausaufgabe erläutern
- Sich um Verständlichkeit bemühen
- Unterschiedliche Lernwege zulassen oder herausfordern
- Geeignete Lerntechniken vorstellen
- Auf mögliche Lernhilfen hinweisen
- Beurteilungskriterien vorstellen
- Differenzierungsmöglichkeiten beschreiben
- Zu Rückfragen auffordern
- Die Rückfragen beantworten
- Die Aufgabenstellung wiederholen oder wiederholen lassen
- Die Aufgabe an der Wandtafel festhalten
- Die Hausaufgabe aufschreiben lassen

Differenzierende Hausaufgabe: Beispiel

Für Schüler/innen

Du möchtest mit einem Freund beim Pizzaservice Pizza und Salat bestellen. Bei der Pizza gibt es nur eine Größe. Den gewünschten Salat kann man jedoch in zwei verschiedenen Größen bestellen. Die kleine Schale mit 10 cm Durchmesser kostet 4,80 DM. Die große Schale mit 15 cm Durchmesser kostet 8,50 DM. Beide Schalen sind 5 cm hoch. Nun überlegt ihr, ob ihr zu zweit eine große Schale Salat oder zwei kleine Schalen Salat nehmen sollt. Bei welcher Lösung bekommt ihr mehr Salat für euer Geld?

Hinweis: Die Dicke der Schüsselwand kann vernachlässigt werden.

Wähle die leichte oder die schwierige Aufgabe

- Leichte Aufgabe: Ihr bekommt den Salat geliefert. Die Schalen sind überall genau 5 cm hoch mit Salat gefüllt.
- Schwierige Aufgabe: Ihr holt den Salat selbst ab und könnt die Schalen so füllen, dass ein 5 cm hoher, exakt kegelförmiger Salatberg auf den zunächst genau 5 cm hoch gefüllten Salatschalen entsteht.
- Freiwillige Aufgabe: Messe zu Hause den Durchmesser eines kleinen und eines großen Kochtopfes. Stell dir vor, du bekommst Schokoladenpudding aus einem dieser beiden Töpfe. Den Pudding aus dem kleinen Topf darfst du alleine essen, während du den Pudding aus dem großen Topf mit einem weiteren Familienmitglied teilen musst. Beide Töpfe sind 6 cm hoch mit Pudding gefüllt. Bei welcher Möglichkeit bekommst du mehr Pudding?

Beispiel für die leichte Aufgabe

Leichte Aufgabe:

Berechnung des Zylindervolumens:

	kleine Schale:	große Schale:
Gegeben:	$r = \frac{d}{2} = 5\,cm$	$r = \frac{d}{2} = 7{,}5\,cm$
	$h = 5\,cm$	$h = 5\,cm$
Gesucht:	V_{zy}	V_{zy}
Es gilt:	$V_{zy} = \pi r^2 h$	$V_{zy} = \pi r^2 h$
	$V_{zy} = \pi \cdot 5^2 \cdot 5\,cm^3$	$V_{zy} = \pi \cdot 7{,}5^2 \cdot 5\,cm^3$
	$V_{zy} = 393\,cm^3$	$V_{zy} = 884\,cm^3$

$:4{,}8 \; \big(4{,}80\,DM \mathrel{\hat=} 393\,cm^3 \;\rightarrow\; 1{,}00\,DM \mathrel{\hat=} 82\,cm^3 \big) \; :4{,}8$

$:8{,}5 \; \big(8{,}50\,DM \mathrel{\hat=} 884\,cm^3 \;\rightarrow\; 1{,}00\,DM \mathrel{\hat=} 104\,cm^3 \big) \; :8{,}5$

Antwort: Bei der großen Schale bekommt man mehr Salat für sein Geld.

Kontrolle und Auswertung von Hausaufgaben

Wenngleich der Begriff der Kontrolle bei den meisten Menschen zunächst einmal negative Assoziationen auslöst, so erscheint eine Kontrolle der Hausaufgaben doch unabdingbar. Schüler/innen, die sich am Nachmittag mit einer vielleicht unliebsamen Aufgabe abgemüht haben, möchten ihre Bemühungen am nächsten Morgen auch gewürdigt und ernst genommen wissen. Verzichtet eine Lehrkraft auf die Kontrolle der Hausaufgaben, so verzichten die Lernenden ihrerseits zumeist bald auf deren Anfertigung. Wenn Lehrer/innen hingegen Hausaufgaben regelmäßig kontrollieren, diese zumindest hin und wieder genauer auswerten, dabei korrekturbedürftige Lösungen in sachlicher Weise ansprechen und besonders gelungene Arbeiten loben und vorstellen, so steigt im Allgemeinen die Bereitschaft der Schüler/innen deutlich an, sich beim Anfertigen der Hausaufgaben Mühe zu geben. Auch kann bei einer solchen Auswertung offensichtlich werden, wo noch Probleme bestehen, die einer weiteren Klärung bedürfen.

Wird für die Kontrolle der Hausaufgaben allerdings sehr viel Unterrichtszeit benötigt, so erscheint sie wiederum fragwürdig, und man kommt nicht umhin, sich zu überlegen, ob die Klasse nicht gleich in der Schule statt zu Hause hätte lernen können.

Die nachfolgenden Empfehlungen beziehen sich auf Kontrolle und Auswertung im Unterricht:

- Die Hausaufgaben möglichst bald kontrollieren
- Nicht unnötig viel Zeit auf die Hausaufgabenkontrolle verwenden
- Die Hausaufgabenkontrolle in den Lehr-Lern-Prozess integrieren
- Die Schüler/innen zur Ehrlichkeit anhalten
- Gerechtfertigt erscheinende Anforderungen aufrechterhalten
- Hin und wieder die Möglichkeiten der Selbstkontrolle nutzen
- Eine sachliche Haltung einnehmen
- Die Beurteilungskriterien verdeutlichen
- Gelungene Lösungen hervorheben
- Die Schüler/innen gelungene Aufgaben würdigen lassen
- Korrekturbedürftige Arbeiten ansprechen
- Die Schüler/innen zum Fragen auffordern

Werden Hausaufgaben bei ausreichendem Leistungsvermögen nicht oder in nur unzureichender Weise angefertigt, so müssen sie konsequent eingefordert werden. Kommen einzelne Schüler/innen einer solchen Aufforderung nicht nach, ist es oftmals sinnvoll, die Aufgabe in der Schule nacharbeiten zu lassen.

Mit Schüler/innen über Hausaufgaben sprechen

Es ist wichtig, mit Schüler/innen über Hausaufgaben zu sprechen. Ein solches Gespräch kann helfen, Überforderungen zu vermeiden, und es kann auch dafür sorgen, dass mit nicht gemachten Hausaufgaben vergleichsweise ehrlich umgegangen wird. Aus der Sicht der Schüler/innen gibt es immer wieder folgende oder ähnliche Fragen:

- Gibt es täglich Hausaufgaben?
- Was kann ich tun, wenn die Hausaufgaben zu schwierig sind?
- Was soll ich tun, wenn die Aufgaben zu umfangreich sind?
- Ist es in Ordnung, wenn mir meine Eltern bei den Hausaufgaben helfen?
- Was mache ich, wenn ich an einem Tag wirklich keine Zeit für die Hausaufgaben habe?
- Was geschieht, wenn ich öfters keine Hausaufgaben gemacht habe?
- Kann ich die Hausaufgaben am Computer machen?

Idee I: Das Hausaufgabenkonto

Häufig führen nicht gefertigte Hausaufgaben zu einem gewichtigen Strich im Tagebuch oder auf einer Liste, die bei Lehrenden und Lernenden negative Gedanken und Gefühlen hervorrufen. Doch es ist auch möglich, einmal anders zu denken und beispielsweise ein Hausaufgabenkonto einzuführen: Dabei wird jeder Schülerin und jedem Schüler die Möglichkeit eingeräumt, z.B. dreimal jährlich ohne jegliche Konsequenzen eine Hausaufgabenbefreiung vom eigenen Konto abzuheben.

Idee II: Das Zeitlimit

Auch bei aller Sorgfalt kann es geschehen, dass die Hausaufgaben an einem Tag zu umfangreich geraten. Damit insbesondere die leistungsschwächeren und langsameren Schüler/innen durch eine solche Fehleinschätzung bzw. Überforderung nicht in Not geraten, kann ein Zeitlimit vereinbart werden: Wer länger als eine bestimmte, zuvor verabredete Zeit effektiv an seinen Hausaufgaben gearbeitet hat, darf die Arbeit – ohne ein schlechtes Gewissen zu haben – beenden. Am Schulanfang oder in den ersten Grundschulklassen können auch die Eltern um eine entsprechende Rückmeldung (Notiz) gebeten werden.

Über diese organisatorischen Fragen hinaus ist es wichtig, mit den Schüler/innen ausführlich zu besprechen, wie sie ihre Hausaufgaben am besten anfertigen und welche Techniken ihnen hierbei hilfreich sein können. Untersuchungen zeigen immer wieder, dass individuelle Techniken und Strategien einen hohen Prozentsatz der Schulleistungsunterschiede zu erklären vermögen und sie durch ein geeignetes Training verbessert werden können (vgl. Keller, G.: Lernförderung in der schulpsychologischen Beratung. In: Mandl, H./Friedrich, H.F. (Hrsg.): Lern- und Denkstrategien. Göttingen 1992, 151–164).

Da sich Lerntechniken am besten im Ernstfall und kontextbezogen einüben lassen, erscheint es sehr sinnvoll, immer wieder mit den Schüler/innen darüber nachzudenken, welche unterschiedlichen Vorgehensweisen sich bei einer ganz bestimmten Hausaufgabe anbieten. Auf diese Weise üben die Schüler/innen dann nicht nur geeignete Strategien ein, sondern sie gewöhnen sich auch eine reflexive Haltung gegenüber Aufgaben an und haben damit eine höhere Chance, eine konkrete Hausaufgabe erfolgreich zu bewältigen.

Typische Hausaufgabenkonflikte in der Schule

Hausaufgaben sind ein konfliktträchtiges Thema und so kommt es auch bei einer sinnvoll gestalteten Hausaufgabenpraxis immer wieder zu Konflikten. Mit diesen umzugehen ist oftmals anstrengend. So erscheint es zunächst einmal nicht weiter verwunderlich, wenn manche Kolleg/innen Konfrontationen aus dem Weg gehen oder einfach hart durchgreifen. Im Hinblick auf den Lernerfolg der Schüler/innen und hinsichtlich übergeordneter Erziehungsziele ist jedoch weder das eine noch das andere sinnvoll. Zunächst einmal wird es darum gehen, beim Auftreten eines Konflikts Überreaktionen zu vermeiden und den Konflikt durch das Erstverhalten nicht unnötig zu verschärfen. Oftmals ist es auch geschickt, sich Handlungsaufschub und Zeit zum Nachdenken zu verschaffen. Im weiteren Verlauf wird es dann darum gehen, nach möglichen Konfliktursachen zu fragen, realistische und sinnvolle Ziele zu setzen und schließlich nach geeigneten Maßnahmen zu suchen. Letztere haben jedoch nur dann einen Sinn und eine Chance auf Erfolg, wenn sie sich klar auf die vermuteten Ursachen beziehen und die Perspektive des jeweils anderen berücksichtigen.

Aufgaben zur Klärung und Konfliktlösung

Als Sie das Klassenzimmer betreten, schreiben mehrere Schüler/innen Hausaufgaben ab.

Ihr Erstverhalten: ______________________________

Konfliktursachen: ______________________________

Ihr Ziel: ______________________________

Geeignete Maßnahmen: ______________________________

Ein Schüler zeigt seine Hausaufgaben. Sie sind in völlig unzureichender Weise angefertigt.

Ihr Erstverhalten: ______________________________

Konfliktursachen: ______________________________

Ihr Ziel: ______________________________

Geeignete Maßnahmen: ______________________________

Der Aufsatz einer Schülerin ist erkennbar das Produkt der Eltern.

Ihr Erstverhalten: ______________________________

Konfliktursachen: ______________________________

Ihr Ziel: ______________________________

Geeignete Maßnahmen: ______________________________

Eine Kollegin verdoppelt/verdreifacht nicht gemachte Hausaufgaben. Ein Schüler bittet Sie um Unterstützung.

Ihr Erstverhalten: ______________________________

Konfliktursachen: ______________________________

Ihr Ziel: ______________________________

Geeignete Maßnahmen: ______________________________

Ein typisches Hausaufgabenproblem in der Familie

»*Ich kann es manchmal wirklich kaum fassen. Da setzt sich David so um 14 Uhr an seinen Schreibtisch, packt vielleicht auch noch seine Sachen aus, und wenn ich nach einer halben Stunde wiederkomme und nach ihm schaue, sitzt er immer noch da, guckt Löcher in die Luft oder spielt mit irgendetwas herum. Dann sage ich ihm, er solle endlich anfangen, aber ich weiß schon, wenn ich später wiederkomme, hat sich noch immer nichts getan. Ich muss mich dann manchmal wirklich neben ihn stellen und ihm genau sagen, was er machen soll, sonst fängt er einfach nicht an. Das ärgert mich, schließlich ist David jetzt in der sechsten Klasse, und da sollte er das eigentlich alleine können.*« (Mutter eines zwölfjährigen Sohnes)

Wie findet David Hilfe und Unterstützung?
Was könnte seinen Eltern geraten werden?

Bevor über Maßnahmen nachgedacht werden kann, müssen erst einmal die Ursachen des Problems herausgefunden werden. Diese können ganz unterschiedlicher Art sein:

- David ist sehr müde, wenn er von der Schule nach Hause kommt, und braucht Zeit zum Ausruhen, bevor er mit seinen Hausaufgaben beginnen kann.
- Zur Mittagszeit hat er immer ein ausgeprägtes Leistungstief, von dem er sich erst gegen 15.30 Uhr erholt.
- Er kann den vielen Ablenkungen in der Nähe seines Arbeitsplatzes einfach nicht widerstehen und findet so immer etwas, das ihm interessanter als die Hausaufgaben erscheint.
- Davids Interesse und Energie ist zurzeit auf ganz andere Dinge gerichtet. Er ist vielleicht zum ersten Mal verliebt oder hat gar schon Liebeskummer.
- David bringt den ihm langweilig und unwichtig erscheinenden Aufgaben, eventuell auch dem betreffenden Fach, dem Lehrer oder der gesamten Schule nur wenig Interesse entgegen.
- Die Aufgaben erscheinen David unüberschaubar, und so glaubt er nicht, sie in angemessener Zeit bzw. überhaupt bewältigen zu können.
- David verfügt tatsächlich nicht über die notwendigen Kenntnisse und/oder Strategien, um mit den Aufgaben beginnen zu können.
- David ist im Unterricht und bei der Bekanntgabe der Hausaufgaben oft unaufmerksam, sodass er nicht genau weiß, was er dann zu Hause tun soll.
- Bei David besteht eine ausgeprägte allgemeine Misserfolgserwartung, da er in letzter Zeit kaum eine Aufgabe richtig lösen konnte.
- David traut sich nicht, alleine mit den Aufgaben zu beginnen. Er befürchtet, den Anforderungen der Mutter nicht genügen zu können.
- In der Grundschulzeit saß seine Mutter beim Anfertigen der Hausaufgaben immer neben ihm. David möchte diese Gewohnheit nicht aufgeben.
- David möchte nicht so früh mit den Hausaufgaben fertig sein, weil seine Mutter dann aus dem Haus geht oder er im Haushalt mithelfen muss.
- David fühlt sich vernachlässigt und holt sich auf diese Weise Aufmerksamkeit und Zuwendung.

Diskutieren Sie in der Gruppe folgende Fragen:

- Welche weiteren Ursachen sind noch denkbar?
  ____
  ____
  ____
  ____

- Welche Maßnahmen erscheinen geeignet, Änderungen herbeizuführen?
  ____
  ____
  ____
  ____

Ein Elternabend zum Thema Hausaufgaben

Lehrer/innen können viel tun, um die Hausaufgabensituation sinnvoll, effektiv und konfliktarm zu gestalten. Sie stoßen allerdings an ihre Grenzen, wenn sich die Eltern ihrer Schüler/innen vehement einmischen, ihren Kindern das Nachdenken abnehmen oder diese unter Druck setzen. Da dieses ungute Verhalten zumeist den besten Absichten entspringt, dass nämlich Eltern ihre Kinder zu möglichst guten Leistungen führen und in der Schule einen guten Eindruck erzeugen möchten, ist dies eine günstige Voraussetzung für ertragreiche Gespräche zum Thema Hausaufgaben.

Dafür bietet sich in der Regel der Elternabend an, der sich nicht immer nur im Beantworten organisatorischer Fragen erschöpfen muss. An einem solchen themenbezogenen Abend können den Eltern die eigenen Vorstellungen bezüglich der Hausaufgaben hinsichtlich der elterlichen Hilfe verdeutlicht, typische Hausaufgabenprobleme und mögliche Lösungen erörtert, und es kann ein Infoblatt für Eltern besprochen und mit nach Hause gegeben werden. Um eine möglichst offene Atmosphäre zu erzeugen, bietet es sich auch an, einleitend Eltern zu zitieren, die von ihren täglichen Problemen mit den Hausaufgaben berichten. Die Eltern fühlen sich dann eher verstanden und wagen es vielleicht auch, offen über ihre Schwierigkeiten zu berichten.

Unterthemen an einem Elternabend

- Eltern zitieren, die von Hausaufgabenproblemen tangiert sind
- Die Problematik von Hausaufgaben umreißen
- Auf die Bedeutung von freier Zeit und freiem Spiel aufmerksam machen
- Den Sinn der eigenen Hausaufgaben verdeutlichen
- Sich von der Vorstellung »Je mehr, desto besser« distanzieren
- Den eigenen Umgang mit Hausaufgaben erläutern
- Den Sinn von Individualisierungs- und Differenzierungsmaßnahmen erklären
- Auf die Nachteile übermäßiger elterlicher Hilfe aufmerksam machen
- Über sinnvolle Formen elterlicher Hilfe sprechen
- Häuslich günstige Lernbedingungen benennen
- Über typische häusliche Hausaufgabenprobleme diskutieren
- Eine Mitbetreuung benachteiligter Schüler/innen anregen
- Ein Infoblatt für Eltern besprechen und mit nach Hause geben
- Die Eltern um eine offene Zusammenarbeit bitten
- Auf die Elternsprechstunden aufmerksam machen

Folgende zwei Beispiele können ein guter Einstieg in ein Gespräch zum Thema »Belastungen durch Hausaufgaben« sein:

»*Bei uns gibt es ständig Auseinandersetzungen wegen der Schrift. Vor allem mein Ältester schmiert seine Aufgaben irgendwie hin. Ich hab's ihn oft noch mal machen lassen. Aber dann ist der Tag für alle gelaufen.*« (Herr M., Vater zweier Realschüler)

»*Bei meinem Sohn klappt zurzeit überhaupt nichts mehr. Oft weiß er nicht einmal mehr, was er aufhat. Und dann muss ich mich mit ihm hinsetzen, manchmal über zwei Stunden. Manchmal merke ich auch, dass er keine Ahnung hat, vor allem in Mathe ist es schon passiert, dass er gar nicht wusste, was er tun soll, dass er die Aufgaben überhaupt nicht verstanden hat. Aber ich kann Ihnen sagen, nach zwei Stunden Hausaufgaben, da bin ich auch k.o.*« (Frau D., Mutter eines neunjährigen Sohnes)

Infoblatt für Eltern

Hausaufgaben sind Sache des Kindes

Eine übermäßige elterliche Hilfe bei den Hausaufgaben ist der Selbstständigkeit des Kindes abträglich, verringert seinen Stolz auf die eigenen Leistungen, bringt häufig unschöne Szenen in der Familie mit sich und führt außerdem in der Schule zu einem falschen Leistungsbild. Die Aufgabe der Eltern im Hinblick auf die Hausaufgaben besteht im Wesentlichen darin, günstige Arbeitsbedingungen zu schaffen, also für Ruhe, eine angemessene Arbeitszeit und eine förderliche räumliche Situation zu sorgen. Bei jüngeren Kindern oder bei lang andauernden Hausaufgaben kann es auch hin und wieder nötig sein, an die Hausaufgaben zu erinnern. Viele Kinder freuen sich darüber hinaus, wenn ihre Eltern Interesse an den gelernten Inhalten zeigen und auf Anfrage auch einmal mit Rat und Tat zur Verfügung stehen. Einige Kinder lehnen eine Einmischung der Eltern in ihre häusliche Arbeit dagegen gänzlich ab. Dies ist durchaus in Ordnung, denn schließlich werden die Hausaufgaben in der Schule gestellt und auch dort kontrolliert. Auch ist es Aufgabe der Schule, die Hausaufgaben so zu stellen, dass sie in der Regel ohne elterliche Hilfe bewältigt werden können. Treten doch einmal Probleme auf, so werden Sie rechtzeitig durch die Lehrkräfte informiert. In einem Gespräch kann dann in aller Ruhe geklärt werden, ob bzw. welche Maßnahmen erforderlich sind.
Selbstverständlich gibt es besondere Situationen, in denen Ihre Hilfe sinnvoll sein kann. Dies kann beispielsweise während oder nach einer längeren Krankheit, nach einem Schulwechsel, nach einem Umzug oder bei einem bestimmten Thema möglich sein. Für solche Situationen sind die nachfolgenden Hinweise gedacht:

Wie Sie Ihrem Kind bei den Hausaufgaben helfen können

- Helfen Sie Ihrem Kind so wenig wie möglich. Oft genügt es schon, wenn Sie die Durchsicht der gemachten Hausaufgaben anbieten oder das Kind die vermeintlich schwierige Aufgabe in eigene Worte fassen lassen.
- Versuchen Sie möglichst genau herauszufinden, worin das Problem des Kindes besteht. Erklären Sie nicht alles auf einmal, sondern nur genau jenen Punkt, der Schwierigkeiten macht.
- Denken Sie sich in die Methode Ihres Kindes ein. Es ist wenig hilfreich, wenn Sie Ihrem Kind zusätzlich Ihre eigene Methode beizubringen versuchen.
- Sprechen Sie wenig, damit Ihr Kind ausreichend Gelegenheit zum Nachdenken erhält.
- Schreiben Sie nichts in das Heft des Kindes und bleiben Sie nicht ständig neben ihm sitzen. Ihr Kind kann lernen, bei Schwierigkeiten selbst zu Ihnen zu kommen.
- Die Entscheidung, ob die Hausaufgaben ausführlich und sorgsam genug angefertigt wurden, liegt bei Ihrem Kind und nicht bei Ihnen.
- Sind die Aufgaben zu schwierig oder zu umfangreich, so schreiben Sie bitte eine kleine Notiz und beenden Sie die Arbeit.
- Wenn sich Ihr Kind wenig kooperationsbereit zeigt und Sie nicht mehr freundlich und geduldig bleiben können, so beenden Sie die Situation. Es ist die Entscheidung Ihres Kindes, ob die Hausaufgaben zu Ende geführt werden oder nicht.
- Geben Sie keine Zusatzaufgaben, es sei denn, Ihr Kind bittet Sie darum. Wenn die Hausaufgaben beendet sind, dann darf Ihr Kind auch tatsächlich aufhören.

Literaturempfehlung für Eltern

Kohler, B.: Elternratgeber Hausaufgaben. Weinheim [5]1998.

Nachwort

Schule im Jahr 1949

Ich kam mit 62 anderen Jungen – die Mädchen gingen in die Mädchenschule – in die 1. Klasse Volksschule. Bis auf zwei Schüler (Flüchtlinge aus dem Osten) stammten alle aus demselben Ort, das Welt- und Gottesbild war für alle gleich (und katholisch), ebenso ihre Lebenserfahrungen der Nachkriegszeit. Nur die Personen waren unterschiedlich, aber für die gab es disziplinarische Maßnahmen, um alle(s) in den vorgeschriebenen Bahnen zu halten.

Schule im Jahr 2001

- Von einer Jahrgangsklasse kann nur mehr numerisch gesprochen werden. Derzeit weist der Entwicklungs- und Leistungsstand beispielsweise einer 3./4. Grundschulklasse eine Differenz von etwa drei bis vier Jahren auf, von Hoch- bis Minderbegabten.
- Eine Grundschule einer mittleren Großstadt wird von Kindern aus über 25 Nationalitäten und über 10 Religionsgemeinschaften besucht. Und in einem Informationsblatt über diese Schule heißt es u.a.: »Hier werden auch deutsche Kinder unterrichtet.«
- In der Berufsschule einer Kleinstadt werden »Schüler/innen« im Alter von 15 bis 53 Jahren unterrichtet; in einer Klasse besteht der Altersunterschied der Lernenden über 30 Jahre.
- In der Gesamtschule einer Großstadt gibt es Kinder und Jugendliche mit extrem unterschiedlichen Lebensgeschichten: Einheimische, Ausländer, Aussiedler, Behütete und Verwahrloste, Unbescholtene und Kriminelle, Drogenunerfahrene und Drogensüchtige …
- In Schulen unterrichten Lehrer/innen in einer Altersspanne, bei der die einen die Eltern der anderen sein könnten; in einer beruflichen Schule konkurrieren Akademiker mit Nichtakademikern; in einer Grundschule leitet ein Rektor ein Kollegium von 25 Frauen.
- In der Hauptschule einer Großstadt gibt es Elternabende, an denen neben dem Lehrer nur die beiden Elternvertreter teilnehmen.
- Vielen Umfragen zufolge flüchten Schüler/innen immer mehr aus den Schulen, weil dort der Unterricht nichts mehr mit ihrer Lebenswirklichkeit zu tun hat.
- In vielen Schulen wissen in Teilbereichen Schüler mehr als Lehrer/innen (nicht nur im Computerbereich) und die »Welterfahrungen« der Kinder und Jugendlichen sind bisweilen größer als die der Lehrkräfte.
- In den einzelnen Klassen befinden sich 25–30 verschiedene Lerner/innen mit unterschiedlichen intellektuellen, emotionalen, sozialen Kompetenzen und kulturellen Lebenserfahrungen.

Abschied von Normalitäten

Es gibt faktisch keine Normalbiografien, Normalklassen und Normalschulen mehr. Die Schullandschaft hat sich völlig verändert. Die Schule von heute ist auf dem Weg von einer Monopolstätte der Wissensvermittlung hin zu einer multifunktionalen Schule mit Vielfachangeboten und breit gefächerten Lernarrangements, die – in allen ihren Formen – prinzipiell ganzheitliche Sichtweisen, Individualisierung und Differenzierung beim Lehren und Lernen berücksichtigen muss.

Diese gravierenden Veränderungen haben zur Folge, dass die Frage nach der Schulfähigkeit und Schulpflicht der Kinder und Jugendlichen ebenso neu beantwortet werden muss wie die Leistbarkeit und Grenzen der Schule. Sie ist ein Ort des Lehrens und Lernens mit all ihren Farben und Schattierungen. Lehrer/innen sehen sich jedoch völlig überfordert, sollten sie auch noch professionell Bereiche abdecken, die auf der einen Seite der Polizei und auf der anderen Seite der Sozialarbeit und Therapie zuzuordnen sind.

Welt des Lernens

Für Lehrer/innen bedeutet sie, sich von der zentralen Funktion der Stoffvermittlung zu verabschieden und eine Balance anzustreben von Fach- und Lehr-/Lernexperten mit hoher Methodenkompetenz.

Für die Schüler/innen bedeutet sie, dass sie von Anfang ihrer Schulzeit an für ihr Lernen selbst verantwortlich sind: Sie können sie nicht motivieren (= bewegen); das müssen sie schon selbst tun. Aber Sie können günstige Bedingungen schaffen, damit sie zunehmend selbstständig lernen können.

Dies hat zur Folge:

- Für Lehrer/innen:
  - Entlastung (= Abgabe von Verantwortung)
  - Befreiung vom Stoffdruck
  - Veränderte Unterrichtsvorbereitung und -gestaltung
  - Kooperation mit anderen Lehr- und Lerninstanzen
  - Einsatz neuer Medien und Techniken

- Für Schüler/innen:
  - Lernsubjekte statt Lernobjekte zu sein
  - Selbstbestimmung und Übernahme von Verantwortung
  - Mitbestimmung und Solidarität
  - Selbstentfaltung und Eigentätigkeit
  - Zunahme an Selbstwertgefühl und Selbstbewusstsein

In der Welt des Lernens sind Lehrer/innen und Schüler/innen weit mehr als bisher Partner, und zwar auf der Sach- und Beziehungsebene: Lernwille und Leistungsbereitschaft, Ergebnisorientierung und Erfolg, selbst bestimmte Nähe und Distanz, gegenseitiger Respekt und gelebte Wertschätzung sind dabei die grundlegenden und belebenden Elemente.

Von alten (Schul-)Zeiten ... (von denen manche auch ihre Stärken haben)	**... zu neuen (Schul-)Zeiten** (in die aufzubrechen notwendig ist)
zufällige Entwicklung	gezielte Entwicklung
Statik, Beharren	Dynamik, Flexibilität
Zentralisierung	Dezentralisierung
Steuerung von oben	Steuerung von unten
Organisation von außen	Selbststeuerung
Unterrichtsschule	multifunktionale Schule
konstante Berufsrolle	sich verändernde Berufsrolle
begrenztes Lernen	lebenslanges Lernen
Schwerpunkt: Wissensvermittlung	Schwerpunkt: Lernprozesse
abfragender Unterricht	offene Unterrichtsformen
Fachkompetenz	Fach- und Sozialkompetenz
Lehren und Belehren	Lernförderung, Lernhilfe
(zu häufiges) Eingreifen	Entfaltenlassen
(zu viele) Vorgaben	Schaffung günstiger Bedingungen
lehrerzentrierter Unterricht	handlungsorientierter Unterricht
Gebrauch der Tafel	Einsatz von Computern/ neuen Medien u.Ä.

Die Autorinnen und Autoren

Amler, Wolfgang
Jg. 1952; lange Jahre Realschullehrer; jetzt stellvertretender Leiter eines Bildungszentrums; Fachgruppenleiter für Sport am Institut für Weiterbildung der PH Heidelberg; Prozessbegleiter für Schulentwicklung; Ausbildung in Suggestopädie und NLP (Master und Trainer).

Hitzler, Willi
Jg. 1950; Schulrat; lange Jahre Lehrer und Rektor einer Grund- und Hauptschule; jetzt Schulrat und Schulberater; (Mit-)Autor verschiedener Bücher zum Thema Lehren und Lernen.

Kachler, Lorenz
Jg. 1955; lange Jahre Lehrer; jetzt Rektor einer Grund- und Hauptschule mit Werkrealschule; Lehrerfortbildner; seit 1988 Computer im Klassenzimmer; Elektronischer Organizer-Fetischist.

Dr. Kohler, Britta
Jg. 1964; lange Jahre Lehrerin; jetzt wissenschaftliche Assistentin am Institut für Erziehungswissenschaft der PH Schwäbisch Gmünd.

Dr. Miller, Reinhold
Jg. 1943; Lehrerfortbildner und Schulberater mit den Arbeitsschwerpunkten Kommunikation, Moderation und Beratung in Gruppen und Kollegien, schulinterne Lehrerfortbildung und Schulentwicklung; Autor pädagogischer Bücher; Mitherausgeber der Zeitschrift »Lernende Schule«.

Rademacher, Bärbel
Realschuloberlehrerin; Ausbildung in Organisationsberatung und Prozessbegleitung; TZI-Diplom; Mediatorin (ISS).

Thieme, Alf
Jg. 1951; lange Jahre Lehrer; jetzt Rektor einer Grundschule; Beratungs- und Praktikumslehrer; Referent in der Lehrerfortbildung (Lernmethodik); Mitarbeit im Studienhaus St. Blasien; Autor mehrerer Werke zum Thema Konzentration und Motivation.